根上着力
枝上开花

仁笑

北京师范大学教育培训中心 编著

根上着力
枝上开花

ZHEJIANG UNIVERSITY PRESS
浙江大学出版社
·杭州·

图书在版编目（CIP）数据

根上着力，枝上开花 ／ 北京师范大学教育培训中
心编著. -- 杭州 ： 浙江大学出版社，2023.5
ISBN 978-7-308-23613-3

Ⅰ．①根… Ⅱ．①北… Ⅲ．①中小学－校长－学
校管理－文集 Ⅳ．①G637.1-53

中国国家版本馆CIP数据核字(2023)第052372号

根上着力，枝上开花

北京师范大学教育培训中心　编著

责任编辑　张　婷
责任校对　顾　翔
封面设计　周　灵
出版发行　浙江大学出版社
　　　　　（杭州市天目山路148号　　邮政编码　310007）
　　　　　（网址：http://www.zjupress.com）
排　　版　杭州林智广告有限公司
印　　刷　杭州宏雅印刷有限公司
开　　本　710mm×1000mm　1/16
印　　张　20.5
字　　数　283千
版 印 次　2023年5月第1版　2023年5月第1次印刷
书　　号　ISBN 978-7-308-23613-3
定　　价　68.00元

踔厉风发赋动能，笃行不怠绘宏图

——写在北京师范大学励耘好校长成都、北京（燕山地区）、嵊州三地校长培养工程结业暨研究成果出版之际

  习近平强调："教师是教育工作的中坚力量。有高质量的教师，才会有高质量的教育。"[①] 我国已经进入全面建设社会主义现代化国家、向第二个百年奋斗目标进军的新征程，对高素质、创新型人才的需求空前强烈。因此，基础教育事关国家发展，事关民族未来。基础教育在人才培养方面具有基础性、全局性、先导性的特点，只有基础教育办好了，才能建成高质量的教育体系。小学校长是学校的灵魂，一支高素质的校长队伍是实现基础教育高质量发展的必要条件。校长或有潜质的校长后备干部应该深刻领会与把握我国一系列关于高质量教育、教育现代化、教育强国等战略部署的内涵与实质。《关于进一步减轻义务教育阶段学生作业负担和校外培训负担的意见》《新时代基础教育强师计划》等新修订的义务教育课程方案和课程标准等政策文件先后出台，对提高学校育人质量，提高教师队伍素质，落实核心素养等方面提出了更高站位、更深内涵、更大力度的要求，同时也对学校发展规划、学校治理与变革以及校长专业能力提出了新要求。同时，以人工智能为代表的现代信息技术引发了教育领域的新变革，如何加强人工智能与教育教学的深度融合，与时俱进，顺势而上，利用人

[①] 习近平在看望参加政协会议的医药卫生界教育界委员时强调：把保障人民健康放在优先发展的战略位置 着力构建优质均衡的基本公共教育服务体系[N].人民日报,2021-3-7.

工智能技术提升学校教育质量，减轻教师教学负担，同样是对校长专业能力的重大考验。

总之，全面提升校长专业能力是新时代的要求，也是教育高质量发展的需要。在新时代建设高质量教育体系的背景下，如何让更多的好校长成就更多的好学校成为受到普遍关注的话题，而如何更好地让后备校长成长为合格、成熟校长，让合格、成熟校长成长为卓越校长、教育家型校长，成为中小学校长培训的重要内容。

励耘好校长是北京师范大学教育培训中心发起并培育全国中小学校长、校长后备干部队伍的品牌项目，秉承以提升校长专业能力、促进学校发展为中心任务，采用"双导师""双班主任"制的创新模式，着力培养和提升校长在规划学校发展、营造育人文化、领导课程教学、引领教师成长、优化内部管理和调试外部环境等方面的领导力，促进学员沿着"后备校长—合格校长—卓越校长—教育家型校长"的专业路径持续发展和成长，致力于为区域培养一批好校长，从而改变当地的教育生态，带动区域教育整体质量的提升。

自 2010 年山西晋中百名校长培养工程起，励耘好校长项目先后为广东省广州市番禺区（2012—2015 年）25 名校长、山西省长治市（2018—2020 年）48 名校长出版了研究论文集。2023 年，对于励耘好校长项目来说是具有特殊意义的，浙江省嵊州市、北京市（燕山地区）、四川省成都市三个地区的学员同期出版了自己的论文集。3 年来，108 名来自这三个地区的后备校长、合格校长在理论导师与实践导师的共同指导下，在学术班主任与行政班主任的一路陪伴下，在学校文化与学校规划、学校德育、课程与教学、教师专业化发展、教育大数据等各方面进行了多维度、多层面、立体式、沉浸式学习，学习期间多次奔赴北京、重庆、武汉、嘉兴等地的知名学校参观访问，校长之间形成了跨地区的专业学习共同体，营造了合作学习的文化氛围。大家在做中学、在学中做，线上与线下结合，读书与实践结合，且学且思且行，不仅更新了教育观念，开阔了办学视野，增加了学识和才干，收获了成长和进步，更为重要的是，他们还以学校管理过程中遇到的难题和学校需要提升的关键点作为贯穿三年的研究题目，学会了用理论解决现实问题的方法，形成了自己阶段性的教育教学思想或管理思想，在这里，我们对他们久久为功形成思想结晶表示祝贺。

时代赋予使命，责任体现担当。我们非常期待参加过励耘好校长项目的每一位校长、校长后备干部，在未来的校长任职生涯中，能始终将为党育人、为国育才作为办学治学的初心使命；始终坚持以立德树人的目标为引领，深入推进育人方式变革；始终将追求高品质办学，走内涵发展道路作为学校新时代的发展方向；始终以敢为天下先的胆识和气魄主动宣传和贯彻最新教育政策，主动投身新时代教育事业建设，主动适应新技术变革，在推动教育高质量发展的历程中只争朝夕，踔厉风发，沿着这条正确的道路跑出加速度，再上新高度。

感谢顾明远、裴娣娜等诸位先生对励耘好校长项目的持续关心和支持！特别鸣谢顾明远先生为文集题词及对校长们给予殷殷嘱托！

励耘好校长项目组：张亚南 刘增利 李 罡 马熙玲 黄秀英

2022 年 11 月

序 言
PREFACE

走向卓越

2019 年 2 月，嵊州市教体局发布了"嵊州市卓越校长培养工程"学员征集令，委托北京师范大学教育培训中心开设为期三年的校长培养项目——北京师范大学"励耕好校长"嵊州市卓越校长培养工程。本集著，是"嵊州市卓越校长培养工程"全体学员的学习成果之一，选编了三年来学员参加培养和成长的历程。

北京师范大学教育培训中心以更高的政治站位，更完善的课程框架，更优的项目管理，把嵊州市卓越校长培养工程的学员列入"励耘好校长"项目。双方成立了北京师范大学"励耘好校长"嵊州市卓越校长培养工程领导机构，嵊州方面由嵊州市教体局党委书记、局长周瑛担任组长，教体局人事科科长徐夏敏担任项目负责人和行政班主任；北京师范大学教育培训中心方面由北京师范大学教育集团附校管理委员会执行主任刘增利校长担任组长，中共北京市委党校教授、教育学博士、北京师范大学系统科学学院教育规划与教育治理研究中心研究员、励耘好校长项目核心专家李罡博士担任班主任，北京师范大学教育培训中心创新业务中心主任、励耘好校长"中小学管理沙盘模拟推演——校长领导力提升课程"主创张亚南老师担任项目负责人，北京师范大学教育培训中心创新业务中心励耘好校长项目教务管理张彤老师担任项目秘书。

项目组为我们配备了理论导师和实践导师，每位学员都有一位理论导师和实践导师，形成了双导师制培养机制。在三年的学习时间里，每个学员在四个主题中选取了一个作为贯穿三年的研究方向，分别是学校文化、学校德育、课程与教学、教师专业发展。理论导师主要指导我们学员的理论学习和专题研究，理论导师由北京市政府原国家督学宋宝璋、北京师范大学北京文化发展研究院程光泉教授、首都师范大学教育学院书记张增田教授、北京师范大学教师教育研究所胡艳教授、北京师范大学教育基本理论研究院副院长班建武教授、首都师范大学初等教育学院李敏教授、北京教科院中心暴生君教研员等组成。

实践导师主要指导我们学员在实际管理工作中遇到的难题，提供跟岗期间的指导。实践导师成员有：全国优秀校长、北京八中固安分校马熙玲校长，国家督学、特级校长、特级教师、对外经济贸易大学附属中学刘国雄校长，北师大附属实验中学教育集团总校长、实验中学李晓辉校长，北京市第十八中学管杰校长，北京市中关村中学苏纾校长，北京师范大学奥林匹克花园实验小学井绪潮校长，北京市高级校长、北京第二实验小学朝阳学校陈筱梅校长。

培训先后开展了"依法治校""国际教育视野""中外教育史""课程论""沙盘管理课程"等系列理论专题研修，"课题立项""开题论证报告指导""开题预答辩与辅导""课题中期总结""课题结题答辩""教育研究方法"等科研能力提升专题研修，"导师嵊州入校指导""党建引领下的自我诊断研学活动""大数据对教育的深度重构""国际教育视野拓展"等专题考察学习；因疫情所限参与了两次"励耘好校长"暑期研修营及论坛活动；"领导形象塑造与政务礼仪""学校心理健康教育"等专题研修。三年来，全体学员通过集中学习，完成全部课程，指导导师和两位学术班主任全程跟随指导。截至 2021 年 8 月，全部学员答辩通过率 100%，优秀和良好比率达 83%，80% 以上学员岗位得到提升或转任到更重要的岗位。

三年来，我们去北京、嘉兴、成都、重庆各处听报告、看学校、学方法、受指导、做研究、写论文，明白了什么是好学校，看到了什么是优秀。北师大教育培训中心以更严格的学习要求、十分贴心的单独辅导、朋友间的调侃交流，与我们嵊州学员建立了非常好的关系，尤其是张亚南老师，时时举起的"小皮鞭"督促着我们每个学员用心、按时完成项目学习，特别令人感动。

入芝兰之室，久而不闻其香。三年来，优质的项目、严格的管理、和谐的氛围、积极的进取，潜移默化的熏陶，让我们每位学员在不知不觉变化：政治站位更高了，精气神提升了，眼界开阔了，方向明确了，思考更深了。面向优秀，我们才能向着优秀出发，才能不断靠近卓越。正像周瑛局长说的那样：三年的培养，仅仅是我们学员们成为优秀、走向卓越的起点。

值此"卓越校长"培养结业之际，我们整理三年来的培养历程和心得体会，向组织和北师大教育培训中心汇报培养的成果。这本集著，只是我们以研究促进学校发展成果的一个侧面，是一个可以继续审视、实证我们不断进取的参照。

感谢北师大，感谢张亚南老师、李罡博士以及所有为嵊州市卓越校长培养工程付出心力和努力的领导和导师！

目录 CONTENTS

第一篇 | 学校发展规划和文化建设

第二篇｜学校德育

第三篇｜教师专业成长

第四篇 ｜ 学校课程与教学

第一篇

学校发展规划和文化建设

普通高中研教融合的校本研究与建构

嵊州市马寅初中学　周旭松

长期以来，普通高中在教学实践中存在"重实绩轻教研"的教学生态。一方面，是考核机制的原因；另一方面，面对新课改，教师学科创新意识与发展的内生动力也显不足。此外，学校传统的教学管理模式在新课改的背景下，也逐渐与学校发展变化不匹配。基于此，普通高中的教法和学法，都存在低效和应试的弊端，新形势下的校本教研亟待催生新的建构。

因此，在基础教育改革全面推进的形势下，树立新的教研观念，建立新的教研机制，探索新的教研形态，成为学校教学研究的中心工作和紧迫任务。只有通过学校实践、研教融合，才能将教师必须具备的综合素养转化为真实的教学力量，转化为教师新的行为能力、习惯与职业成长方式，才能实现教育价值的提升，有效促进学校的可持续发展。

一、研教融合的意义

本文基于嵊州市马寅初中学教学实践，以著名教育家马寅初先生的教育理念为依据，对普高研教融合理念进行创新，借助高校专家对普高教育教学工作的指导及上级主管部门给予的政策引导，充分调动教师的创新科研能力，发挥教师特长，合作互补，最终形成学校教育、教师发展、学生成才的多方共赢机制，旨在通过借鉴国内外研教融合的相关经验，紧密结合本校的实际情况，尝试研究普高教育研教融合的新途径，探索以高水平的教学研究支撑高质量教学的具体实施途径。

（一）教学管理的方式从条线分割走向系统整合

研教融合意味着教研组管理理念和管理方式的改变，积极融合教研和科研力量，赋予教研新的研究内涵与价值意义，才能有效消除多头管理导致"1+1 < 2"的负面效应。研教融合的实施，将充分调动教师的积极性与创造性，激发教师将理性的研究力量融入日常教学实践之中，充分体现研教融合的系统效应。由此，教师的研究性变革实践才能真正成为教师成长发展的肥沃土壤。

（二）教学管理的功能从控制约束走向指导引领

研教融合的提出，将直接催化教研组管理方式的变革，重新定义与认识教研组的组织功能与价值。研教融合意味着从日常教学检查到日常教研活动的形式都将有所变化，教研组的教学管理功能将实现从管理约束到指导引领的极大转变，充分发挥教师的主观能动性与参与热情，有效提升教研实效。教研组和教师的发展也将因此而获得足够的内生力量。

（三）教学实践的意义从学生发展走向师生发展

研教融合的提出，将改变传统教学管理的育人价值仅仅指向学生的单一平面。事实上，课堂教学实践在促进学生成长的同时，同样也是教师自我成长的土壤和平台。这是由教学日常实践的持续性、亲历性和可改变性决定的。随着对教学实践意义的重新认识，教研组的活动策划和设计都将随之产生相应的改变。

二、研教融合的原则

（一）活动定位：前瞻性与现实性的统一

1. 前瞻性
研教融合活动的定位首先要顺应课程改革的趋势，同时也要符合当下学生全面且有个性的发展需求。这也是研教融合的重要理论基础之一。

2. 现实性

面对新课改，教师的学科创新意识与发展的内生动力不足，学校传统的教研管理模式已不能与学校的可持续发展相匹配。这也是研教融合实施的现实依据之一。

（二）活动设计：系统性与综合性的统一

1. 系统性

研教融合要经过系统的论证和充分的设计，追求最佳的优化组合。旨在整合分散的资源要素，整合教师的智慧与优势，让各领域的学习成果得以关联起来，增加活动的整体性、教育性、实用性。

2. 综合性

研教融合在活动设计上既要体现活动的厚度，做到系统、有序，又要注意活动的广度，提高师生的积极性。这就要求研教融合必须建立在综合性的设计和有效的整合之上。

（三）活动实施：专业性与实践性的统一

1. 专业性

专业引领是研教融合取得良好成效的关键因素，也是提高教师专业素质的重要力量。研教融合的特点是将学科思想理念贯彻在具体的实践活动之中，以达成活动目标。

2. 实践性

将活动与实际课堂教学、日常教研工作相结合，不断在实践中丰富和完善，提升研教融合在具体教学中的有效性、可操作性。

（四）活动评价：开放性与多元性的统一

1. 开放性

尊重教师的选择，鼓励教师进行个性化的思考，拓宽活动的广度，鼓励成果多样化，激发教师的思维，使教师对成果进行多角度、多层次的思考，提高教师的思维能力。

2. 多元性

根据多元智能理论，在发展教师各方面智能的同时，不仅要尊重个体发展的差异性和独特性的价值，而且要全面评价教师的认知、能力、态度和情感，实现评价指标的多元化。

三、研教融合的管理机制

（一）研教融合的组织管理

1. 创设融合性管理组织，发挥整合功能

传统教研管理中存在的多头管理，导致了"1+1 < 2"的负面效应。研教融合的提出，学校教师发展中心的设置，意味着教研和科研力量的融合，将促进教师的教学实践走向研究性变革实践。由此，教师的教学实践变革才能真正成为教师发展的土壤和平台。教师发展中心享有专业权，履行指导和提升教师专业能力的职责，负责教学研究活动的策划与组织、专题活动的设计与推进、课题的规划与管理等。由此，教研组内教学研究与日常教学的融合，通过组织变革得到保障。

2. 完善整体性管理秩序，积淀文化新质

教师发展中心在学校整体管理下，实现了对教学研究的统筹管理。教师发展中心对每学期的工作实行"一线二表"管理。新学年教研组在教师发展中心的统筹安排之下，制定新的工作计划表，对各项教研工作做出长远合理的安排。而备课组的工作计划表，则让每位学科教师都能明确每周的教研和教学安排。这不仅使教学研讨与教师发展在教学规划里得到了具体的体现，而且为教学工作的有序开展和教师发展提供了充实的依据和保障。

（二）研教融合的平台创建与机制保障

1. 创新建设三个平台

为更好地实施研教融合，学校教师发展中心组建了学科创新中心与学科教研室，联合市级名师工作室，构成教师发展与学科建设的基本平台（见图 1-1）。

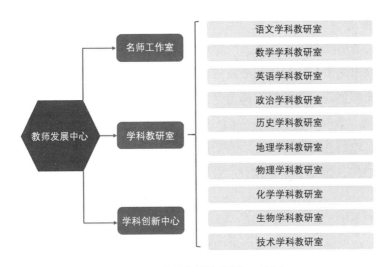

图 1-1　研教融合创新建设的三个平台

（1）一名一引领——名师工作室

以学科为纽带，以名师为引领，搭建促进名师自我提升及青年教师专业成长的学科发展平台，充分发挥名师的引领辐射作用，通过专题讲座、理论学习、专业培训等研修形式，带动教师队伍整体素质的不断提升。

（2）一师一示范——学科创新中心

结合学校发展实际和学科特点，按照"德勤绩能"要求，侧重工作实绩与创新能力，评定"学科创新名师"，让优秀教师脱颖而出，为广大教师树立学习的榜样，充分发挥"学科创新名师"的示范引领作用，不断增强教师发展的内驱力。在此基础上，成立学科创新团队，开展创新型教育教学研究的专题研修活动，促进学校教师整体素质的不断提高。

（3）一科一团队——学科教研室

在教研组的基础上组建全新的学科建设平台——学科教研室，按照"抱团成长"的目标，建立完善团队合作机制，加强教研团队建设，增强团队意识，定期开展具有明确主题的研教融合专题活动，全员参与，同伴互助，为每位教师的发展成长提供更大的可能，全面提高教师队伍整体素质。

2. 推进运行三个机制

（1）县管校聘——能者上，庸者下

嵊州市马寅初中学作为浙江省首批县管校聘管理改革试点学校，基于校情，大胆创新，以县管校聘为推手，加强教师队伍建设，不断完善教师流动机制。学校注重教师各方面的考核与评价，促使教师形成危机意识。通过一轮轮的县管校聘，教师的工作积极性得到了充分的激发和调动，教师整体结构也得到了不断优化，逐渐形成了一种"能者上，庸者下"的良性机制。

（2）青蓝工程——青蓝继，薪火传

为了缩短新教师的教学探索周期，学校积极实施"青蓝工程"，实行学科导师和青年教师的一对一结对，以传、帮、带的方式，充分发挥学科导师的引领示范作用，为青年教师搭建专业的成长平台，为青年教师指明发展的方向，有力促进青年教师的迅速成长与发展。

（3）奖教基金——重激励，树典型

学校以奖教基金的形式建立了一套完善的教师绩效激励机制，树典型，重激励，奖励在教学、竞赛、科研等方面成绩突出的各类优秀教师，以此激励教师为学校教育的长期发展助力。

四、研教融合活动的实施

研教融合的实效性，在很大程度上取决于教研活动主题的现实针对性，教研方法和教研形式选择过程中的可行性，以及解决问题的敏感性、缜密性等。这些因素作用的发挥，则依赖于研教融合活动的完善策划与有效实施。

（一）研教融合活动的设计

1. 平台策划

实现教研活动的层次化设计。从教研组、备课组、教师个体三个层面系统推进教研工作，逐渐形成"序列化整体设计，立体化全面推进"的研究格局。教研组层面实施"导师引领、专题研究"；备课组层面实施"骨干引领，专题细化"；教师个体层面，则在两大系统的研究中实现自主选题，实现"同伴互动、自主研究"。

2. 功能开发

放大教研价值的多元化挖掘。教研组织是教师发展与成长的主要平台，也是学校教育教学发展的重要组成部分，其功能与价值应是丰富多元的，应该有先进教育理念的方向引领，有教学改革实践经验的合作分享，更应有愿景凝聚的团队文化引领功能。

3. 动态规划

实现研究内容的整体化策划。教学研究不可能完全按照预设的研究方向进行，因此教研组、备课组要在动态实施的过程中不断梳理和完善研究内容的序列，关注教学研究的"纵向序列"和"横向序列"，并适当延伸拓展，以实现研究内容的整体化推进。

4. 活动开展

活动的形式——从"展示"到"研讨"。改变以往"汇报展示"的活动形式，更多地采用集体研讨的形式，教研活动承担者为教学研讨提供实例素材，而其他成员则以此为基础展开专题研讨，以实现研讨不断有序地推进与深化。

活动的推进——从"个体"到"团队"。活动的推进改变教师个体"单打独斗"的局面，更多地采用团队合作承担的方式，一人（名师、导师、骨干等）领衔，全员参与，借助团队的优势，以实现"同伴互动、自主研究"，不断提升活动成效。

活动的主体——从"观摩"到"参与"。改变以往"观摩"的活动方式，更多地设置互动参与环节或具体真实的任务情境，精心设计，合理安排，鼓励引导每一位教师参与到教学研讨之中，力求让每一位教师都能成为活动的参与者与体验者。

（二）研教融合活动的实施步骤

一个完整的研教融合活动一般主要包括"铺垫热身—主体活动—后续跟进—有效性评估"四个基本步骤，四个步骤之间形成衔接并螺旋提升的关系（如图 1-2 所示）。同时，在活动实施过程中，要求做到有活动方案、有活动记录、有活动成果、有活动反思，力求有显著的成效。

图 1-2　完整的研教融合活动

1. 铺垫热身

铺垫热身是研教融合活动的准备阶段，在确定活动主持人的基础上，由其负责召集组员制定详细的研教融合活动研究方案，明确研讨主题的背景和意义，阐明具体问题和内容。同时搜集提供必要的研究和学习资料，引导组员有意识地观察、研读和思考，做好活动前的必要准备，以保证主体活动的顺利有序开展。

2. 主体活动

主体活动是研教融合活动的核心部分，是前期铺垫热身活动基础上的深化，即活动的具体实施，它主要包含"展开—深化—聚焦—突破"四个基本步骤。

在具体实施环节中，倡导设置互动参与环节或具体真实的任务情境，鼓励引导每一位教师都能参与到教学研讨之中。表 1–1 为学校围绕"检测有效性"开展的主题研讨活动。

表 1–1　数学教研组"检测有效性"主题研讨活动

	具体操作	主要活动
主题研讨活动	展开	作为展开和引导，先由高一年级备课组长就"检测有效性"介绍组内开展过的专题活动进行介绍，对开展的观课评课以及研讨后的初步认识，即检测的价值、检测的有效性等进行讲述，以起到情景导入、抛锚激活的作用。
	深化	根据高一年级的经验和认识，高二、高三年级组分别从检测的内容与安排、检测的批改与反馈、检测资源的利用三个方面进行专题交流，旨在深入了解检测有效性的关键问题，从具体的细节深化认识。
	聚焦	在教研组长的启发引导下，在充分研讨的基础上，最后大家将检测的有效性集中到原有检测资源利用的有效性、安排和反馈的有效性两大方面。
	突破	在聚焦的基础上，集思广益，梳理出可操作性的改进方法，在作为后续跟进的教学措施予以验证完善的同时，突破了原有对检测的感性认识，教师们也不同程度地形成了理论与实践相结合的结构性认识。

3. 后续跟进

教学研究的根本目的在于提升教师的学科素养和教学素养，而活动的开展和教师的发展又是一个持续的、动态的过程，因此当某项教研主题活动接近尾声时，需要考虑后续跟进活动的延展性效益最大化的问题。组织教师就研讨主题发表自己的观点，在研讨中发现新的生长点，并逐渐达成共识，最后由活动主持人或教研组长汇总整理，并撰写相关反思与总结的报告，供大家参考学习。在此基础上，集思广益，进一步组织教师开展相关的听课评课活动，鼓励创新，在具体的课堂教学实践中加以尝试、检验，及时发现问题，促进教师教学行为不断改进，为下一个阶段研教融合活动的策划提供实践依据。

4. 有效性评估

研教融合活动的有效性评估主要包括活动效益和活动效果两个维度。活动效益评估旨在对原有教研活动方案的修改与完善，如活动目标、活动过程的调整；活动效果评估是将活动实际取得的效果与既定目标进行比较，以此判断研教融合活动的有效性。研教融合活动有效性评估的基本方式是系统地将自我反思贯穿于活动的整个过程，以活动的关键环节和主要成果为评估重点，通过广泛听取参与教师意见、全面观察教师课堂教学等方式来获取评估的原始材料，并在此基础上，通过个体反馈、集体反思和最终分析梳理，形成判断，同时为酝酿确定下一轮研教融合活动的主题提供一定的借鉴和依据。

五、研教融合的成效

（一）以研促学优化教学，促进学生全面发展

研教融合，以研促教，以教促学，由重教研结果向重教研过程转变，借助教研活动更新教育理念，优化改进教育教学方法，建立和形成能发挥学生主体性的自主、合作、探究的学习方式，进而提高教学质量，促进学生全面发展。

（二）以研促教研教相长，促进教师成长提升

坚持以人为本，落实人才强校战略，以教师发展提升为抓手，以提升教师专业技能和素养为核心，不断更新教师教育理念，创新教育教学模式，拓宽教学思路。将教师教研成果转化为课堂教学内容，实现教学教研互长的良好发展态势。

（三）创新管理完善机制，促进学校持续发展

创新管理完善机制，采用"教师教研—以研促教—师生互动—以研促学—学生提升"的研教融合构想，全面加强学校教师队伍建设，有效促进学校的可持续高质量发展，并为之奠定坚实的基础。

实践证明，随着研教融合模式在学校课堂教学中的不断实践，教师专业素养不断提高，教育价值不断提升，研教融合活动已逐渐成为促进学校特色发展的重要载体和突破口（见图1-3）。

图 1-3 研教融合示意图

以"勤·致"文化推进嵊州市初级中学生态学校建设的行动研究

嵊州市初级中学　方燕雁

2019 年全国教育工作会议上，教育部部长陈宝生提出，学校布局、园区建设、教育基础设施等方面需超前规划，并要将德育建设到学校的各个角落，成为学校文化重要的宣传地。只有将学校文化建设和德育、教育教学相融合，才能培养学生良好的品质和健全的人格。嵊州市初级中学自建校以来，在"校我"精神的传承与发展下，在"求学励精，惟勤致远"的校训引领下，形成了具有学校特色的"勤·致"文化，旨在培养具有可持续发展能力的"致远少年"。2021 年，学校整体搬迁。为顺应时代发展需求，学校以"卓越校长培养工程"为契机，拟在传承"勤·致"文化的基础上，推进以"全面实现学校、教师、学生的可持续发展"为核心内容的生态学校建设。三年来，学校从文化凝练、文化设计、显性文化建设、课程建设等方面着手，推进了嵊州市初级中学生态学校建设的行动研究。

一、以"勤·致"为基点，文化凝练植入生态概念

（一）"勤文化"的凝练历程

学校的前身是国有民办学校，创办之初，鉴于特殊的办学机制，老校长秉承着"千万种精神总是奉献，第一等好事无疑读书"的宗旨，提出了"校我精神"，致力于营造老师们乐于奉献、学生们勤于学习的教学氛围。也正因为有了这种教师勤教、学生勤学的传承，学校多年来才一直高位运行，成为本地当之无愧的窗口学校。2015 年，学校以初心为本，开始逐步打造校园显性文化，但始终感觉形似而神不似，缺少灵魂。2017 年，在教

研室和其他兄弟学校的帮助下，学校提出了"思源致远、知行合一"的办学理念，希望我们的嵊初学子能够在学校的引领和培养下，成长为知书达理、懂感恩，有能力回报社会的新时代优秀人才。可很快，我们就发现该理念只是单向强化了学校的办学愿景，脱离学校办学历史根基，悬在半空中不接地气，导致学校各线工作开展得不伦不类。于是，学校多方举措论证，通过对办学历史根基的挖掘，全校教师的问卷调查、座谈交流，语文教研组的集体讨论等多种方式进行商讨和研究，并在专家的建议下，将新理念调整为"勤敏、笃志、崇德、致远"。但在工作推进的过程中，仍日益显现出逻辑混乱、目标多元而不明的弊病，甚至一度引起各线工作手忙脚乱的状况。正当学校上下深感迷茫困惑之际，恰逢"卓越校长培养工程"开班，通过导师们的进校指导，解读了创校之初"校我"精神的内涵，挖掘了学校创校以来的内在品质，理清了文字表述逻辑。最后，在开题答辩的现场由导师们一锤定音，把"勤·致"文化作为学校办学的核心文化，我们也由此开始了我们的学校建设实践研究。

（二）"生态概念"的植入过程

开题时，我们的选题是《学校核心理念引领下的学校文化建设实践研究》。在导师们指导之后，我们把它调整为《"勤·致"理念引领下的学校文化建设实践研究》。后来，我们课题组在课题推进的过程中，觉得这个题目在表述上有问题，因此又把它调整为《"勤·致"文化引领下的学校建设研究》，并展开研究完成了初稿。在2021年4月与导师线上讨论时，我们提出了两点困惑：一是，题目表述是否科学？二是，整个研究的特色和亮点在哪里？导师在现场以及在后来的文本指导中，给出了"植入生态学校建设"的建议，这让我们豁然开朗！我们马上把选题角度调整为《植根"勤文化"，创建生态校园》。后来又觉得"创建"这一个词不妥，便把它调整为"构建"。在后来的课题推进中，我们学会了区分"生态校园"和"生态学校"的差别，也了解了"生态"这个词更深远的内涵，于是又把题目调整为《植根"勤文化"，着力打造生态学校的行动研究》。在2021上半年提交论文初稿时，班主任觉得还是存在点题不明的问题，因此又帮我们调整为《以"勤·致"文化推进嵊州市初级中学生态学校建设的行动研究》，言简意赅，逻辑清晰。通过几次选题题目的演变和变更，我们的研究方向愈发明朗，目标愈发清晰，切入口愈发切合学校实际，研究的可行性、必要性愈强。

（三）"'勤'与生态"的无缝对接

明确研究方向之后，我们有针对性地学习并界定了文化、学校文化和生态学校等概念，也对学校文化和校园文化、生态学校和生态校园这两组似是而非的概念进行了区分。但同时我们也发现，生态的内涵非常深厚，选择哪一个点作为学校的建设内容，又成为摆在学校面前的一大问题。为此，我们组织了课题组成员分组讨论定点，然后集中论证各组意见的优缺点。最后学校行政会议商讨，大家一致认为学校生态概念中的核心元素"可持续发展"与学校"勤·致"文化的"致远少年"培养目标不谋而合，作为学校课题建设的落脚点再合适不过。

二、以"勤·致"为路径，显性文化彰显生态元素

新建的学校主体建筑为新中式风格，色彩明朗，典雅大气。交付使用时犹如一张白纸，给学校文化建设提供了最大的自由和空间，我们围绕"勤·致"和"生态"两个支点进行显性文化的设计和建设。

（一）显性建筑命名别具匠心

"致远少年"的培育目标是学校寄予每一个学生发展的美好愿景，以此为基点，学校形成并不断优化了嵊州市初级中学"一核五维六群"多元课程体系（致知、致心、致行、雅致、姿致）。为让此目标深入人心，学校以"致"字开头命名校园内所有的实用型建筑，并在每一幢楼下设置了铭牌，对楼名的设计意图进行解读。

比如：我们的三栋教学楼分别命名为致学楼、致思楼、致远楼。"学

而不思则罔，思而不学则殆。"学思二者彼此交融，彼此成就，而致远楼作为科信楼与教学楼最南端的交汇点，是校园"勤文化"最后的落脚点，"致远"二字也是办学理念中对于培养"致远少年"这一愿景的集中体现，暗合校训"求学励精、惟勤致远"，由"求学励精"为起始，以"勤"作为桥梁，到达"致远"之境。

此外，每幢教学楼都带有一个庭院，旨在给学生充足的空间休息与活动。学校结合"勤·致"文化，以"勤"字开头命名校园内景观性园区：勤学园、勤思园、勤恪园，形成"勤文化"景观体系。园内采用的素材均为当地勤勉奋进、卓有成效的杰出乡贤故事，让学生在休息时间也能充分感受到"勤·致"文化的熏陶滋养，并在潜移默化中学习先贤的优秀精神，培养自身勤勉的品质，为实现自身可持续发展奠定坚实基础。

（二）显性小品设计良工苦心

学校将文化底蕴与生态学校的规划设计相结合，努力打造文脉相承、环境友好、与自然生态共生、学生健康成长的学校环境，因此，从学校的校徽到每一个建筑小品，学校都进行了精巧的设计。比如：

1. 学校的校徽

学校校徽是学校的一张名片。我校校徽整体以繁体"嵊初"为创意点，融入隶书写法，凸显文化厚重感（如图1-4）。右上角的"人"字，突出"以人为本，立德树人"的教育理念。左边是一座"山"，体现学校建设的生态理念，与自然融合。下方为打开的书本，来源于"书山有路勤为径"，阐述了学校的"一训三风"，

图1-4 学校校徽

同时书本是知识的象征，寓意着对学问与真理的求索，这也是学生乃至教师实现自身可持续发展所要必备的条件。

2. 学校的主雕塑

我们之所以会选择莫比乌斯环作为我们的主雕塑，主要出于三层考

虑：首先，莫比乌斯环象征着循环往复、永恒、无限。"循环往复"突出了我校的生态理念，"永恒""无限"即"深远""致远"之意，意味着无论过去还是将来，在教师勤教的教风引领下，学生勤学的学风感染下，学子未来的人生之路会像莫比乌斯环一样无限长远，学校历史也将开启新征程。其次，莫比乌斯环作为设计界一个无法解读的谜，存在着无限奥秘和探索的空间，作为一所学校，引导学生探索科学奥秘也是其职责所在，所以它的含义与学校的办学宗旨相吻合。再次，作为一所新搬迁的学校，我们也通过这个莫比乌斯环来寄托我们对学校的美好愿景，希望我们的学校在新环境中能够一如既往地持续发展（如图1-5）。

图1-5　莫比乌斯环

3. 主雕塑的辅助雕塑：年轮

四个年轮朝着四个不同的方向：隐喻我们的学校、我们的学生都能在不同的领域里走得更长远（致远）。两侧的文化景凳是学校的发展史，最后两排留了空，也是对学校发展空间的一种寄托和展望（如图1-6）。

图 1-6 "年轮"文化雕塑

（三）内部空间建设蕙质兰心

完成了一期外部景观建设之后，2021 年，学校开始了二期文化建设，主要以连廊、走廊、墙面等空间文化设计为主，同样进行了精心的打造。

1. 门厅文化的潜移默化

学校的门厅设计简洁大方，扑面而来的"勤勉致远"一目了然，立面墙上的四字拆放高端大气，后墙上的一训三风、学校荣誉墙、右侧的勤勉之师荣誉墙、左侧的校长寄语，用无声的语言对师生进行潜移默化的影响和鼓励（如图 1-7）。

图 1-7 学校门厅效果图

2. 楼层文化的巧夺天工

我们对每幢教学楼内的消防栓进行了改造：一层一个颜色一个字，组合成"勤勉致远"一词（如图1-8）。

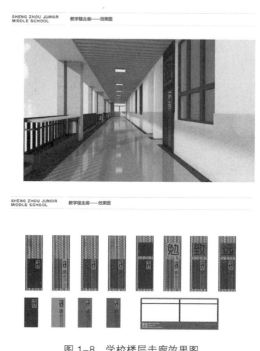

图1-8　学校楼层走廊效果图

3. 长廊文化的见缝插针

一楼的文化连廊，三个年级分别对应三个不同的主题设计。七年级为"学"，连廊主体以著名乡贤和各班誓言为主，寓意踏入"嵊初"的第一步，以铜为镜，立志勤勉，走好初中阶段的每一步。八年级为"思"，连廊主体以历史类好书推荐和历史朝代歌为主，并展示学生的读后感与思考，引导学生以史为鉴，明辨事理，开发思维，勤于思考，乐于创新。九年级为"远"，连廊主体以知名大学标志和优秀校友风采展示为主，希望通过目标的直观刺激和榜样的主观鼓励，促使学生在初中阶段的最后一年朝着目标奋力冲刺。不同年级不同的文化主题设计，符合学生的心理发展规律，也是实现可持续发展，成长为"致远"少年的必经之路。

三、以"勤·致"为目标，课程建设聚焦生态愿景

为增强学生的可持续发展能力，学校以课程建设为载体，结合我们的核心文化，立足"五育并举"的课程建设要求，进行了课程体系的梳理和整合，并针对前期暴露出来的问题，优化课程设计，形成物质能量高效，智慧与可持续发展共生的人才培养体系，促进学校和谐发展。

（一）基础课程夯实核心素养

我们以常规拓展性课程和主题课程为切入口，丰富课程内涵，凸显课程的生态功能。

1. 构建多元课程体系，全方位培育致远少年

根植"勤·致"文化，提升自然涵养，关注生命，关注成长，将培养"致远少年"作为学校工作的出发点与归宿。学校提炼了"致远少年"应具备的特征：高尚的品德、扎实的学科素养、健康的体魄、较高的艺术修养、高度的社会责任感。因此，嵊初学子应具有的核心素养是：致心、致知、致行、姿致、雅致，并以此构建了嵊初"一核五维六群"多元课程体系（如图1-9）。

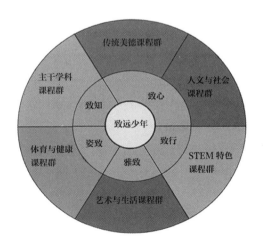

图1-9 嵊州市初级中学"一核五维六群"多元课程体系

在"勤·致"文化生态建设的进一步推进过程中，针对前期暴露出来的问题，结合教育形势的变化，立足"五育并举"的课程建设要求，进行了课程体系的再次梳理和整合，优化了我们的课程设计（如图1-10）。

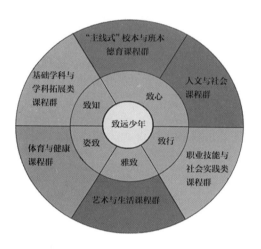

图 1-10 嵊州市初级中学"一核五维六群"多元课程体系（修改版）

2. 建设生态主题课程，多途径提升核心素养

以生态思想为基础的主题课程是指以学校的生态教育办学理念为基础，整合优化学校、家庭、社会、自然等丰富的优质课程资源，满足所有学生的个性化需求，促进学生可持续发展的主题类课程，共有人文、思维、科技、艺体、实践等五个学科素养类课程。学生自行填写"兴趣志愿表"，尝试打破学生年龄和年级界限，自主选择适合自身特点的"课程套餐"，充分挖掘自己的特点，增强自身的竞争力。在探索生态教育理念下的主题课程开发研究过程中，学校初步构建了具有生态教育特色的校本课程体系，让每一位老师在教的过程中提高创造力，实现自我的可持续发展。

（二）德育课程凝练信念自觉

为者常成，行者常至。学校德育课程紧紧围绕立德树人根本任务，抓住每次机会，让"勤勉"成为传承文化精髓的一种态度，用"致远"强化

"生态"概念中可持续发展的内涵。

1. 做实学校德育系列课程，以仪式教育塑造价值观

结合我校的"勤·致"文化，学校推行梯级德育活动。七年级以明规范、树目标、促成长为主，安排养成系列活动，旨在激发学生勤学奋进的动力；八年级以引导学生思考、明辨事理、平稳度过分化期为主线，设计启迪心灵的活动；九年级以"冲刺目标"为主，勉励学生在成长路上竭诚尽志。学校通过"道德判断—道德思考—道德践行"的德育途径，使"知行合一"的价值观教育模式逐步形成，实现学生的可持续发展。

2. 做细班本德育小微课程，以实践教育培养人生观

学校发挥课堂育人主渠道作用，开全开齐班本德育课程。学校引导和督促教师自觉贯彻学科教学中渗透德育的原则，充分挖掘利用教材内在的思想、资料对学生进行教育和自然渗透，营造全员育人、全程育人的良好环境。此外，通过各类主题实践、研学实践、志愿服务等形式，不断增强学生的社会责任感、创新精神和实践能力，让学生在教育体验中拥有健康舒展的身心，在潜移默化中养成道德好习惯，成为一个健康的"致远"少年。

3. 做深地方生态特色课程，以情怀教育树立世界观

学校挖掘剡溪两岸文化，并将"晨钟"（嵊中）文化、"千年唐诗之路"、嵊州民间故事等融入生态课程，促进学生个性发展。同时，也激发学生投身家乡未来建设的兴趣，争当有志气、有担当的少年。学习嵊州先贤，继承英烈遗志，将"勤勉"等传统美德发扬光大，既是学校课程设置的题中应有之义，更是致远少年的职责与担当。

（三）特色课程提升可持续发展能力

学校作为科技特色学校和千校结好特色学校，也关注了这两个领域的特色课程建设。

1. 开发"项目式"游学课程，拓宽学生国际视野

为培养有志气、有担当、有才华的青年，我校积极探索有针对性的生态游学项目，采取感受与交流、合作相结合的模式，用脚步丈量世界，用心灵感悟远方，寓教于游。"读万卷书，行万里路"，以项目为载体，学思结合，让理论知识与实践经验充分碰撞。开拓视野、增长见识，充实"致远"少年不可或缺的成长经历。

2. 推行"探究式"自主课程，促进学生个性发展

生态自主探究课程着眼于学生生存能力的提高和个性发展的追求，学生思考、讨论、探究、解决问题。在这一过程中，把所学到的知识、技能加以综合运用，以此培养学生健康的身心、自律的意识、关心同情他人的情感与品德，以及与他人合作的能力。这是实现自身持续发展的条件，也是一个"致远"少年所必备的品质。

3. 探索"问题式"STEAM[①] 课程，培养学生可持续发展能力

学校利用现代教育媒介，以智慧课堂和"STEM+创客教育"等为载体，将 STEAM 教育项目与课程基地、科学工作室等其他项目融合进行，积极探索实施数、技、工、科教育的新模式和新途径，选拔和培养具有科学潜质的致远少年。

三年来，在课题的推进过程中，虽然学校建设有了一些收获，学校管理有了一些感悟，但也暴露了很多问题和不足：生态建设涵盖范围较广，我们仅从景观设计以及学校德育、课程设计角度探讨生态性，有一定的局限性。经过几年的行动研究，总体上感觉显性的成果大于隐性的成果，硬件设施的改善大于软性实力的提升，"勤·致"文化的体现和落地比重远超学校各领域的生态建设，关于生态建设的愿景和现实还是有很大的差距，任重而道远。因此，我们制定了后续的行动研究计划，将分线以子课题的形式，通过项目化的方式，进一步开展管理文化、队伍建设、教科研建设等领域的生态化建设研究。

---

① STEAM代表科学（Science），技术（Technology），工程（Engineering），艺术（Arts），数学（Mathematics）。STEAM教育就是集科学、技术、工程、艺术、数学多领域融合的综合教育。

"新养成教育"的实践研究

——以嵊州市城北小学为例

嵊州市双塔小学　陈雷钧

一、研究的基础与背景

嵊州市城北小学成立于 1995 年 7 月，学校现有 39 个教学班，1800 余名学生和 98 位教师。建校以来，学校先后获得"全国巾帼文明示范岗""浙江省示范小学""浙江省绿色学校""浙江艺术教育特色学校""绍兴市家长满意学校等几十项荣誉称号。建校以来，历任校长坚持以养成教育为特色，不断传承创新，在嵊州市颇具影响力。

（一）城北小学养成教育溯源

1. 建章立制初养成

2003 年 9 月，学校启动了"小学生养成教育课程化"的实践与研究，开发并出版了一套符合小城镇学校使用的养成教育校本教材——《小学生日常行为规范 1、2、3》；从学校、家庭、社区三个板块编印了学生养成教育登记、评定手册——《我的成长轨迹》，受到了学生、家长、社会的欢迎和广泛好评。

2. 精研细磨深开发

2010 年，相关课题被立项为浙江省教科规划重点课题，学校养成教育开始从德育层面向智育、体育层面深化、细化，并以"社团建设"为研究基点，深入开展"养成教育人本化"的实践与研究。

2014 年，省重点课题研究成果被专家组鉴定为优秀等级。其中德育养成课程之《亲近金银花》获浙江省优秀奖、绍兴市一等奖。

3. "物型"内化润无声

随着时代的发展，家长、社会对学校教育提出了更高的要求，养成教育不只局限于培养外显的行为习惯，还要关注思维习惯、情感态度等。为此，养成教育有了新的定义和目标：将养成教育与德、智、体、美、劳相结合，培养有品格、有习惯、有情趣，会阅读、会思考、会创新，能锻炼、能自护、能挑战的"三有三会三能"少年。

（二）面临的新问题与思考

随着世界化进程不断发展，不同地区人们的行为习惯、语言习惯、思维习惯、情感态度等均有一定差异，孩子们也有不同的需求。那么从孩子生长和时代需要的角度来看，在具有丰富内涵的养成教育中，是否存在特别基础、特别重要的部分呢？

城北小学经历 20 余年发展，养成教育作为学校长期坚持的特色，在嵊州市已具有一定的影响力。如何找到亮点，形成自己的优势，走出嵊州，在我国小学学校中脱颖而出呢？

面临百年未有之大变局，"健康"成为当前学校、家庭、社会的主题。为此，城北小学提出了"健康养成"新理念，开始了学校"新养成教育"学校文化建设的实践研究。

（三）概念界定

查阅资源，可以看到养成教育在中国有悠久的历史，是各时期开展教育活动的重要内容。

1. 古代养成教育

古代养成教育的任务是使学生"成人"又"成才"，具体体现在培养受教育者的知、情、意、行上，即培养人的道德情操。勤俭、礼让、诚实、孝亲教育是其主要内容，此外还注重培养学生修身、齐家、治国、平天下的人生理想。

第一阶段，从先秦到隋唐。中国古代小学儿童养成教育的萌芽阶段。从教"做"人到教"学"做人。随着小学教育的兴盛，中国古代小学养成教育逐步从言传身教发展为有固定教材、教法的相对独立的科目。但其内容单一，且不是为小学儿童量身定制。

第二阶段，从宋代到元代。中国古代小学儿童养成教育的发展阶段。理学的发展促使当时的教育开始重视"人"为教育的对象，重视道德教育在小学儿童教育阶段的作用。有关道德教育的书目开始增多，中国古代小学儿童养成教育初成体系。

第三阶段，从明代到清代前期。中国古代小学儿童养成教育的最高发展水平阶段。明清时期的小学教育已趋于规范化，这与政府对礼教的控制，科举制度的鼎盛，理学心学等新思想的兴起等原因有着密不可分的关系。而小学教育同科举关系的进一步加强，势必会令小学教育的内容、教法等略显僵化、死板。

2. 现代养成教育

现代养成教育从儿童实际出发，以生活礼仪规范、学习行为习惯、社会交往习惯等三方面，实现了对明清时期童蒙养成教育目标的改造、内容的传承、方法的借鉴，使养成教育成为培养学生良好行为习惯、语言习惯和思维习惯的教育。

当前学界对养成教育有多种不同的定义。在中国传统文化中，养成教育具有自我教育的生态学意义。养成教育中，习惯的养成不是强制的行为训练，自我教育不是放任自流。

新时期的养成教育进一步强化"教育在于教育之外"的理念，淡化教育过程的"教育性"；继续实现教育目标个体功能与社会功能的平衡；倡导落实"回归心灵深处"的家庭教育。

3. 新养成教育

新时期养成教育拓展了养成教育的时间与空间（课堂、学校教育、家庭教育、社会实践等）；深化了养成教育的内涵，展现出了一些具有时代性和个性化的习惯养成，例如网络电子产品习惯、健康生活习惯等；改变了养成教育的养成方式，从强制的行为训练向从自我需求出发的自我教育转变。

（四）"新养成教育"的研究重点

城北小学养成教育经过近30年实践，在行为习惯、语言习惯、思维习惯等方面均取得良好效果。新时代背景下，学校结合健康中国、健康浙江建设，提出了健康学校的倡议，健康养成成为学校"新养成教育"研究的重点。

健康指身体健康、心理健康、品德健康、社会健康，健康养成指孩子成长过程中全面健康素养的养成，从而促进学生自主生长，全面健康成长。

1. 身体健康

一般指人体生理的健康。

2. 心理健康

一般有三个方面的标志：

（1）具备健康心理的人，人格是完整的，自我感觉是良好的。情绪是稳定的，积极情绪多于消极情绪，有较好的自控能力，能保持心理上的平衡，有自尊、自爱、自信心以及有自知之明。

（2）一个人在自己所处的环境中，有充分的安全感，且能保持正常的人际关系，能受到别人的欢迎和信任。

（3）健康的人对未来有明确的生活目标，能切合实际地、不断地进取，有理想和事业的追求。

3. 社会健康

指一个人的心理活动和行为，能适应当时复杂的环境变化，为他人所理解，为大家所接受。

4. 道德健康

最主要的是不以损害他人利益来满足自己的需要，有辨别真伪、善恶、荣辱、美丑等是非观念，能按社会认为规范的准则约束、支配自己的行为，能为人的幸福作贡献。

二、研究的方向与路径

在继承原有养成教育经验和优势的基础上，探索"新养成教育"的路径，深度挖掘养成教育内涵，提炼学校养成教育特色文化的亮点，从而打造具有城北特色的健康养成教育文化。

（一）基本原则

1. 目标性原则

基于"健康、和谐、愉悦、优质"的核心理念，在进行成长要素分析的基础上，对目标进行分层分类，将学校的办学目标及学生的发展目标切实内化于养成教育之中。

2. 传承性原则

在学校原有理念和教育方式的基础上，通过固化深受学生欢迎的基本形式，吸取、研究他人养成教育管理中的有益经验等做法，在传承中不断寻求新突破。

3. 多元性原则

通过养成教育活动类型、养成教育课程资源、实施方式的多元化等来满足学生成长的多元需求。

4. 创新性原则

探索具有城北特色的"新养成教育"模式。

（二）研究路径

1. 形成具有城北特色的"健康养成"校园环境文化

（1）以健康研学馆为中心，结合走廊文化、楼梯文化、边角文化等形成校园新养成教育文化布局。

（2）通过健康研学馆建设及使用，促进学生健康素养形成。

2. 形成学校健康养成课程文化

（1）形成具有学校特色的"新养成教育"整体课程体系。

（2）开发小学生健康素养校本课程群，在全市推广使用。

（3）形成开展健康素养教育可供借鉴的实施策略。

3. 形成学校健康行为文化

通过健康素养信息获取、行为干预等路径，促进学生健康素养的形成，从而促使学生全面成长。

三、研究的过程与效果

（一）进一步改善了"健康养成"学校环境

1. 原有基础

城北小学办学规模预设 24 个班。近年来不断扩招，目前已达到 39 个教学班的规模，学校功能室匮乏。如何在场地紧缺的情况下，完善"健康养成"特色环境，更好地开展健康养成教育活动，成为学校环境建设的重要议题。

2. 项目规划

为更好地开展健康养成教育活动和相关研究活动，需要有良好的研究氛围，最好能有固定的研究、活动环境。为此，学校要先建设一个"健康研学馆"。健康养成涵盖身体健康、心理健康、品德健康、社会适应健康等方面。

身体健康方面，在原有运动场、体育馆等活动场馆的基础上，从活动设施和活动开展等方面进一步完善。

心理健康方面，在原有省标准化心理健康教育示范点的基础上，进一步完善建设，争创浙江省心理教育示范点，建设心理健康教育专用教室、放松室、蝴蝶园休闲吧等。

品德健康方面,利用学校香樟林、围墙、走廊、楼梯等区域,开辟红色教育基地,优化德育环境。

社会适应健康方面,一是利用原有的多媒体教室开展活动;二是结合学校民乐艺术特色,在香樟林中建设民乐大舞台,给学生提供自主交流和展示的平台;三是从校内拓展到校外,与社区、养老院、幼儿园等开展联谊活动。

3. 实施效果

(1)健康研学馆建设完成

2018年底,学校建设了健康研学馆,配备了现代教育设备、健康教育教学用具等,主要用于课题组小型教研活动、小型学生研学活动、健康教育成果展示等。健康研学馆的建设为学校健康文化建设提供了基础保障。

(2)德育红色基地建设完成

为促进健康环境文化建设,学校先后建设了德育红色基地、走廊健康文化、墙面健康文化等,利用建校首任校长和全体教师亲手栽种的香樟林,建设了具有特殊意义的德育红色基地,并命名为"情系樟树林"。

(3)心理健康环境建设完成

心理健康状况是健康的重要指标。2020年,学校加大心理辅导室建设力度,一是规范建设5个心理辅导室;二是利用心理辅导室旁100多平方米的露天阳台,开辟"蝴蝶园休闲吧",为师生建设了一个放松休闲的心理健康活动场地。2020年,学校被评为浙江省心理健康教育示范点。

(4)艺术健康环境建设完成

2019年,学校结合民乐艺术特色,建设了"民乐大舞台"、民乐训练馆等。紫藤架下、樱花树旁,学生三五成群,自发形成大大小小诸多民乐训练点,学生浸润在艺术的氛围中,健康成长。2019年12月,学校加入了长三角丝竹联盟;2020年4月,《中国教育报》报道了嵊州市城北小学艺术教育经验《在美育中生长》;2020年6月,张浩尔同学作为民乐特长生,被浙江音乐学院附中录取。

健康环境文化建设是学校整体健康文化建设的基础，全校师生在健康环境的熏陶下，全面健康成长。2019 年 7 月，《中国教育报》报道了城北小学健康养成教育活动《共筑孩子健康成长防护墙》。

（二）进一步完善了"健康养成"课程建设

完善"1+5"课程体系，让每一个城北的学子，既有个性特长，又带有浓浓的城北文化的印记（见表 1-2）。

"1"：指国家基础性课程，是每一个孩子快乐成长的基本素养。

"5"：指拓展性课程。拓展性课程是对国家基础课程中的德、智、体、美、劳 5 个方面的校本化深度开发与补充。

表 1-2 "健康养成"课程建设

课程发展		基础性课程	拓展性课程
德	有习惯 有品格 有情操	品德、艺术等国家课程	《养成教育》《越乡风雅》《花语》等综合实践课程。
智	会阅读 会思考 会创新	语、数、英、科等国家课程	根据学生兴趣、特长开设的思维训练、文学社团、口语表达、科技社团等校本课程。
体	能锻炼 能自护 能挑战	体育与保健国家课程	国际象棋、国际跳棋、羽毛球、篮球、田径等校级社团，以及学校开设的心理健康、青春期性教育、交通常识、自护自救等课程。
美	欣赏美 表现美 创造美	美术、综合实践等国家课程	《城北民乐》《剡中访戴》等地方美育课程教学。
劳	学实践 学自理 学创造	劳动与技术等国家课程	实践基地活动、《亲近金银花》等校本课程，以综合实践的方式开展劳动教育。

"+"不是简单的加法，"1"即是"5"，"5"即是"1"，国家基础课程这个"1"包含了德、智、体、美、劳全面发展的基本素养，城北小学开设的

拓展课程"5"正是对国家基础课程的深度开发与校本化补充。

（三）进一步推进了健康养成行为文化建设

城北小学遵循"一切为了学生，为了一切学生"的原则，朝着"一流的名校"的办学目标，在"以人为本"和"生命关怀"的理念指导下，以养成教育、艺术教育为特色，关注每一位学生的全面发展。

1. 强调养成教育，是学生健康发展和终身发展的需要

古代伟大的教育家孔子提出："少成若天性，习惯成自然。"培养学生从小养成良好的文明行为习惯，是保证健康发展、可持续发展和终身发展的基础。

2. 强调养成教育，是改变当前学生的实际行为的需要

就普遍的学生状况来说，他们的文明道德、学习、卫生健身等习惯的现状是不能令人满意的。如以自我为中心、自制力差、依赖性强……造成这种状况的原因是多方面的，有家庭、社会等外来的不良影响，但更重要的是教育自身存在的问题。"万丈高楼平地起"，整个社会道德大厦的基础必然建立在全体公民的日常行为习惯之上。

3. 强调养成教育，是增强德育的实效性的需要

由于长期受应试教育的影响，就目前小学教育的实际看，在德育中，有的学校忽视少年儿童行为习惯的养成，有的学校在这方面的教育也是不规范的，对养成教育没有长远打算和有效措施，不肯下大力气，花大功夫，时紧时松，随意性比较大。

从行为习惯的培养入手，探讨和研究良好行为习惯与健康人格的培育，不仅可以克服长期以来青少年德育工作中存在的主要弊端，也符合青少年身心发展的特点，适应新时代形势。

（四）推动了学校全面成长

1. 教师的研究意识更浓了

学校一直鼓励教师"在工作中研究，在研究状态下工作"，研究活动的开展，给教师们的研究提供了肥沃的土壤。不论是负责人，还是参与教师也好，都渐渐养成了围绕主题展开深度思考的习惯，从而提高了教师的研究能力（见表1-3）。

表1-3 教师发表的研究论文

题目	刊物	作者
《共筑孩子健康成长防护墙》	《中国教育报》	陈雷钧
《开启新时代学校养成教育的新视角》	《中国教育报》	宋胜萍
《在美育中生长》	《中国教育报》	陈雷钧

2. 丰富了学生经验，促进知行合一

城北小学以课堂教学和课外实践相结合的方式开展教育教学活动。通过创设学习情境、开发实践环节和拓宽学习渠道，帮助学生在学习过程中体验、感悟、建构并丰富学习经验，实现知识传承与能力发展的统一。

例如在《学校常见传染病防控微课程》实施过程中，吸收了部分优秀学生，组成宣讲团，通过设立健康专栏、信息发布、进社区和幼儿园宣讲等方式，开展健康素养宣传推广活动。孩子们走出课堂，深入嵊州市五爱幼儿园新兴园区、剡湖街道北郊社区等地，与幼儿园的弟弟妹妹、养老院的爷爷奶奶一起开展综合实践活动，将习得的"知"逐渐内化，并进一步外化为"行"，实现教育的知行合一。

3. 推动了学校综合发展

呵护生命，健康成长，是城北小学全体师生的共同愿望。近年来，《亲近金银花》《校园常见传染病防控》等校本课程获评绍兴市精品课程、浙江省优秀项目，并在嵊州市中小学全面推广使用；学校实现了精品课程"0"的突破。

2019年，城北小学在争创"浙江省健康促进银牌学校""浙江省心理健康教育示范点""浙江省近视防控特色学校"中屡获佳绩，更成为"绍兴市健康教育品质课堂研究基地"。

介绍养成教育做法的文章《一条实实在在的养成教育之路》在《德育报》头版头条刊登；《中国教育报》多次报道城北小学健康养成教育经验；城北小学开展的学生远足实践锻炼活动，曾被《浙江教育信息报》长篇整版报道，还被《绍兴教育报》和嵊州市、绍兴电视台等作专题报道；学校开展的"在家做个好孩子，在校做个好学生，在社会做个好公民"的养成教育系列活动，在绍兴市德育工作会议上被作为优秀经验介绍……

四、研究后的思考

"新养成教育"不仅是传统意义上的行为习惯养成，而是涵盖品质养成、心理养成、情感养成等素养，是德、智、体、美、劳全方位的养成教育，城北小学的养成教育以"健康少年乐成长为主题"，以"健康教育"为主线，以"健康、快乐成长"为目标，真正为育人奠基。

思考一：学生个体存在的问题有独特性。根据实施过程来看，许多内容还须细化，并根据学生的显性行为进行分类。构建分层目标，设计有效载体，实施分层训练，有针对性地解决学生养成方面日益复杂的问题，与时俱进地开展研究活动。这是该研究今后要努力的方向之一。

思考二：在实践过程中，教师们常感到理论积累不够，用先进的理论和思想指导实践不够。因此在总结经验时，对升华理论感到有难度。在今后的研究中，需要进一步主动争取专家引领，论证指导今后深入的方向，实践操作的要领、注意事项、研究的落脚点等，以提升研究层次。

新时期，城北小学养成教育必将朝着立德树人、五育融合的目标全力前行，以新养成教育的实践和研究为抓手，转变学习方式，促进学生全面健康成长。

基于"莲文化"打造特色学校的行动研究

嵊州市城北小学　徐铝萍

一、选题缘由

（一）来自曲折的办学历史

位于嵊州市城郊接合部的莲塘小学，近几年实现了"农村完小—九年一贯制学校—开发区中心小学—市属小学"的四级跳变身，发展定位也随之改变，但是以外来务工人员子女为主的学生来源现状没有丝毫变化，整个教师队伍结构并没有实质性变化，几十年积淀的学校原有文化更不是短期内能够重塑和打造的。学校需要一种能够凝聚人心、激发人志的校园文化，能够引领新体制学校朝更高的方向发展。

（二）源于独有的校本资源

学校地处开发区"莲塘村"，村中有一口大池塘，每到夏季满池荷花怒放、荷叶摇曳，村子和学校因此而得名。学校充分利用这一独特资源，以"莲"为基，生发出内涵丰富的"莲文化"。莲的"纯洁高雅、坚韧向上""出淤泥而不染"，莲子的抱团生长，以及莲藕的默默奉献都可以成为"莲文化"的精神内核，从中提炼促进学校发展、教师成长、学生进步的校园文化精髓。

（三）来自学校高质量发展的需要

莲塘小学学校管理团队结合校情，认真分析研究，经过多次讨论、专家论证，最终确定"莲文化"为学校特色，并从中提炼了莲子在莲蓬里抱团生长的品性，这一精神内涵既是习近平总书记提出的"像石榴籽一样紧紧抱在一起"的民族团结精神的延伸，也是莲塘小学全体师生当下最需要的一种抱团精神，于是，"像莲子一样亲密生长在莲蓬里"的核心文化应运而生，并成为学校"莲文化"内涵的核心加以深入推进，从而促进学校高质量发展。

二、研究的策略

（一）架构特色学校文化内涵

1. 一训三风

校训：至善至美　宁静高远。

解读：《爱莲说》中曾有千古名句——"出淤泥而不染，濯清涟而不妖"，我们从中读出莲的美丽与纯洁，守宁静致高远，"志趣高洁""志向高远"之境界。

校风：向善　勤学　精业　强体。

解读：立德"善"为先，扬莲之精神，人格高尚，品行高洁。天道酬"勤"，"勤"乃为学之道，学习莲之品格，在淤泥中奋力生长。术有专攻业有道，学生专心求学，教师专心从教，有如莲花、莲叶、莲藕、莲子各司其职各精其道。强健体魄，珍惜生命，热爱生活，学习莲的顽强意志，积极向上。

学风：坚韧向上　好学善问。

解读：莲塘学子，应颂莲花坚贞的品格，应学莲之心志，坚韧向上，对学习充满好奇，饱含兴趣，做到会学习、善质疑，以"求学"为乐，以"思考"为能。

教风：心中有生　学思研行。

解读：以人为本，心怀学生，尊重每一个生命成长；学思研行，遵循教道，缔造每一次教学精彩。

2.办学目标：打造"雅洁静秀"的莲韵学校

3.莲塘精神：像莲子一样亲密生长在莲蓬里

解读：莲塘小学就是一个饱满的莲蓬，学校的每一位老师、学生、教职员工就是生长其中的莲子，莲蓬的蓬勃离不开每一颗莲子的奋力生长，离不开莲子之间的相互包容和礼让。每一颗莲子都生长在自己的位置上，不越位不缺位；莲子们紧密团结在一起，一颗都不能少。只有每一颗莲子都蓬勃生长了，整个莲蓬才会健康饱满；只有每一位师生员工都心有学校，学校才会取得更好的发展。

（二）完善特色学校组织建设

1.顶层设计，科学规划

学校对"莲文化"特色校园环境建设进行了顶层设计，邀请北京师范大学宋宝璋教授等来校"把脉"，合理规划，还专门成立了特色学校建设领导小组，由校长亲自担任负责人，并吸收了一批有研究和研发能力的教师，组建了特色学校建设核心组。

2.中心辐射，科室领航

将特色学校的实践与建设以版块形式，落实到责任科室，分工精细，层层落实，部门联动，推动特色学校建设的纵向深入。由业务副校长牵头落实分配，后勤线主要负责"莲文化"外显布局的落实，教学线负责课程的设计与落实，科研线负责师生精神涵养的主题活动设计与实施，多线并进，规划统整。

3.家校联动，形成合力

特色学校建设不仅需要全校师生上下一心，全力以赴，更需要家长和社会的支持与配合。学校以"家委会""家长学校""家长志愿者"等组织为载体，促进家校联动，教育合力，形成前进的动力，助推莲文化特色学校的创建。

（三）夯实特色学校课程建设

1.特色为基，统整学校课程

学校对原有的课程进行进一步改革、完善，以"莲"为中心点，生发出结合文化课的"诵读""绘画"等校本课程，拓展出以学生实践为主旨的"探究""研学""宣讲"等校本课程，延伸出具有自创性的特色课程等。如莲彩自主课程，以学年为单位，按照"整体规划、设置课程（确定方向）——自主申报、设计课程（教师申报设计课程）——挖掘资源、充实课程（开发社会、家长资源）——优选课程（综合评定筛选）——学生选课（公布课程选课组班）"的路径具体进行操作。

2.因地制宜，打造特色课程

打破学科边界，统整校内外资源，开发出以"莲文化"为中心的综合实践活动主题群，走进了缤纷美妙的莲的世界（见图1-11）！

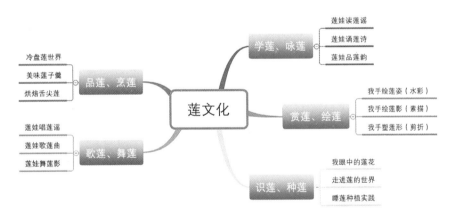

图1-11　以"莲文化"为中心的综合实践活动主题群

（四）丰盈特色学校课堂建设

学校创设开展丰富多彩的活动，从教师、学生、家长三条线出发，以"莲文化"为基点，生发出相关的主题活动，形成系列（见表1-4）。

表1-4 "莲文化"特色学校建设系列活动安排

	负责学科及组织	活动主题	年级	活动
莲小少年（阳光向上，至善至美）	语文	"学莲、咏莲"系列活动	低段	莲娃读莲谣（诵读莲的诗歌、诗词）
			中段	莲娃诵莲诗（诵读莲的诗歌、诗词）
			高段	莲娃品莲韵（诵读关于莲的名家散文）
	美术	"赏莲、绘莲"系列活动	低段	我手绘莲姿（彩绘）
			中段	我手绘莲影（素描、水墨）
			高段	我手塑莲形（剪纸、折纸）
				莲文化硬笔书法比赛，"莲文化"对联书写活动
	科学	"识莲、种莲"系列活动	低段	我眼中的莲花
			中段	走进莲的世界（了解认识各种莲）
			高段	睡莲种植实践
莲小少年（阳光向上，至善至美）	音乐	"歌莲、舞莲"系列活动	低段	莲娃唱莲谣比赛
			中段	莲娃歌莲曲（歌唱莲的歌曲，如：校歌）
			高段	莲娃舞莲影（根据校歌编排一个舞蹈）
	劳技、班队	"舌尖上的莲"品莲活动	高段	"舌尖上的莲"美食节（结合家委会举行）
	少先队	根据"莲文化主题"，自主开发活动主题		"莲小"好家风征文比赛 暑假"至善至美"莲小少年评比 "迎国庆 莲娃展风采"活动 十佳"文明莲少年"评比 "我自信、我成长"莲小好少年征文比赛 "文明小卫士"金点子征集大赛
	其他学科如数、英、品、体等	根据"莲文化"主题，自主开发活动主题		
莲小教师（高雅廉洁、德艺双馨）	工会	根据"莲文化"主题，自主开发活动主题		"舌尖上的莲"教师美食节 "我心如莲"征文比赛
莲小家长（热情包容、和善智慧）	家长学校家长委员会	根据"莲文化"主题，自主开发活动主题		"舌尖上的莲"美食节 我为莲小发展献一计 "十佳莲小家长"评选

（五）强化特色学校管理建设

1. 以争创为契机，展示建设成果

学校以各类争创活动如"绍兴市廉洁文化示范学校"争创活动等为动力，积极展示特色学校建设成果。以与"青田温溪一小""杭州天地实验小学"等学校的结对联谊等活动为契机，进行校际课题交流研讨，共话学校发展。学校还承办了"莲文化"课题成果全市现场会。

2. 以评价方式，巩固建设成果

学校采用"塔式"创"星"评比。即以班级为单位，评选"每周之星"（周评一级星：小荷初露）、"榜样之星"（月评二级星：红荷映日）、"吉莲之星"（期终三级星：荷之君子），后一级的星必须在前一级的星里评选，所以叫"塔式"评比，这样更能鼓励孩子力争上游。此外，学校还组织了"莲小形象代言人""十佳莲小模范家庭""优秀莲韵教师""廉洁教师团队""莲雅办公室"等评优评先活动，并将奖品个性化定制，烙上了莲文化的烙印。

三、研究的成效

（一）以莲之美，打造洁净美丽、幽雅舒适的校园环境

1. 美丽校园，打造莲雅天地

莲之室：学校"莲韵书吧""莲彩音乐室"等专用教室，都以"莲花""莲叶""莲塘"中的粉色、绿色、蓝色三色为主基调，采用了"莲"的元素设计，高雅大方，寓意深远。

莲之廊：学校的"莲文化走廊"记录了莲小孩子们品莲、种莲、学莲、倡莲的成长足迹，一张张活动照片，一首首有关"莲"精神的古诗文，打造学校"莲廊诉德"特色景观。

莲之墙：《爱莲说》是莲内涵、莲精神的最好写照。将《爱莲说》上墙，

配以美丽的"清莲"，日日诵读，日日浸润莲的文化。

莲之池：这是学校的新景观，清水，意蕴永嘉山水；植入"清莲"，山水赋性，培育清廉学子，鱼戏莲叶间，与莲相映成趣。

莲之园：学校"小农苑"，是孩子们花时间探究的乐园，"莲园农韵"景观是学校的一道特色风景线。

这些育人阵地的开辟，潜移默化，润物无声地让经典和传统，高雅与清廉融入每一个学生的心田。

2. 人文环境，营造和雅校园

愉悦身心，打造"幸福校园"。校工会创建了排舞、下棋、书法、快乐读吧等6个教师快乐团队，并开展活动；开展了趣味运动会、"芳菲四月健康行"等教工活动，推进了幸福校园建设的新进程。

最美镜头，传递校园"正能量"。每当校园里老师和同学有动人镜头时，总会在第一时间被大家拍下，发到校园群里，与大家分享，久而久之，分享美好，感受美丽，便成了一种习惯。

推行"研思学行"的教师团队成长策略。骨干教师每一次出外学习之后，都对学习过程进行梳理，撰写培训心得，在全校教师或教研组里开展"分享交流"；聚焦课堂诊断和改进，为教师课堂教学"把脉"，形成了和谐、互助、共进的教师成长氛围。

（二）以莲之神，培育至善至美、纯洁高雅的莲小师生

1. 莲小少年，阳光坚韧高远

语文课上，孩子们品读莲韵经典，在琅琅书声中，养"莲"之心性——真诚、善良、美好！树"莲"之品质——纯洁、正直、坦荡！尚"莲"之风范——高洁、高雅、高远！

科学课上，学校结合小农苑的种植课程，选择"睡莲"让孩子们进行种植实践。于是，教室植物角、小农苑种植基地、家里的阳台院子都有了睡莲的身影，孩子们在实践中见证莲破淤泥而出的圣洁，学习莲向上拔节的刚强！

美术课、书法课上，教师们用手中的生花妙笔绘廉洁之神韵。一位位清廉刚正的人物形象在手中诞生，一首首歌颂廉洁的诗词在笔端流淌，一个个震撼心灵的廉政故事在纸上定格！学校还在全市率先开设了"廉政文化专题课"，根据学生的年龄特点和学校的文化底蕴特色，打造"廉"特色课程群，夯实师生们的人生底蕴。

学校结合"莲文化"特色学校建设，还为各年级段学生量身打造了丰富的"莲文化"主题活动：一年级学生参加"刮画莲花"学习；二年级学生进行"折纸莲花"学习；三年级学生参加"扇面画莲"活动；四年级学生开展"黏土做莲"活动；五年级学生参加"水墨画绘莲"活动；六年级学生开展"莲纹样圆盘装饰"活动。

2. 莲小教师，敬业高雅廉洁

全体教师庄重承诺："我们是光荣的莲小教师，我们共同承诺：养莲之心性——真诚、美好！传莲之品格——勤奋，敬业！承莲之美德——廉洁、高雅！科学施教，真情育人，做最好的自己！"让诺言上墙，彼此为证，互相激励，共同前行！

学校开展"我心如莲"主题征文、演讲比赛。《师心如莲 清纯芳香》《人生当如莲》……老师们在莲小的这一池清水里续写"爱莲说"！

（1）教师故事——优质课，我们像莲子一样抱团前行

晚上八点，莲塘小学若干间教室、办公室依然灯火通明，各组的优质课磨课团队正在帮助参赛老师一起设计教学、制作教具、完善课件……这在其他城区小学习以为常的画面，在莲塘却是第一次。以往，老师去参加优质课比赛都是单打独斗的。如今学校为每一位参赛教师组建了磨课团队，分工合作，从备课、磨课到第二天的现场参赛都有相应的团队教师给予全程陪同参与，让老师不再孤身作战，这不仅仅是一种形式的改变，更是一种精神的唤醒，一种力量的支持。

（2）学生故事——入学仪式，我们化身青青莲子

新生入学仪式上，小朋友们手中各自拿着一个绿色的小气球，老师说："这是一颗青青的莲子哦！从今天起，你们要像莲子一样，在莲塘小学

这个大莲蓬里健康茁壮地成长。"学校文化的核心精神就此种下。在接下来的入学证书、击鼓明志等环节，让孩子们在耳濡目染中浸润于"像莲子一样亲密生长在莲蓬里"的校园文化中。

（三）以莲之气，宣扬和善和谐、热诚包容的"莲小家长"

1. 多元载体，搭建互动桥梁

学校注重家长素质的提升，注重家长学识的涵养，搭建多元的平台，充分利用如"家委会""家长会""志愿团""家长导师团"等组织，以及"微信公众号""校报""家校群"等载体，密切联系学生家长，加强家校联系，共同致力于学校的发展。

2. 和谐纽带，共谋学校发展

热情的家长们纷纷投入到学校的建设中来，为学校的发展献计献策、群策群力；为学校各类工作和活动的开展，尽心尽力、鞍前马后。运动会、开学日、诵读节等大型活动，总有热心家长的身影；清晨的校门口，傍晚的马路边，都活跃着可爱的"红马甲"的背影；小农苑、家长课堂、游考会场，多才多艺的家长们充分展示着自己的才华……和善和谐、热诚包容的"莲小家长"，是学校前行的坚实后盾。

（四）以莲之韵，开发提升素养、根植于心的特色课程

1. 根植课堂，构建莲韵课程

我们架构了育莲娃、展莲彩、养莲趣、践莲行的"一基三彩"莲小好少年课程体系（如图1-12）。

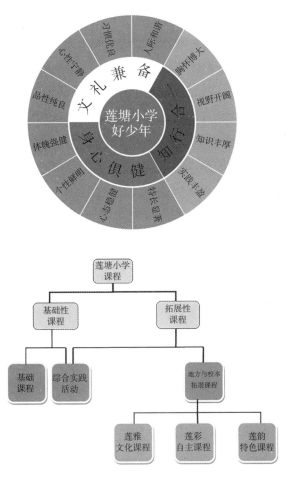

图 1-12 "一基三彩"莲小少年课程体系

2. 立足特色，打磨校本亮点

学校以项目板块的形式推动活动系列化、完整化、课程化，开展"莲文化"的项目主题探究活动：让学生在识莲、赏莲、种莲、品莲、绘莲、学莲、咏莲等主题系列活动中，走近莲，爱上莲，品悟、传承、发扬莲的精气神！

根据活动整理的研究成果，还获得了绍兴市中小学生研究性学习成果评比一等奖。

3. 深化特色，开发精品课程

学校在积累了几年特色课程开展的经验后，致力于开发具有学校特色的精品课程，由学校美术组领衔开发的《指尖上的莲》成为精品课程。

经过几年的努力，莲塘小学的"莲文化"特色学校建设取得了一定的成绩："莲文化"特色学校建设的课题成果获嵊州市课题成果评比一等奖、绍兴市二等奖；《莲文化书写属于师生的"爱莲说"》和《将莲花的"廉洁"美学意义课程化》发表于《浙江教育报》；《基于学校校情 多管齐下建设特色学校——以"莲文化"特色学校建设为例》发表于《学习方法报》；《基于学校校情 多管齐下建设特色学校——以"莲文化"特色学校建设为例》获嵊州市教育管理论文评比一等奖、绍兴市教育管理论文评比二等奖；《激发教师内驱力量促进学校和谐发展》获嵊州市优秀校长谈管理论文一等奖；学校被评为嵊州市"莲文化"特色学校。

打造特色学校，只有起点没有终点，我们将以"一直行走在路上"的精神不断深化特色学校的建设！

中小学综合实践活动基地非遗文化的传承与开发的实践研究
——以绍兴嵊州市基地竹编、越剧等课程为例

嵊州市青少年综合实践活动中心　王继东

一、实践基地开展非遗传承课程的缘由

嵊州市青少年综合实践活动中心成立于2004年，校舍建筑面积5400平方米，配有食堂、宿舍、教室、多功能厅和各类活动室等硬件配套设施，并根据课程改革的需要，配备了生产劳动、电子电工、美术电脑、植物园林、畜禽动物饲养等专兼职教师，同年10月，首批市区中小学生赴中心参加综合实践活动。实践基地是嵊州市市区及主要乡镇街道中小学生综合实践教育的"活动中心、培训中心、资源中心"。经过近20年的不断探索和努力，已累计接待学生近15万人，逐渐成为一个集劳动实践、研学实践、军事训练、文化娱乐、社会科普于一体的学生综合实践活动基地。该基地先后被评为"浙江省校外素质教育示范基地"和"浙江省国防教育示范基地"。

为了开设非遗传承课程，实践基地在2019年3月对部分市、区、乡镇、街道学校的校长及师生开展访谈及问卷调查，通过了解校长、师生对非遗传承活动课程的需求，解析非遗传承校本课程管理中面临的问题，希望能更好地建立非遗传承校本课程的管理体系。本次调查共涉及嵊州市青少年综合实践活动中心非遗传承校本课程开发、实施、评价的管理三方面的内容。

通过访谈，各位校长给予基地非遗传承活动课程肯定的评价，同时也提出了一些建议，希望课程内容要符合实践学生认知，让学生以了解体验为主；希望课程类型上形式可以更加丰富，可加入研学、动手、劳动、展示课等；还希望设立专门的非遗陈列教室，营造非遗传承氛围。

2019 年 3 月，实践中心对各实践学校师生进行问卷调查。学生问卷共派发 200 份，收回 195 份，收回率为 97.5%，问卷涉及学生对基地非遗传承知识的了解，对家乡非遗知识的了解，从实践活动课程管理，评价的管理等多个维度进行了调查。表 1-5 是此次调查中的部分数据统计：

表 1-5　嵊州市青少年综合实践活动中心非遗传承课程学生问卷调查数据分析

序号	问题	选项（答案）	百分比
1	你听说过非物质文化遗产吗？	A 了解，比较熟悉	5%
		B 听说过，不是很清楚	67%
		C 完全没听说过	28%
2	你能举例说一说家乡的非物质文化遗产吗？	A 可以	45%
		B 不清楚	55%
3	你参加过非遗保护相关活动吗？	A 参加过	5%
		B 没有	95%
4	你认为下面哪个是嵊州的"金名片"？	A 越剧	65%
		B 嵊州小吃	21%
		C 厨具	7%
		D 其他	7%
5	你会唱越剧吗？	A 会	24%
		B 只会哼一两句	52%
		C 一点都不会	24%
6	你知道有哪些越剧名人吗？	A 知道	20%
		B 不清楚	80%
7	你听说过嵊州非遗吗？	A 听说过	33%
		B 了解	20%
		C 完全不清楚	47%
8	你看到过嵊州非遗相关作品吗？	A 看到过	15%
		B 没看到过	85%

序号	问题	选项（答案）	百分比
9	你喜欢到实践基地参加活动吗？	A 喜欢	72%
		B 不喜欢	15%
		C 一般	13%
10	你喜欢老师如何组织开展实践课程？	A 指导学生发现问题研究并解决	78%
		B 在课堂上直接讲授知识，我们不用浪费时间	10%
		C 放手让我们自己开展喜爱的活动	12%
11	在实践活动课程中，你喜欢哪种形式？	A 小组合作完成	69%
		B 独自完成	21%
		C 全班共同完成	10%
12	你愿意和同学们分享你的成果和经验吗？	A 愿意	30%
		B 有时愿意	57%
		C 不愿意	13%
13	在实践活动中，你希望老师如何对你评价？	A 口头评价	62%
		B 打分	16%
		C 分等级评价	22%
14	在实践活动中，你最渴望得到谁的评价？	A 老师	30%
		B 同学	32%
		C 家长	25%
		D 自己	13%
15	你最喜欢什么类型的实践课程	A 拓展活动	50%
		B 动手实践	23%
		C 劳动体验	20%
		D 国防知识	7%
16	到实践基地参与实践活动，你希望收获什么？	A 提高自己的动手能力	32%
		B 得到家长和老师的肯定	30%
		C 学习科学知识	15%
		D 学会分享与合作	10%
		E 开阔了视野	13%

二、实践基地非遗传承课程存在的问题及对策

（一）课程内容的选定问题

在与实践学校校长的访谈和学生的问卷调查中发现，学生对于非遗的了解不多，对于课程内容的选择上应该以普及推广为主，旨在让更多学生体验和了解家乡的优秀非遗文化；在课堂教学上，不应该局限在教师讲授上，可以利用实践基地的资源优势，设计安排学生参观了解嵊州本土优秀非遗文化作品，非遗传承研学线路等内容，通过问卷调查第 15 和 16 题发现，学生注重动手能力的体验，因此可以多安排动手体验的课程内容。

（二）整合基地资源优势与学校教师及硬件资源问题

在校长访谈中，有多位校长提出了关于教师专业的问题，由于实践基地的人手紧缺，很多教师需要兼职其他科目，因此可以通过外聘优秀教师来基地开课的方式，解决基地教师专业发展的问题。可充分利用嵊州市区例如剡山小学、城南小学、越剧艺术学校等优秀教育资源，通过基校合作，加快基地教师专业发展培训。在基地硬件配置上，可以多渠道多方面开展相关环境布置，设立非遗传承教室，在走廊、墙壁等多处，进行相关非遗氛围创设。

（三）活动展示与评价问题

在学生的问卷调查中发现，学生渴望得到登记评价或记分评价，可以在每期实践活动时，如篝火晚会上颁发"实践之星"等方式，让学生得到更多展示自我，及肯定与认可自我的机会。

三、实践基地非遗传承课程的开发与实践

为了对课程开发进行有效的指导、管理和监督，基地成立了非遗传承

课程开发小组，由主任和各处室负责人组成小组成员，主任负责校本教材开发的总体规划和决策，协调校内外各方关系。教导处将非遗传承课程的内容纳入各种活动中，加强与前来实践学校的对接联系并对其他实践课程进行调控和管理，负责非遗传承课程主题与内容的选择、课程方案的设计与实施，并对实施情况进行评价。

（一）非遗传承课程目标的设计

通过前期关于学生需求和课程资源的调查分析，考虑到非遗文化的自身价值，从中小学生身心发展的实际水平出发，实践中心将校本课程的总课程目标定为：通过非遗文化传承课程的学习，学生能够参观和欣赏、了解越剧和竹编的起源和发展，获得对家乡风土人情的深刻体验，培养学生爱国爱家乡的情感和保护与传承非物质文化遗产的责任感。

1. 知识目标

（1）了解嵊州市非物质文化遗产的分类及著名的非物质文化遗产故事。

（2）了解嵊州竹编与越剧历史发展形成过程。

（3）了解家乡有关非遗文化的习俗、风土人情和表现形式等，保护和传承非遗文化。

2. 能力目标

（1）能用竹编初步设计、编制简单的竹编品。

（2）能欣赏和视唱一些越剧名曲名段，并能大胆展示自己的表演才能。

（3）培养学生探究历史的学习能力和实践操作能力。

3. 情感态度与价值观目标

（1）增强对非遗文化学习的好奇心，培养学习非遗文化的兴趣以及健康的审美情趣，提高文化品位。

（2）了解家乡非遗文化资源，增强对家乡文化的认同感，促使他们树立传承和发展民族传统文化的志向。

（3）通过对非遗文化的学习，感受历史是实实在在的，是中华民族永恒的精神财富。

（二）非遗传承课程的实施

1. 打造非遗文化空间，基地内外联合营建

（1）创建非遗传承专用教室

创建非遗传承专用教室，配置完善的教学设施，作为竹编、越剧非遗传承活动的主阵地。设立非遗精品陈列馆，使学生领略传统非遗工艺的精湛；建立非遗创作馆，让学生能快乐创作品；布置学生竹编作品展示角，装饰美化竹编场所。建立越剧角，陈列相关服装、头饰、道具及影像资料等，展示越剧的发展历程。

（2）布置非遗校园环境

在中心长廊墙面、顶部装饰点缀竹编作品；公共陈列架摆设布置竹编作品，越剧脸谱等；宣传栏里张贴竹编文化小报、越剧名人等；课间播放越剧名家唱段；通过布置个性化的非遗校园环境，营造浓厚的非遗文化氛围。

（3）拓展校外非遗场所

民间非遗工艺创作室面向优秀的非遗爱好者开展帮带活动，进行个性化的创作指导，作为学生个性化辅导基地。竹编厂传承实践基地、艺术村非遗展馆、越剧小镇、文创园、越剧博物馆等作为校外资源，也成为非遗传承课程校外活动场所，拓宽学生的活动空间。

2. 构建非遗传承课程体系，注重自主开放

以嵊州非遗文化为支点，"以物为介，人在中央"，以学生为主体自主探究学习的理念，架构课程框架，追求课程内容体系化。课程内容由"非遗文化探究篇""非遗创作实践篇""非遗拓展活动篇"三个方面组成。

3. 开展多元创新的非遗教学，注重课内外结合。

（1）参观访问考察非遗工艺活动。

（2）欣赏非遗精品展览，享受美的真谛，激发创作灵感；访问参观非遗工坊，了解非遗传承人思想生活及艺术作品诞生的过程。

（3）开展家乡非遗寻根探究研学实践活动。

（4）通过阅读非遗书籍，咨询亲戚朋友，倾听讲座等途径，学习了解非遗文化相关历史故事、风土人情、地域传承等内容，通过搜寻家乡非遗，了解非遗的地域性、本土性和普遍性。

（5）访谈联谊非遗艺人采风活动。

走出去，走访艺人，亲身聆听，开展"大手携小手，非遗传真情"专题讲座活动。感受非遗传承人的情怀和其高超的非遗技艺。契合非遗活动探究，学生更全面深入了解家乡非遗文化，增强对家乡非遗的热爱和自豪之情，更加热爱家乡（见表1-6）。

表1-6　多元创新的非遗教学课程

项目	内容	课型	年段
非遗文化探究篇	嵊州非遗历史溯源	探索	中小学生
	嵊州非遗艺人访谈	讲座	中小学生
非遗创作实践篇	竹编常用技法	实践创作	低段小学生
	竹编平面编织创作	实践创作	中段小学生
	竹编立体编织创作	实践创作	高段小学生
	越剧名段欣赏赏析	赏析	中段小学生
	越剧学唱	体验	中段小学生
非遗拓展活动篇	越剧博物馆研学	研学	中小学生
	竹编厂探访	研学	中小学生

（三）非遗传承课程的评价

课程标准中明确指出：课程学习评价的目的是鼓励学生不断进步，促进学生的能力形成与社会性发展，使学生感受到成长的快乐。评价的根本目的在于促进学生的发展，调动学生的学习内驱力。

1. 制定量规，真实评价

课后及时进行反馈评价，为学生理清自己的思想，评价自己的学习情况创造了条件，同时逐步培养起学生自我评价的习惯。评价量表充分地尊重学生的个体差异，淡化与同学之间的横向评价，以原有的能力水平为出发点，进行纵向评价（见表1-7）。

表1-7　课堂自我小结评价

学生姓名 _____　班级 _____	
上课态度	对学习任务的投入与完成情况： 与原先的课相比，我在这一堂课中，发生了改变的是： 在学习态度上，我希望多加努力的方面是：
上课的收获	通过本次非遗传承课程学习，我有所收获的是： 通过本次非遗传承课程上课，我的思想情感发生变化的是： 通过这节课的学习，我对非遗学习的方式方法的变化是：
内省和建议	在课堂学习中，我需要改进的几点是： 我可能需要更多帮助的地方是： 成绩：对自己所付努力的评价（　　）（10分） 成绩：对自己所作成效的评价（　　）（10分）

2. 小组合作，互动评价

综合实践课程是一门探究性的课程，需要经常进行小组合作探究实践活动。小组学习评价量表，有利于学生加强交流、互相学习、扬长避短，有助于学生形成长期的分组探究活动，进一步培养学生的团队合作精神。

3. 四位一体，多元评价

综合实践课程具有很强的开放性，它的有效开展需要丰富的社会资源，很多活动甚至需要社会专业人士参加。可以请家长或专家作为活动的校外导师参与到评价活动中来，让他们成为评价的助推者。四位一体多元评价，成就测评结果的客观性，完善学校、家庭、社会三位一体的教育体系，营造良好的教育环境，促进学生的全面发展。

四、实践基地非遗传承课程的成效与反思

实践基地在整体推进以非遗为特色的教育过程中，基地非遗文化场地的建设与空间的营建，使其成为一个展示教师智慧和学生自我的平台，成为当地有特色、有影响力的地方文化宣传新窗口和文化教育传承新平台，嵊州市青少年综合实践活动中心先后获得了"绍兴市十佳红领巾社团实践基地""绍兴市爱国卫生先进单位""绍兴市档案工作先进集体""绍兴市国防教育示范点""绍兴市爱国主义教育基地""浙江省国防教育示范基地""浙江省青少年学生校外素质教育示范基地""浙江省校外教育先进集体"等多项荣誉。通过校内外非遗课堂和讲座、学生非遗展示和普及、非遗研学实践等交流活动，推广非遗知识，扩大非遗文化的社会影响力。学校非遗传承课程自开展以来，获得了领导专家一致好评，也得到了家长的关注和大力支持。

总体上说，综合实践课程的探索取得了骄人的成绩，但是在课程建设中仍有一些方面有待提高：

（一）加强对基地教师的专业素质培养

基地既需要非遗相关专业的教师，也需要具有其他专业技术的教师。在基地的特定环境下，对教师素质的要求更高。因此在保证基地稳定发展的前提下，严格控制教师引进，坚持高起点和高水平的教师聘任制，努力实现专业对口或相似。教师的聘任不应局限于教育系统内部，而应面向社会，发布相关政策，聘用优秀教师。对于优秀人才，可以采用兼职教学。为教师提供在职学习平台，提高基地教师的学术水平和科研水平，注重培

养教师成为复合型人才。

（二）开发课程是一个持续发展完善的过程

开发课程是一个持续、发展、变化的过程，需要不断调整和改进，并不是一成不变的。学生发展的每一个阶段也有其不同的发展目标，如小学主要是培养兴趣，初中和高中（含职校）主要是能力提升和创作，因此，亟待一个覆盖全体学生、体系完整、重点突出、联系社会的学校综合实践活动教育课程体系，任重而道远。

（三）硬件保障是综合实践基地发展的基础

有限场地空间、经费等教育资源，制约着综合实践基地的发展。实践基地自成立以来，始终坚持公益性，不向学生收取额外费用，但基地的活动设备等硬件需要与时俱进，及时更新，这需要国家和上级相关部门的大力支持和资金注入。只有这样才能使基地突破发展瓶颈，不断取得更大进步。

促进农村普高优质发展提升的策略研究

——以黄泽中学基于"每天进步一点点"案例研究为例

嵊州市黄泽中学　　黄　萍

一、研究缘起

之所以选择"促进农村普高优质发展提升策略研究"这个主题，是源于 2016 年我接手学校时，学校的发展已经进入瓶颈期，如何打破瓶颈，更好地发展提升，做好传承、创新、蝶变的文章，需要以研究的视角做好学校发展的规划，以务实的态度做好学校发展的建设，以奋进的姿态做好师生成长的助推。具体来说，是基于以下四个需要：

（一）明晰学校文化定位的需要

顾明远教授说："一所学校的成长史就是学校文化发展史，是学校文化建设史。"因此，找到既符合校情，又契合生源特点的学校文化定位非常重要，如果定位准确、明晰，就能极大地凝聚人心，提升学校办学品位。

（二）助推师生共同成长的需要

心理学家威廉·杰姆士说："人性最深层的需要就是渴望得到别人的欣赏与赞美！"学校试图通过让老师们每天进步一点点，达到润己目的。而老师们又通过言传身教的方式，把自己各方面的进步潜移默化地带给学生、影响学生。因为教育最大的美妙之处就在于以人育人，只有让师生们共同成长，才能让教师乐教、学生乐学。

（三）促进学校优质提升的需要

2016 年我在接手这所学校时，硬件设施亟待改善，学生寝室条件很差，无内卫、无空调、无热水，男生 12 人挤一间，暑期上课，学生一封按满血手印的请求书塞进我的办公室，给我极大的震撼。教师办公室的办公设施也年久破损，学校没有像样的报告厅、录播教室和学科教室。学校的艺术特色尚需量化，教育质量也有待提升。这些问题的解决都不是能够一蹴而就的，只有每天进步一点点，进行全方位的改进与提升，才能促进学校优质发展。

（四）推动校本教研提质的需要

"每天进步一点点"，总结成八个字就是"脚踏实地、与时俱进"。只有让老师们脚踏实地地做好教育教学调研与研究，才能推动"我是泽中师"高素质的教师队伍发展。

二、实施策略

（一）学校层面

1. 聚焦文化定位，锤炼优质办学精神

根据我校的生源现状和文化底蕴，我们确定了"泽文化"的文化定位。根据本义，我们赋予"泽文化"的核心内涵是：首先润己，让自己变得美好；然后泽人，能够把美好辐射给他人，给社会。这与顾明远教授提出的教育的本质是提高生命的质量，提升生命的价值是一致的。如何让自己变得美好呢？路径就是"每天进步一点点"。如何推己及人呢？路径就是互信、互亲、互成，首先建立互相信任，然后互相亲近尊敬，最终达到相互成就。

2. 大力改善设施，创设宜教宜学环境

这几年学校经过多方努力，争取资金、拓展土地、大力建设，改造一新的功能教室有物理、化学、生物、历史、心理、劳技、书法、录播教室、报告厅等，投资2500万元的学生公寓于2019年完工，弥补了学校硬件设施的最大短板。其他如塑胶跑道、塑胶篮球场、室内乒乓球室等硬件设施的改善，还有党建墙、艺术墙、校史馆等新建，完善了师生阅读运动场所，让校园环境更加宜教宜学。

3. 营造家园氛围，提升教师职业幸福感

每年一次的教研组创意合影，每年一次的退休教师茶话会合影，以及以"泽中是我家"为主题的活动，如荣休仪式、外地教师留嵊过年、元旦演出、运动会入场展示、新年祝福、教工大合唱、教工工间操、欢度节日等活动，学校工会通过开展这些活动，营造"泽中是我家"的温馨氛围，提升教师的职业幸福感，让老师们安心、静心、舒心。

（二）教师层面

1. 注重目标引领，实化教师业务水平

通过明确理念、构建模式、丰富活动、抓实考评来打破"自上而下""由外到内""灌输式""强迫式"的校本培训定势，以学校的需求和教学方针为中心，"每天进步一点点"，提高教师的业务水平和教育教学能力。

案例　吴义福老师（教研组长，英语教师）：通过反思改进教学，每天进步一点点。

吴义福老师已两次获得浙江省论文评比一等奖。但在几年前，吴老师在写论文方面还是一位"小白"。为了评职称，他才开始想起来要写论文。然而写的第一篇论文就被指导老师一票否决，于是他虚心地向资深的指导教师学习，大量阅读教科研杂志，积累课堂实例，光听课笔记就有厚厚的好几本。对此，他利用3个短语对自己的听课经验做了一个总结。在听课

的时候"认真聆听""精心记录""积极反思"。经过努力，吴老师在教学和教科研方面都获得了不错的成绩，教科研成绩尤为突出。

从吴老师的教科研成长之路来看，他利用听讲座和学习的机会记录一点点，反思一点点，积累科研经验，从而个人教科研能力也进步一点点。在学校"每天进步一点点"的教育理念引领下，吴老师实现了个人在教学和教科研两方面能力的提高，也带领英语教研组实现了整体发展。

2. 拓展科研项目，强化教师科研能力

通过新建队伍、强化管理、培植亮点如草根专家讲座、润泽课堂研讨等，推动"我是泽中师"高素质的教师队伍发展（见表1-8）。

表1-8 "泽中教师讲坛"十二期主题与经典语录汇总讲坛主题词

期数	时间	主持	主讲	主题	经典语录
1	2017-10-9	姚永江	沈国平	备课与磨课	要听得进意见，受得了质疑，守得住底线，改得进方案——要做一个谦虚的人
2	2017-10-23	姚永江	刘艳平	选修课程的开发	开发校本选修课程是教师专业发展的重要组成部分，是教师个人教学业务追求的重要体现，诠释了积极向上，无私奉献，精益求精的泽中精神
3	2017-11-13	姚永江	向建林	阅读与命题	向外发现、向内探索——阅读助力我们成长
4	2017-11-27	姚永江	俞水凤	学科核心素养和学考选考	关注学科核心素养，关注和整合知识，迎接学考选考
5	2017-12-11	张亚莲	姚宝乐	点赞转岗之美	转岗教师从学生出发，学科出发，学校出发，顾全大局，顺应学生需求和学科之急，理解并支持学校工作，这是一份为大局着想的大美大爱
6	2017-12-18	张亚莲	吴义福	教科研与教学剑桥英语教师资格培训	外出培训是非常优秀的学习资源，也是提升自己的良好途径。平时的积累对教科研的能力和教学水平非常重要

期数	时间	主持	主讲	主题	经典语录
7	2018-1-15	姚永江	袁冬煜	实验教学	同伴互助，我们在一起；做一个时刻准备着的老师；让我们敢于在课堂上留白
8	2018-4-2	姚永江	姚盈	做一个积极的老师	"心态"就像 Wifi，一个 Wifi 点扩散到一片区域，做一个"积极"的老师，享受生活吧
9	2018-6-4	姚永江	屠东英	教研组团队建设和教师专业成长	名师指引、同伴互助、团队合作、健康成长
10	2018-7-8	姚永江	方忠	足球精神和传承	自发组建、精神传承、健康发展
11	2018-10-8	姚永江	李霞囡	我的美国之行	游学之行、国际视野、先进文化、创新进步
12	2018-12-17	姚永江	刘艳平	不断学习与超越自我	外出考察，开阔眼界，收获很多，性价比高！作为老师：不是在学习，就是在去学习的路上

3. 挖掘理念内涵，催化教师优质发展

通过提升境界、助推成长、促进发展来打造一支具有"高尚的师德修养，良好的敬业精神，厚实的专业功底，过硬的教学水平，较强的研究能力，开阔的教学视野"的师资队伍。

案例 李霞囡（英语老师）通过无私奉献每天进步一点点

李霞囡老师是一位默默无闻奉献的老师，她用母亲般的爱关心着每位学生的学习和成长。有一年，李老师从高三返回到高二接班，面对这个英语基础最薄弱、学习习惯很不好的班级，李老师用自己的话费给每位学生的家长打了整整一个上午的电话，了解学生的成长环境，寻求家长的合作和支持。在李老师不放弃任何一个学生的努力下，英语慢慢地提高了，学生好的学习习惯也慢慢养成了。这只是她教育过程中的一个小片段，这样的例子举不胜举。2017 年，李老师当之无愧当选为学校首届"师德楷模"。

（三）学生层面

1.搭建学生活动平台，激发学生学习动力

通过每年一次为期一个月的艺术节系列活动，每年一次体育节活动、学生志愿活动、节庆活动、典礼文化等活动的开展，提升学生的自信心、进取心、责任心。

案例　王思怡同学（学生会主席）活动锤炼促自己每天进步一点点

高三（4）班王思怡同学就是通过一次次锻炼飞速成长的一个典型。她立志要成为一名主持人，通过担任学校"五四"大型诗歌朗诵大赛、毕业典礼、开学典礼等重要场合主持人的锻炼机会，把当专业主持人作为自己的高考奋斗目标。2018年暑假，她到杭州参加播音主持方面的培训，为省专业联考做准备。对于一个有梦想的学生来说，能否拥有一个助推梦想的舞台非常重要，学校的一方小小舞台正好成了助力王思怡勇敢追寻梦想的练武场（见图1-13）。

图1-13　王思怡成长历程

学校通过开展各类征文比赛，让学生拥有了在竞争中取胜的勇气与自信。近两年，学校组织了"浙江好家风""平安·印象""我的青春我的梦""我与宪法"等主题的多次征文活动，并组织学生参加第十三届"希望杯"全国现场作文大赛、"叶圣陶杯"作文大赛、"书香少年"评比、"嵊州好声音"等活动。马涵琦等5名同学被评为嵊州市"书香少年"，卢梦莎、

张安娜等 30 多位同学在国家、省、市级征文比赛中获奖。

2. 细抓德育措施，迸发学生习惯养成

通过抓起始教育、抓四项竞赛，使学生"每天文明一点点"。

案例　丁晨可同学：良好的习惯助自己一点点进步

高三（4）班丁晨可同学就在她自己的进步中发现了习惯的重要性。她从刚进入高中的班级十几名到跻身班级前三名，靠的是良好的学习习惯。她给自己总结了"专注、好问、稳取、三省、警示"五条习惯，长期坚持，在期中、期末考试中多次获得语文、英语学科年级第一，作文《携手共行 红十字精神》在"我身边的红十字"故事评比中获三等奖，并在《嵊州新闻》公众号上推送。在 2018 年嵊州市高二英语阅读能力竞赛中获二等奖，嵊州市高三英语现场作文竞赛中获一等奖。培养好的习惯才能让学生有一种自然的推动之力。

3. 点亮家校平台，开发学生发展外驱力

通过家长参与主题化、家校联系多样化、家校合作常态化来创新家校合作模式，提高家校合作实效性，共同撑起一把保护伞为孩子遮风挡雨。

三、研究成效

通过 5 年多"每天进步一点点"的努力，学校获得了高质量的发展，具体表现在：

一是文化定位明晰内化。这几年泽中师生们心中存美好、行动求美好、成果展美好，无论师生个体还是学校工作均一年比一年好，越来越好！润己泽人，每天进步一点点已成为泽中师生们共同的认知和追求。2021 年是学校建校 70 周年，校友们纷纷回访，共同诠释了润己泽人的精神。

二是教师队伍不断成长。在"每天进步一点点"的核心理念引领下，教师们脚踏实地，与时俱进，保持着积极向上的工作心态，在各级各类比赛中成绩优异，许多教师成长为学科的名师。近年来，有10人被评为各级学科带头人，7人被评为教学能手，17人被评为教坛新秀。

三是教育质量年年创新高。首先是高考成绩每年提升。2019年高考一段上线50人；二段超28人，比上一年增加2人；三段超41人，比上一年增加27人。2020年高考一段上线67人，比上一年增加17人；二段超46人，比上一年增加10人；三段超45人。2021年高考纯文化上线6人，一段超55人，比上一年增加9人；二段全部上线，超64人，比上一年增加19人。其次是艺术特色四大突破。①2018年，浙江省音乐联考中，有3位音乐生进入全省前100名，三（7）班吕湘东，三（6）班陈默，三（4）班杨烨分别位居省第12名、36名、70名，是泽中史上音乐联考的最好成绩。②在2018–2019年的尼康国际摄影大赛中，有来自170个国家和地区的97369件作品参赛。黄泽中学2019届高三（8）班屠靖涵同学凭《芳华》系列作品在此次大赛中获青年组金奖，并赴日本领奖。③2019年，学校拍摄的宣传片《我爱你中国》登上"学习强国"，提升了学校的知名度和美誉度。同年美术联考中，三（5）班吴楚璇同学总分95分，列全省并列第2名，这是泽中美术联考史上的最好成绩。④2020年，朱婉婷同学以628分的成绩荣登浙江省影视表演综合分"榜眼"，被同济大学录取，开创了艺术教育有史以来的最好成绩，同年，学生原创歌曲《泽中，1951》入选各个音乐平台。再是体育特色传承发展。排球传承辉煌，2011年，黄泽中学重新争创为嵊州市排球业余训练点，开启了学校排球新篇章。校排球队多次在绍兴市及省级比赛中取得优异成绩，绍兴市级男排四连冠，省级三连季；女排三连季及连续两届绍兴市全运会亚军。学校先后被评为浙江省排球特色学校，第16届省运会贡献单位，嵊州市业余训练贡献奖单位等。学校沙排开展于近几年，但发展迅猛，2020年，双胞胎组合王鑫东、王鑫锋取得全国中学生沙滩排球第9名后，再获浙江省青少年沙滩排球冠军联赛第2名的好成绩。两兄弟与另一名高三女生孙董悦，一并获得了国家一级运动员称号。校足球实力不断发展，2011 年被设为绍兴市首个校园足球试点学校，2020 年被评为浙江省校园足球特色学校；经过多年的发展，学校足球队实力不断提升，先后获得嵊州市足球联赛冠亚军、嵊新足球联赛冠亚军、嵊新虞三地联赛冠军等；女子足球队更是获得过绍兴市第一名，三次冲入省总决赛的好成绩，同时也培养了一大批足球爱好者和足球从业者。

顾明远教授说："一所学校的成长史就是学校文化发展史，是学校文化建设史。"学校的发展历程充分证明了这句话，从"每天进步一点点"的理念提出到完善为"润己泽人、每天进步一点点"，从理念到实践，充分证明了学校的文化是学校的灵魂，以文化人，需要有制度保障、执行保障、宣传保障、成果保障。

四、研究再思考

（一）在实践中提升理论需再加强

在这一项学校综合类课题研究中，课题组成员常感到事情实实在在做了不少，在分析、研究不同的案例时，常感到理论积累不够，提炼理论经验成果时有难度。在日后的研究中需要继续加强学习，提高跨学科综合研究能力，以提升学校研究层次。

（二）在活动载体设计上需再创新

课题实施时间仓促，渗透还欠全面、深入，主题活动载体设计还不够成熟与创新。在今后的研究中，我们将继续加大探究力度和广度，打破校内局限性，走出校门，与兄弟学校合作，收集整理更多成功的案例，不断深化"每天进步一点点"，力争有更大的突破。

基于区域文化＋的思想，着力改造农村薄弱学校

——以嵊州市三界中学的实践探究为例

嵊州市高级中学　尹正陶

一、研究的背景与基础

以嵊州市三界中学为例，在城镇化过程中，农村薄弱学校如何利用自身的区域文化优势，找到突破点，引领自身的特色发展。

（一）课题研究的国家战略背景

习近平同志在党的十九大报告中提出乡村振兴战略，指出农业农村农民问题是关系国计民生的根本性问题，必须始终把解决好"三农"问题作为全党工作的重中之重，实施乡村振兴战略。

（二）课题研究的嵊州教育背景

嵊州的农村教育需要大力扶持，其迫切程度主要体现在以下几个方面：

第一，生源下降。随着城镇化进程的加快，农村人口不断迁往城镇，生源不断流向城市，农村学校生源数量持续下降。

第二，师资力量薄弱。据不完全统计，农村学校获嵊州市级及以上各类荣誉，"比武"或指导学生获奖的名优教师数量远远低于市区学校。

第三，农村学校教学质量低迷。农村义务教育质量的低迷更加剧了农村生源的外流。

第四，农村学校硬件设施薄弱。新建学校功能室基本一步到位，发展

缺乏特色，农村学校建筑风格打上了各个时代的烙印……

但同时，嵊州市乡村学校有自己的着力点，仍可突破农村薄弱学校生存、发展的瓶颈。

第一，嵊州农村学校有独特的人文、地理优势。

第二，嵊州农村学校保留了更多的地域特色与文化传承。

第三，通过形成独特的学校文化促进学校和谐、良性发展。

第四，嵊州各个乡镇通过挖掘区域经济文化特点，结合校园发展目标，使当地区域文化得到传承、深化和弘扬。

（三）以嵊州市三界中学为例进行课题研究的基础

嵊州市三界中学创办于1956年，地处绍兴越城区、上虞区、嵊州市三县市区交界处，多山地丘陵，镇名三界镇。近年来，学校通过挖掘校园特色文化，无论是硬件设施还是教学质量都有非常显著的提高。

二、调查研究三界镇和三界中学的区域经济、文化特点

（一）嵊州市三界镇简介

三界镇素有"嵊州北大门"之称，是嵊州市中心镇之一，纳入嵊州市"一城两翼"发展战略的重要一翼。三界镇经济区域特色明显，人文资源也很有教育内涵，可谓人杰地灵。

（二）嵊州市三界中学课题的基础调查研究

嵊州市三界中学创办于1956年，在60多年的办学过程中，学校办学体制多变，到97届仅余6个班级300多名学生，学校处于撤并的边缘。

（三）三界中学师资力量分析

学校师资队伍发展很不均衡。全校共89名教职员工，普遍上进心不

强，因为难以出成绩，小富即安思想普遍，争先意识不浓。

（四）三界中学生源分析

在全市 7 所普高中，三界中学中考录取分数线排名最后，生源基础很大程度上制约了学校发展。高考成绩不仅没有一本，二本升学率也在 5 人以下，有时还会"剃光头"，教学质量难以突破。

（五）学校硬件设施分析

到 2015 年，学校占地面积有 130 亩，但一半的面积是荒地，学校信息化建设滞后，信息获取方式和教育教学呈现方式相对单一。

（六）学校文化制度分析

从 2006 年起，学校每两年换一任校长。由于校长更替频繁，学校缺少长远规划，在管理上缺少长效机制。

三、研究课题的初步确立

（一）准备阶段（2016 年 12 月至 2017 年 10 月）

第一，成立课题研究领导小组和办公室。

第二，经过深入调查，学校在思考突破发展上动脑用心，2016 年底，成立了学校特色文化课题领导小组。

第三，召开课题组会议，初步商讨课题方案。

第四，在听取各方面意见的基础上，学校召开课题组会议，确定了三界中学"三界理念引领下学校特色文化创建"的课题，形成了研究方案。

第五，初步确立"三界理念"小组分工，通过各线努力，形成初稿。

（二）实施阶段（2018 年 10 月至 2021 年 10 月）

1. 开题论证，完善方案（2018 年 10 月）

2018 年 10 月，学校邀请专家入校指导，在听取各方意见的基础上确立了以"三界理念引领下三界中学学校特色文化创建"的课题。

2. 专家引导

2019 年 9 月，学校邀请校友浙江省体育局局长沈光明、嵊州市教育局石局长等到校指导。

2020 年 6 月，北师大博士李罡、老师张亚楠和嵊州市卓越校长培养班学员一起莅临三界中学，进一步完善了课题方案。

3. 形成共识

方案经过教师座谈、教研组会议、教师大会、问题调查、行政会议、课题组成员会议等方式，广泛听取意见，认真修改完善，全校师生形成共识，以"三界"作为学校文化的核心，整合各方资源，形成学校发展的共识。

4. 召开会议，明确任务（2019 年 11 月）

召开办公室成员会议，落实研究分工，形成具体研究计划，并与实践规划相结合。

5. 分线实践，总结提炼（2019 年 11 月—至今）

根据课题组落实的分工进行实践提炼，学校文化顶层设计由校长统筹全局，重点落实"三界"理念在校园环境文化的引领作用。

四、课题实施过程

（一）加强师资队伍建设

促进教师成长，重视师资队伍建设，注重教师核心素养培养，促进师资结构的均衡发展。学校以铸师魂、引师路、提师能为主题，加强师资队伍建设，构建具有"三界"理念的教师核心团队。

（二）加强德育课程建设，组织具有"眼界·境界·世界"理念的德育活动

1. 深化体验活动，开阔学生眼界。指导学生做好生涯规划，给学生提供模拟社会环境的种种"岗位"，让他们转换角色、实践锻炼，体验不同的生活，享受经历艰辛获得成功的喜悦。

2. 深化"团队行动"，提升学生境界。团委组织各项活动应有主动性、创造性、实践性和广泛性，使共青团员更乐于在活动中受到熏陶与培养。

3. 培养学生兴趣爱好，形成学生丰富的内心世界，学校通过选修课、社团活动，培养学生的兴趣爱好，让学生沉浸在自己的兴趣特长里，每一个学生都有一片属于自己的小天地、小世界。

4. 以"眼界·境界·世界"理念指导学生的心理成长，浙江省一级心理辅导站争创成功并成为浙江省心理辅导示范点，借助心理健康教育扩大教育张力，对来自不同班级、不同家庭，有着不同年龄、不同性格、不同身体、不同学习状况的学生身上的不同程度、不同形式的心理问题采取不同的策略，强大化学生的内心世界。

（三）完善课程体系，积极推进深化新课改

有计划地开发和开设符合三界特色的校本选修课程，培育精品选修课程，完善课程体系，满足学生个性且全面的发展需求。

（四）创新育人模式，推进新课改

建立具有"眼界·境界·世界"理念的课堂教学模式，优化常规教学管理和教学研讨模式，对课堂教学加强科学指导与规范管理，通过学科渗透把"眼界·境界·世界"理念落实在课程之中。

（五）建设具有"眼界·境界·世界"理念的学校文化

1.实施"眼界·境界·世界"理念的行政管理制度，确立"三界"办学理念的顶层设计，校长室和全体教职工一起确立了学校的"三界"课程体系和管理制度，在制度执行过程中特别强调学校行政人员首先要放远眼界、提升境界，拓宽心胸世界，建立"高标准、高要求、高质量"的"三高"学校管理机制。

2.让校园的每一堵墙、每一块石、每一棵树都能体现学校的文化，时时提醒师生，三界中学的核心理念是"眼界·境界·世界"理念。

（六）充分利用校友的激励引领作用

校门背面刻有学校首届学生会主席、原浙江省委副秘书长、校友俞文华书写的"眼界·境界·世界"题词，各个会议室背景墙上也有"眼界·境界·世界"的字样。学校日晷铜雕校训，操场上铜雕《接力传承》激励师生们奋发进取。学校一班一品的班级名片，是班级自我展示的平台，班级口号、争创目标、全体同学与班主任和课任教师的合影，有班主任的心灵寄语，各个寝室从寝室的命名、窗帘的选购到物品的摆放、画片的张贴等，无不体现出各个班级的"三界"风采。优化育人环境，以做亮细节特色引领为指导思想，加强校园环境的建设。利用学校自然资源，因地制宜、因势设景、合理布局，建成设施完善、环境典雅、特色鲜明、文化底蕴深厚的现代化花园式学校。

（七）积极争取当地企业的支持

三界中学办学60余年，其间出现了大批优秀校友，如浙江省体育局局长沈光明、浙江省政府办公厅原主任俞文华、嵊州籍上海同乡会会长吴饶安、中益机械厂董事长王以南等，以校为根脉，积极走访校友，宣传"眼界·境界·世界"的三界理念，用母校情感去感染校友，组建三界中学校友微信群，通过不懈努力，力争把三界中学校友拧成一股绳，获取更多的支持。

（八）积极争取上级支持

作为一代三界中学人，应有长远宽阔的眼界、敬业奉献的境界、学识涵养的世界，在"三界"理念的引领下，学校主动出击，积极联系、利用各种机会向上级领导汇报，以争取政策支持。

2017年，嵊州市委书记孙哲君带领市委办、分管副市长和教体局等领导亲临三界中学指导，并强调："学校地处嵊州北大门，听说三界中学这两年发展很快，我专程来学校看看，我们一定要把三界中学办好。"这是三界中学办学以来第一次有市委书记亲临学校，学校向市领导提出一些硬件建设上的困难。

针对嵊州其他普高都有高考考点，唯有三界中学没有高考考点，而是要租大巴车到城里参加高考的情况，学校借G20峰会在浙江召开的契机，以"稳定"为诉求，积极向省考试院争取设立三界中学考点，并邀请浙江省考试院院长孙恒亲临学校考察。

五、农村薄弱学校区域特色文化建设的实践成效

（一）三界中学实践成效

经过几年的努力，在"眼界·境界·世界"的"三界"理念引领下，三界中学找准了定位，基本形成了具有自己的区域特色文化，并不断引领学校实现突破性发展，取得了丰硕的成果。学校从2015年起，年年被评为教体系统先进集体，学校年度考核年年为优。学校获评"浙江省绿色学校""浙江省A级水平办学普通高中""浙江省红十字达标学校""浙江省A级食堂"。

1. 师资队伍建设成效明显

·具有中高级职称教师占60%。

·市级以上教学能手、教坛新秀、名师培养对象、市级优秀教师48人。

·近三年，教师参加市级以上素质比武获奖74人次，其中全国一等奖1人次，省一等奖3人次。

·近三年，教师参加市级以上论文评比获奖110多人次，其中市一等奖41人次，省一等奖2人次；在省级及以上专业杂志发表论文61篇。

2. 教学质量稳步提升

高考期望目标完成率终于位列全市前列。

·2017年高考完成期望目标154.3%

·2018年高考完成期望目标136%

·2019年高考完成期望目标141%

德育成果丰硕，学校获评为"全国零犯罪学校""浙江省健康促进学校""浙江省心理健康教育示范点"。

3. 硬件设施不断完善

学校现有8跑道400M塑胶跑道标准田径场一个，篮球场、排球场、网球场、乒乓球场等各类文体设施齐全。有录播教室1个，地理、历史、技术、日语等学科专用教室6个，舞蹈室和模拟法庭等选修功能教室12个，心理辅导功能室4个，理化生实验室9个，多媒体教室30个，计算机房2个；电脑250台、图书5万余册、报纸杂志300余种。校前公园已成为学校周边一道亮丽的风景线。

学生宿舍将改造提升，每个寝室都安装有空调、独立卫生间和浴室；每幢学生宿舍在秋、冬、春季配有热水浴室，免费向学生开放。学校食堂为浙江省A级示范食堂、浙江省餐饮服务食品安全示范食堂。

4. 社会影响力不断扩大

在利用微信群、微信公众号、校友会等方式宣传下，三界校园文化的知名度越来越高，随着高考成绩的突破，高考考点的设立，社会影响力不断扩大，当地政府和企业还纷纷慷慨捐资，如吴饶安一次性捐资50万元为学校进行校园文化建设；中益机械成为学校学生的社会实践基地；周边县市学生纷纷要求来学校就读。

（二）区域特色文化构建成功案例

结合校名的文字，校名中的人物或典故，校名的含义，引出学校特色文化内涵除了三界中学的"三界"文化以外，嵊州市莲塘小学利用校名中"莲"字，引申出淤泥而不染的"清莲（廉）"文化，嵊州市崇仁镇的崇仁中学利用校名中"崇仁（崇尚仁义）"引申出国学文化，嵊州市剡溪小学"让每一滴水珠都灵动"和三江小学"上善若水"的水文化等。

利用当地特色文化，这些学校把地域文化和自身的内涵紧密地结合起来，如嵊州市甘霖镇为中国越剧诞生地，黄泽镇为地方戏剧目连戏发源地，三界镇的绍剧，石璜的工艺美术都是当地特色艺术文化项目，当地学校通过开展社团建设、校本课程建设等，形成学校自己的特色文化。

利用当地特色产业发展学校文化的：三界有机农业开展开心农场社会实践；利用三界镇厨具产业、黄泽镇小吃产业开展餐饮礼仪文化课程；利用下王镇、贵门乡山多溪宽旅游资源和茶叶产业基础开展导游、山水美学、茶文化等校本文化。

学校文化的核心是学校共同的价值观念、价值判断和价值取向，是学校的灵魂，研究如何发挥学校特色优势，使学校的区域特色文化得到社会的认可，才能真正使学校的个性特色得到彰显。以区域文化，引领嵊州农村薄弱学校发展特色内涵，是一个促使农村薄弱学校取得突破性发展的好方式，有推广和借鉴的意义。

现代学校治理视角下的农村初中学校制度建设行动研究

——以嵊州市黄泽镇中学为例

嵊州市黄泽镇中学　裘平

一、研究的缘起

（一）是依法治国方略在学校管理模式上的要求和体现

党的十九届五中全会提出远景目标，到 2035 年基本实现国家治理体系和治理能力现代化。依法治国，体现在学校即依法办学，依规治校，这是学校贯彻落实依法治国的必然要求，也是现代化学校治理的基础。学校制度建设是学校实践公平与正义的表现形式，是学校所有成员必须共同遵守的行为准则，是每个师生员工平等参与、平等发展的保障。

（二）源于学校实现教育教学目标可持续发展的必然要求

学校制度是学校的一种特殊文化形式，有其特有的内涵和表达方式，建立良好的、系统的学校制度对学校办学品位提升，教育水平和质量提升，师生修养和学生发展潜能提升等有着明显的导向作用。制订良好、系统的学校制度，对于学校系统治理有着"法"的作用。

（三）源于解决目前农村初中在制度建设中存在的问题的需要

综合学者研究以及笔者的实践与调研，嵊州市及周边区域农村初中在学校制度建设过程中存在一些共性的问题：如制度制定缺乏民主，制度内容缺乏科学性，制度形式缺乏温度，制度执行缺乏刚性等。

二、嵊州市黄泽镇中学制度建设行动研究

（一）建设学校管理制度过程中贯彻的原则

学校管理的目的是依法办学，激发广大师生的能动性，若没有规章制度，管理就无从谈起。因此学校根据法律，结合上级要求和学校实际，编印了学校管理手册。管理手册是在原有学校管理制度的基础上汇编而成，在教职工民主提议的基础上，对原有部分制度进行了微调。

《黄泽镇中管理手册》序言中指出，制度建设的目的不在于以制度约束人的行为，而是倡导一种人人自我管理，人人是管理者的氛围，倡导一种正方向、正能量，体现制度建设的导向作用。以下则是学校在建设学校管理制度过程中贯彻的原则：

1. 学校制度建设的人本性

《黄泽镇中章程》体现了学校的办学宗旨，是应对学校的办学目的、办学理念、发展愿景、师生共同的价值追求而制定相应的规范化制度。它是面向学校全体师生员工，是引领全体师生积极向上的精神宝典与制度标尺，具有规范性、独特性、文化性等特性。

以《黄泽镇中章程》为例，《章程》共七章四十五条，内容包括组织机构和管理体制，学生、学校资产及财务管理等。《章程》的制订始终坚持"以人为本"的原则，在第一章附则中，详细阐述了学校的办学目标、办学理念及一训三风，充分体现了"以人为本"的思想。

通过民主制订《章程》，让全体师生在制订过程中体会到"我是泽初的一员"，人人皆是管理者，树立师生员工的主人翁意识。使教职员工和学生人性得到最完美的发展是现代教育管理的核心，这样靠全体师生群策群力、集体智慧产生的《章程》，是大家所需要、所认同的，是有利于学校管理的。

2. 学校制度建设的科学性

（1）学校制度不与国家宪法、法律法规相抵触。

教育部发布的《依法治校——建设现代学校制度实施纲要（征求意

稿)》中指出：章程及学校的其他规章制度要遵循法律保留原则，符合理性与常识，不得超越法定权限和教育需要增加义务，不得设定罚款，或者其他可能侵犯师生基本权利的处罚事由和惩戒办法。学校《章程》的第一条：为规范学校内部管理体制和运行机制，推进学校依法治校，建设现代化学校制度，根据有关法律法规规定，结合学校实际，制定本章程。

（2）学校制度应遵循教育教学规律。

教育教学是学校的中心任务，学校制度是落实完成教育教学的重要保障，使全体师生在制度的指引下学习、工作、生活。如学生一天的在校时间、晨读安排、课程设置等。

对教师：为保证教学工作的规范和质量，制订了《黄泽镇中学教师教学工作的基本要求》。《黄泽镇中学教育科研管理制度》应运而生，科研管理条例第一条：实施"科研兴校"战略是推进素质教育的迫切希望和要求，是学校发展的动力，是提高教师教育教学水平的必由之路，是提高教育质量的根本途径。这些工作制度在遵循教学规律的基础上规范了教师的行为，提升教师的工作能力。

对学生：学校的教育目标是培养全面发展的人。学生是受教育者，也是学校制度文化建设的一个重要对象。学校的很多制度都是针对学生学习品格铸造、良好品德养成和行为习惯以及理想信念、价值观的形成。如《黄泽镇中学德育教育管理工作制度》《学习一日常规》《黄泽镇中学住校生管理制度》。针对学校中少部分特殊群体，制定了《黄泽镇中学特殊学生一对一帮教制度》。

正处于青春期的初中学生，成熟与幼稚并存，好奇性强，逆反心理也强，学生意志力薄弱，且不同学生学习能力、学习方法和学习环境的不同，导致部分学生学习困难。制订帮扶制度的目的：不让一个孩子掉队，让每个学生都能找到自己的闪光点，在适合自己成长的道路上获得成功。帮扶制度的教育理念：为了每一个学生的发展，为每一个孩子服务。

3.学校制度建设的发展性

学校有自己的传承，自然有需要继承的制度。如每年一次爱心捐款、运动会、国旗下讲话等一系列常规制度，这些都坚持执行。我们还在七年级新生中实行行为规范教育制度，专门利用班主任讲话时间，进行行为规范、养成教育，然后纳入班级考核。

同时，随着时代的进步和改变，需要通过"加减""改"，不断完善制度，激励师生，当然最终是为了学生的发展。

"加减"，就是教职工聘任、晋升方案。聘任、晋升关系到教师的切身利益，在有竞争的情况下，轮到谁上报晋升高一级职称，评下后，在聘用名额有限的情况下，又是谁落聘，都是"刀刀见骨"的问题。又如，汶川地震后，学校根据要求专门安排逃生演练，有明确的方案。近年来，我们增加了班主任例会制度，每月一次，有专题研究。对那些已经过时的用词、措辞进行删除。

"改"就是调整，最典型的就是奖励性绩效工资考核方案。2019年实行新的绩效考核方案。绩效考核制度影响着每位教师的切身利益。学校在修改的时候，多次学习借鉴兄弟学校的做法，反复听取教师的建议，最后修改了考核方案，在教代会上通过。又如，在对教师进行奖励的时候，我们的制度是捆绑式，就是说统考中平均值达到，大家才有奖，在此基础上，考得好的再适当多奖励，太差的适当扣除。在一些工作上，我们的制度是"以奖代扣"。如对参加公益活动的教师进行奖励，而不是对不参加活动的老师进行扣发。

4.学校制度建设的和谐性

我们把《管理手册》内的制度归纳为四类：一是与学校相关的法律法规，如《教师法》《义务教育法》和《未成年人保护法》等；二是上级教育部门规定的，如《中小学生守则》《中小学生日常行为规范》《浙江省减负40条》等；三是学校与家庭社会联系的，如关于家长委员会的制度等；四是学校内部的，也在最多最重要的，包括《章程》《教职工管理》《教育教学管理》等，以及对上级部门法律制度制定的"校本化"，根据学校历史个性化制定如《拓展性课程方案》等。

（二）学校管理制度的执行

"天下之事，不难于立法，而难于法之必行。"有了制度没有严格执行就会形成"破窗效应"。制度一经形成，就要严格遵守、坚持制度面前人人平等、执行制度没有例外，这就是要坚持用制度的尺子量长短。制度的尺子是标准，应从严遵守和执行，不能因人而异、因人而废。学校制度的执行是学校制度文化建设的生命，好制度还需要刚柔相济，才能落地生根。为了确保制度得到执行，学校的做法如下：

1. 领导带头执行

"子帅以正，孰敢不正"，学校行政人员重视制度、带头执行制度是制度得以落实的根本要求。学校规章制度一经明确，学校行政人员带头学习制度、严格执行制度、自觉维护制度，以示范带动，产生"头雁效应"，提高制度执行力。

同时，改变学校领导特别是校长的角色定位。学校领导不再是学校的行政官员，而是专业领导，是学校教育教学的业务导师。一个学校领导，除了有优秀的管理技能，如果他本身有扎实的专业知识技能，有先进的教学理念和坚定的个人信念，那么他的支持率和信任度将会有很大的提高。譬如：对"教学五认真"的检查落实。学校一般会在期中和期末安排两次常规的检查活动，主要包括教案撰写、听课的数量、学生作业的批改（上课的检查在平常进行）等。检查的主要部门是教务处，检查的主要人员是教务处人员及教研组长，检查的主要工作是检查数量，很少涉及质量。

成立学校"教学五认真"检查管理小组，分设理科组和文科组，由教学副校长任组长，组员包括教务处人员、教科室人员、教研组长、各学科名优教师代表。检查主要针对"质量"，目的是：既是给学校领导者提供一个向各学科学习交流的机会，又提高自己的业务能力。一般学校都是用同一个标准来检查各个学科的教学情况，但各个学科各有其特点，在检查过程中该如何处理？一个学校的教学管理者，只有参与了，才有基层第一手资料；只有参与了，才有发言权，同时提高了学校管理者的参与度，提高了教学检查的可信度。管理者和普通教师一起开展检查活动，才能了解规则制度是否切合现代教育教学管理，是否能与老师们的想法达成共识，才能有利于学校制度的落实。

2. 遇事先看规则

在日常管理中，严格按照规则办事，如期末优秀学生表彰以什么为标准呢？就按照相关制度。另外，如"教学五认真"检查，优良及格都有标准。更重要的是，当遇到利益冲突的时候，不以领导的个人好恶来决断，而是看规则。如中高级教师职务评审，就应严格按照学校制定的推荐办法实施。

在政策没有变化的前提下，中高级职务评审办法维持不变。如遇到当时规则不很合理时，也先执行，到下次再修改。按规则办事，做到制度面前人人平等，制度第一，校长第二，防止破窗效应发生。

3. 执行有人性化

制度执行刚中有柔，体现以人为本。以黄泽镇中学安全管理为例，师生安全无小事，学校为此制订了《黄泽镇中学平安校园九项制度》《护校队职责》等。自制度制定以来，学校严格按照教体局的要求和提示开展"一周安全"活动。学校停车、行车规范有序，车速不超 5 码。学校实行特殊学生登记制度，发动党员教师、心理教师开展"2+1"帮教活动，力求不落一人。学校建立护校巡逻队，为师生安全保驾护航。

（三）学校管理制度的监督

如果说执行是关键，那么监督是规则成为文化的保证。强化监督检查，是提升执行力的关键。只有制度还不行，还必须加强督查，有布置没监督等于零，有安排没落实等于零。没有监督，制度缺乏威慑力；没有监督，制度的制衡力难以显现；没有监督，制度意识也会变得淡薄。这就需要建立健全制度执行的监督机制，注重发挥党支部、校务、教代会的监督作用，建设监督平台，畅通监督渠道。只有加强对制度执行的监督，让制度生威，推动制度落实，增强执行者的制度意识，产生对制度落实不敢敷衍、懈怠的敬畏心和责任感。

（四）学校制度建设的作用

1. 擢升教师核心素养

教师队伍文化是学校文化的核心和灵魂，教师的价值判断和归属意识直接影响学生的理想信念、行为方式和处世哲学。黄泽镇中学在《奖励性绩效工资考核方案》中明确指出：规范收入分配秩序，发挥奖励性绩效工资的激励导向作用，奖励性绩效工资向一线教师、关键岗位、业务骨干倾斜，调动本单位工作人员的积极性和活力。

根据目前学校教师知识结构不完整的实际，建立"教师学习共同体"。"教师学习共同体"分为行政学习共同体、班主任学习共同体、教研组学习共同体、拓展性课程共同体等多个学习共同体。

黄泽镇中学不断完善、落实《名优教师奖励制度》《学科质量奖励办法》《拓展课程考核办法》等制度，目标是服务于教师专业素养、能力素养的发展，成为学校文化建设的重要组成部分。

2. 呵护学生健康成长

（1）明确职责

在很多时候，学校的卫生打扫都是一个老大难问题，会存在学生、班主任、一些行政人员对包干区的范围划分不清楚的情况。学生不清楚自己的卫生区域，所以没有清扫到位。班主任有两方面的责任，一是不清楚自己班的卫生区域，没有指导到位；二是对学生的工作没有监督到位，导致学生不清扫或者是垃圾倒在草地里的现象发生。作为行政人员，本是规则的制订者，应该是很清楚卫生区域的划分的。通过卫生打扫制度的建设，学生、班主任、行政人员都能够明确各自的卫生打扫职责，卫生打扫的难题也就迎刃而解了。

（2）规则优化

对于一所学校来说，制订一个制度并不难，制订一个合理的，能产生某种价值的制度是有难度的。制度反映了制订者、执行者的管理理念，执行者的方法理念、行为习惯、道德修养不同，执行的效果也不同。师生需要通过规则学习、创设活动平台、相互比较竞争等方式，在一个较长时期里不断地优化规则，让规则意识内化为学生、教师心中的自觉行为，形成学校全体师生所具有的一种精神品质，即一所学校的一种制度文化的形成。

（3）促进学校全面发展

要健全规章制度，学校制度建设是校园文化活动开展的基础和保证，学校的校规校纪、教学及管理制度要做到全、细、严。也就是说，规章制度应该是全方位的，做到事事有章可循，内容要具体明确，操作性强要纪律严明，赏罚分明。如学校分别在 2017 年和 2020 年实施的"县管校聘"工作。所谓"县管校聘"，是指原来教师是"某所学校人"转变成"教育系统人"，学校根据需要聘任所需教师。在实施之前，学校核编数是 83 位教师，由于历史的原因实际拥有 91 位，严重超编，而且学科之间极不均衡。在这种情况下，在上级统一部署下，学校开展"县管校聘"工作。

由于制度的严密严谨和实际可操作性，学校顺利实施"县管校聘"试点工作，为其他学校提供了经验，优化了师资队伍学科结构，促进了学校的整体发展。

总之，通过制定、优化、执行符合农村初中学校实际校情、学情的制度，可以让学校的管理得到有效强化。全体师生都能够通过学校制度的制定，得到一定程度的素养提升，为学校的可持续、可促进和可提升发展提供了不竭的动力。

第二篇

学校德育

隐性德育视角下高中数学课堂开展学科德育的教学策略研究

——以某高中学校数学教学为例

嵊州市黄泽中学　徐鹏

一、缘起和问题提出

基于我国教育的根本任务——立德树人；基于高中数学教学的现状——忽视德育；基于目前高中课程思政的结构——课程思政割裂；基于高中数学学科德育的现实状况——阻力重重；基于数学教学中渗透德育的重要性——举足轻重。

二、研究设计

普通高中隐性德育的研究有助于完善和丰富学科的德育具体内涵。通过已有文献可知，到目前为止，对于隐性德育的研究以及相关理论已经比较丰富和完善，但是有关隐性德育优化，尤其是普通高中数学课堂隐性德育优化的相关理论及研究还有待完善和丰富。基于这样的现状，本研究以某高中数学教学为例，采用文献研究法、问卷调查法、行动研究法、教育叙事研究法进行研究，如何在隐性德育理论的指导下，探讨当前影响高中数学课堂有效开展学科德育的原因，并在此基础上，构建能够将知识教学和课程育人有机结合起来的数学课堂优化策略。

三、普通高中数学课堂学科德育的现状分析

为了解普高数学课堂学科德育的现状，本研究主要从教师仪表、内容选择与呈现、课堂管理这三个"一级指标"来进行调查。向本市普高 120 位数学教师发放调查问卷，收回有效问卷 116 份。向本市普高不同层面学生共发放 600 份调查问卷，收回有效问卷 592 份。现将调查情况分析如下：

（一）教师仪表

1. 教学态度

教师调查问卷内容为：对工作高度负责，认真备课上课，认真批改作业，认真辅导学生，不敷衍塞责。A. 优秀 B. 良好 C. 一般 D. 较差。调查结果显示，40% 的教师认为自己教学态度是优秀的；42% 的教师认为自己是良好；18% 的教师认为自己是一般。

学生调查问卷内容为：您的老师的教学态度如何？A 亲切、自然、耐心 B. 较亲切、较自然、较耐心 C. 一般 D. 差。调查结果显示：16.9% 的学生认为数学教师亲切、自然、耐心；43% 的学生认为较亲切、较自然、较耐心；28% 的学生认为一般；1.6% 的学生选了较差。调查结果表明，教师实际教学态度与学生期望存在距离。虽然大多数数学教师的教学态度是积极、健康和稳定的，但也有相当比例的教师教学态度不够积极，有的教师教学态度甚至相当消极。

2. 为人师表

教师问卷内容：您觉得您是一位怎样的教师？A. 富有气质、品行高尚 B. 衣着得体、品行较好 C. 欠修边幅、品行一般 D. 不修边幅、品行较差。调查结果显示：41.2% 的教师认为自己是一位富有气质、品行高尚的教师；33% 的教师认为自己是一位衣着得体、品行较好的教师；25.8% 的教师认为自己是一般。

学生问卷内容为：你对老师教育教学的总体评价是：A.令人尊敬、崇拜的教师 B.是一位好老师 C.是一位较一般的老师 D、是一位较差的老师。调查显示：50.6%的学生认为数学教师是令人尊敬、崇拜的；但也有个别学生选择D。

（二）内容选择与呈现

1.价值引导

教师问卷内容为：您觉得教师价值引领作用的发挥可以注重以下哪几方面（可多选）A.塑造自我形象，做颇有修养的教师，做学生的榜样 B.做一个有心人，抓住每一个孩子的闪光点 C.提高教学质量，构建高效课堂 D.积极创建课堂文化环境。其中80.6%的普高数学教师认为提高教学质量，构建高效课堂；67%的教师认为应注重做一个有心人，抓住每一个孩子的闪光点；43%的教师认为要注重自我形象，塑造自我形象，做颇有修养的教师，做学生的榜样；23%的教师认为要注重积极创建课堂文化环境。

学生调查问卷内容：你认为教师最应该具备以下哪项师德？ A.热爱学生，尊重并理解学生 B.以身作则，为人师表，要求学生做的自己应做到 C.爱岗敬业，责任心强，对教学工作一丝不苟 D.都应该具备。其中93%的同学选择了D，可见学生对教师的期望是很高的。

2.注重求真

教师问卷内容为：您在课堂中会注重以下哪方面的教育？（可多选）A.爱国主义教育 B.美学教育 C.生命教育 D.团结合作 E.科学探究态度 F.辩证唯物主义教育。其中91%的教师选择要注重爱国主义教育，78%的教师选择要美学教育，91.6%的教师认为要注重生命教育，88%的教师选择要注重团结合作，78%的教师选择要注重科学探究态度，66%的教师认为要注重辩证唯物主义教育。

学生问卷内容为：教师上课是否为学生提供讨论、质疑、探究、合作、交流的机会？ A.经常提供这样的机会 B.有时提供这样的机会 C.从来不提供这样的机会。71.6%的学生选择A，91%的学生选择B，2.3%的学生选择C。从以上数据分析来看，大部分教师追求求真课堂教学模式，在平时上课时能不断实践与探索，但也存在着部分教师数学教学课堂隐性德育的开拓比较缺少的问题。

3. 倡导创新

教师问卷内容为：在教学中，您对新的教学理念、方式、方法的态度 A.乐于尝试 B.可以尝试 C.不愿尝试 D.无所谓。多数教师的教学观念是转变了，但也有一些教师的教学观念还比较陈旧，教学还是以教师为中心，以教代学，以讲代练。根据问卷调查，有9.1%的教师还习惯于"满堂灌""满堂抄""满堂问"，不愿意尝试新的教学理念、方式、方法；其中有2.34%的教师只顾"教完应学的内容，不管学生有无反应"，在实际听课考察中，这种教师的比例与问卷调查的比例还要大得多。

（三）课堂管理

89%的教师认为自己工作责任心强，十分关爱学生，对所学课程能及时辅导复习，课间能经常和学生主动交流指导，上课经常能为学生提供讨论、质疑、探究、合作、交流的机会，在上课过后对刚学的知识能经常布置相应的巩固作业，并认真检查指导。学生对老师布置的作业及作业批改情况比较满意，对课堂教学比较满意，课堂教学以结合知识点做相应的练习为主，教学方式多样，每次上课前认真备课并有针对性，每次对学生学过的知识能及时监测，重难点突出，关爱每个学生，比较注重学生品德的评价。9%的学生在问到数学教师对你的关注和对待其他学生是否一样？学生回答：一般。学生给老师的建议是：上课缺乏幽默感，多用开心的方式来教学，多互动；对学习不好的学生要严格些，多鼓励，多加点辅导。

四、普通高中数学课堂学科德育存在问题的原因分析

（一）高中数学教学中学科德育实施存在的问题

1. 数学课堂隐性德育的状况不容乐观
2. 知行不一，教师的学科德育实践意识薄弱
3. 学科德育实施的途径、方法比较单一

（二）高中数学教学中学科德育实施中存在问题的原因分析

1. 教师的学科德育素养偏低，德育实施能力不足
（1）部分教师学科德育理念尚未深入。
（2）部分教师教育功利性取向比较明显。
（3）部分教师学科德育素养有待提升，教师学科德育素养高低在一定程度上决定着教师在教学活动中学科德育实施的效果。

教师对学科德育的内涵认识如何，如何德育实施等都是教师学科德育素养的具体表现。部分教师对学科德育内涵认识不足。部分教师课堂学科德育实施能力不足。

2. 学校对学科德育管理缺失，缺乏学科德育引导
（1）学校缺少有关学科德育实施的制度。
（2）学校缺少组织有关数学学科德育的培训。

五、高中数学课堂开展学科德育的策略

（一）隐性素材的找寻

1. 数学史料中的隐性素材
"规""矩""准""绳"是我们祖先最早使用的数学工具，"勾股定理""杨辉三角"等这些材料能够让学生看到我们的国家和民族在数学领域

中的巨大成就。这些材料都是爱国主义教育的极好素材，具有良好的德育价值。

2. 概念教学中的隐性素材

实践证明，在数学概念教学中注意对学生进行矛盾、运动发展和变化等观点的教育，能让学生在学习过程中潜移默化地形成辩证的认识观和方法论，同时能让学生更全面地看待事物，培养辩证思维与创新意识的人文素质。

3. 习题教学中的隐性素材

数学教学离不开习题教学，而习题教学可以培养学生一种勇于探索、严谨、朴实的精神。

（二）人文课堂的设计

1. 课堂形式的改造

课堂中有对学生的尊重，有平等的朋友式的交流，有面对不同见解没有定论面红耳赤的热烈争论。我们选择合适的课堂形式，就能让学生既张扬个性，又民主集中；既有主见，又培养学生健全的人格。

2. 课堂内容的处理

以生动、丰富的数学知识和数学应用激励学生；以形象的比喻，生动的描述感染、鼓舞学生；以追求数学之美，加深知识理解。教学过程中，教师优美的教态，精辟的分析，严密的推理，工整的板书，生动的语言以及精美的教具等，都能给学生以美的享受，把数学之美赋予整个教学过程之中，通过美而和谐的课堂氛围，使学生在美的感受中，加深对知识的认识、理解和掌握。

3. 在研学中的培养

（1）在研究性概念教学中的培养。思维从课堂开始，需要和谐的课堂氛围，使学生的心弦与教学情景产生共鸣，自发地启动思维机制，快速地进入问题情景。

问题的提出引起了学生极大的兴趣，一部分学生动手算起来了。开始研究性学习，在学习过程中，学生的主体性得到了充分的发挥，培养了学生的主体意识、积极参与意识和合作交流意识。

（2）在研究性习题教学中的培养。教学中仅靠多练甚至题海战术，是杯水车薪，我们需要追求教"研"，教"探"，把解题训练转变为解题发现，教导学生掌握研究性学习方式，深入开展解题研究，学会掌握、归纳、演绎，分析综合、联想、类比等方法的原理及应用过程，与此同时，还要注意从现实生活中发现、应用问题，提升发现问题、解决问题的能力。

（3）在研究性实践作业中的培养。新编高中教材增加了研究性实践作业，研究性实践作业为培养学生的人文精神提供了广阔的天地。

（三）融合模式的精细化探索

我们尝试从以下几个方面精心做好数学与隐性德育的融合文章：

落实平等教育的师生观；挖掘数学中的文化气息；欣赏数学学科特殊之美；体验生活中的数学；课内课外相结合之转变。

高中生学习动机的德育诊断与对策研究

嵊州市马寅初中学　王越浪

目前，高中学校受高考升学压力的影响，教育片面强调智育，而忽视德、体、美等诸方面的全面发展；在智育中，又片面强调书本知识，而忽视学习能力、创造能力以及个性、兴趣、情感、意志等非智力因素的培养。同时，学校教育长期受行为主义心理学影响，更多地采用通过奖励与惩罚的措施来维持学生的学习动机。这种只重外在动机而不顾内在动机的理念在具体的实施中，就是根据学生考试分类实施奖励与惩罚。这必然导致学生被动地学习、应考，不能真正培养学生主动求知的学习动机。如何促使学校教育改变现有弊端，培养和激发学生的学习动机，追求学生的全面自主发展，这需要教育者寻求更广泛的途径和更丰富的手段，而学校德育就是一种不可忽视，且行之有效的选择。

一、德育对于激发学生学习动机的重要意义

檀传宝认为，借助德育可以改进学习动机的方向性、强度和持久性等质量特征。个人的社会责任感、品德素养与动机的质量有直接关联，无论是智育、体育还是美育，都需要道德情感等来启动和放大学习动机。良好的道德教育不仅可以对智育、体育、美育贡献动机、方向，而且可以培养良好的行为习惯，提供学习方式、方法上的直接支持。苏霍姆林斯基特别强调德育对于激励学生学习动机的重要作用，他认为，高尚的学习动机的核心是利他主义，学生把当前的学习同国家和社会的利益联系在一起，与学习的社会意义和个人的前途相连。当他们意识到自己的学习不能辜负父

母的期望，自己在不久的将来是国家建设的中坚力量，肩负着祖国繁荣昌盛的重任时，他们就会激发出超强的学习动机，去努力克服各种困难，勤奋地学习各门功课。

以思想、政治、道德教育为核心的学校德育对学生道德、心理、认知等品质的培养起到积极的促进作用。从德育层面研究激发学生学习动机的策略，解决学生学习动机不强的问题，一方面为学生和教师提供了一条提高学习效果的途径；另一方面也使学生的学习动机体现出对家庭、社区、国家的责任和义务，体现出社会发展对每个公民的需求。

二、高中生学习动机的德育诊断

为了了解高中生学习动机的整体状况，笔者在嵊州市的五所高中（包括三所城区普高，两所农村普高），选取了 520 名学生作为研究对象，以问卷形式进行了团体测试。

（一）学习动机的现状表征

通过对不同学校的 520 名学生的学习动机进行问卷调查和分析，发现当前学生学习动机呈现状态主要在这五个方面：缺乏职业生涯规划，学习目标的达成率较低；学习主动性欠缺，但在学习中碰到问题还是会寻求解决；学习效能和课程的趣味性对学习动机的提高具有一定的促进作用；内部动机对学习的促进作用要大于外部动机；更需要增强外部因素对增强学习动机的影响。

（二）学习动机不足问题的内在机理

从问卷调查的情况来看，学生无法完成自己定下的学习目标，其多数原因为作业太多，时间不足，个人自觉性不高，缺乏毅力易受外界干扰而无法坚持；或者目标太难，感觉没收获，听不懂，没信心，热情减退；而从未想过实现目标的那部分学生则是目标太高，不切实际或没有目标。学习没有自己喜欢的课程是因为学习太枯燥或学习知识太难。

通过对部分学校教育教学现状进行了解，近五成的高中生对于学习没有兴趣，他们没有主动去学习的热情，对于知识的学习更是缺乏探索的攻略和技巧。许多学生认为课堂教学只是教师对知识的讲解和传授，教学方法单一，对学生的课堂表现视而不见，教师的教与学生的学相脱节。一些学生认为学校活动开展少，除了周一比较固定的升国旗，每天 25 分钟的大课间及每周一节课的课外活动外很少有其他活动。有近三分之一的学生在学习过程中，注重教材及课后的每日练习进行巩固，只有不到一成的学生是通过互联网下载学习材料进行自我提升；有近九成的学生喜欢用手机或电脑玩游戏；大多数学生在周末或节假日很少参与社区活动或家务劳动，并且认为这些劳动不是自己应该做的事；有将近一半的学生从网络游戏中寻找归属感。这些学生没有学习计划，或虽有学习安排，但不能按计划落实，没有在学习中找到乐趣和归属感。

这些调查结果说明，一是当前的高中教育中，对学生的品德教育还未足够重视，开展的德育教育活动少，学生不能在活动中受到思想的启迪、心灵的净化和学习拼搏精神的熏陶；二是课堂教学重视知识的传授，教学方式方法还是比较传统的讲授法和练习法，现代教育技术的使用有局限性；三是学校、班级、课堂等德育教育载体单一，忽视德育教育的榜样作用，只注重口头的说教，学生很少参与社会实践活动，不能在德育教育的实践情境中受到潜移默化的影响；四是大部分学生的学习上进心不强，不能正确定位自己，没有为祖国和社会做贡献的崇高思想；五是在网络环境下，学生不能利用网络资源好好学习，反而在游戏中你追我赶、毫不示弱、争分夺秒上网提高游戏成绩。

三、提高学生学习动机的德育对策研究

（一）以学科教学为阵地，渗透德育

新一轮课程改革把"情感、态度、价值观"作为教育目标的重要组成部分，各学科的"新课程标准"更是首先强调了本学科的德育目标。我们的各科教材都蕴涵着丰富的德育内容，如何有效地科学地挖掘教材中的德育内涵，将德育内容与学科知识有机地结合，是落实学科德育渗透的核心工作。

从问卷调查的情况来看，学生的学习效能和课程的趣味性对学习动机的提高具有一定的促进作用。但通过对部分学校学科教学现状进行了解，我们发现许多高中生对学习没有兴趣是因为学习太枯燥或学习知识太难，没有自己喜欢的课程。许多学生认为课堂教学只是知识的讲解和传授，教学方法单一；学生在学习过程中，注重教材及练习的巩固，缺乏知识的拓展。由此可见，学科教学作为学校教育的主阵地，在激发学生学习动机方面并没有发挥该有的作用和影响。

学科教学中渗透德育，内容应该是全面化的，形式应该是多元化的，所有学校应把德育工作贯穿于教育教学的各个环节之中，通过不同的课堂呈现形式，将德育全面渗透于学科教学之中。

1. 传统课堂教学

传统课堂教学内容是以教材为载体，教材既是教师开展教学活动的脚本，也是学生进行课堂学习的载体，因此依据教材挖掘德育因素是课堂教学开展德育的前提。教师要把握本学科的性质和特点，在进行德育教育时，充分发挥本学科的优势，增强课堂教学的生动性。如人文学科富于形象性，具有感染力，可以有针对性地对学生进行革命传统教育和国情教育，强化文学、美学和社会主义核心价值观教育，陶冶学生情操，激发爱国主义情感；自然学科要注重科学方法、科学态度、科学精神和环境道德教育，通过讲解知识在日常生活、生产、科技方面的广泛应用，不断激发

学生的学习兴趣，调动学习的积极性。让学生把当前的学习同国家的社会主义建设逐步联系起来，逐步体会到生活中处处有科学，人民生活与国家建设都离不开知识，只有学好知识，将来才能适应社会，更好地为建设祖国服务，从而逐渐养成学习的信心和兴趣。

2. 多媒介课堂教学

随着经济社会的快速发展，我国的互联网信息技术取得了很大的进步。QQ、微博、微信等各种网络传播媒介不断出现，各种媒介的流行和普及改变了学生成长的外部环境，在拓展他们的生活方式和学习途径的同时，也影响着学生的思维方式、道德品行和伦理观念。学生的思想变得更加多元化，行为也变得更加自主。所以教师可以利用多媒介的有利条件，积极开辟第二课堂。教师可以利用诸如"微论坛""微早会""微视频"等形式，展示生动具体的教学情境，使学生可以通过评论留言、提问回答等方式参与教学互动，对学生宣传爱国思想，传播社会主义核心价值观，宣传社会正能量，让学生热爱生活，增强生命感和责任感，从而全面实现"立德树人"的教育目标。通过这种第二课堂的形式，可帮助学生建立正确的三观，在活动中提升学生的责任感以及使命感。

（二）以学生活动为手段，强化德育

从学生对增强学习动机的措施需求看，来自学习者外部的因素，如师生互动、老师引导、他人的关心和鼓励更受学生的期待。这反映出学生一定程度上是有学习的动机和意愿的，但是缺乏有效的激发手段，学校活动开展少，学生在周末或节假日很少参与社区活动或家务劳动；有将近一半的学生将大量时间花在网络虚拟世界中，从网络游戏中寻找归属感。

学校教育以教学为主，通过课堂教学是进行教育的最主要途径，但课堂外的活动有着课堂教学所不能代替的重要作用。学校组织形式各异的学生活动，可以扩大学生的知识领域，增强他们的学习兴趣，培养独立钻研的精神，发展创造才能，提高组织能力以及形成优秀的品德。所以活动本身就是最有效的教育，激发学生的学习兴趣，提高学习动机，需要开展丰富多彩的德育活动。高中德育活动的开展可以从班团活动、社团活动、社会实践活动和学校节庆活动等方面入手。

1. 班团活动

开展优质高效的班团活动能够对学生产生潜移默化的影响，帮助学生对自我、社会以及自然产生独特的、整体的认识；能够提高班集体的凝聚力和向心力，促使学生在日常教育与学习的过程当中养成互帮互助、积极向上的良好习惯与思想品质。班团活动虽然是以德育为主题，但开展的内容可以丰富多彩，可以围绕学习、生活、交往等，开展的形式可以是多样化的，如游戏型、娱乐型、知识竞赛型等，通过多种情境让学生对道德有一定的认知，且认识到的都是正面的、积极向上的。例如，学生缺乏职业生涯规划，学习目标的达成率较低，学校可组织活动让学生深入了解大学，如开展专家讲堂、优秀学长访谈等活动，指导学生根据自己的兴趣、特长报考专业，主动做好人生规划，发掘自身潜能。具体可以实施走出去战略，通过学长引路，高校参观，让学长讲述自身的成长历程，并提出实用建议，激发学生的学习动力，促进学生成长。还可以邀请专家走进校园，对学生进行专业指导，借助科学的数据告诉学生他属于哪种气质类型，适合什么样的职业，以及这样的职业性格有怎样的优势，有怎样的劣势，使他们对自身建立全面的认知。开展这样的生涯规划活动，不仅让学生对学习有个正确的认知，还端正了学习态度，坚定了学习行为，便于形成良好的学习习惯。

2. 社团活动

社团活动是实现学生个性发展的重要途径，也是开展德育工作的重要载体，在学校德育及教学工作中发挥着积极的作用。社团活动的领域主要分布在五个方面：体育、艺术、科技、文学和公益，其有助于全面适应学生多元发展需求，满足学生综合素质的不断提升。所以学校必须将社团活动的建设重视起来，鼓励学生参加丰富多彩的社团活动，发挥社团活动的德育功能。在教学中，通过优秀社团成员的引领、榜样作用，激发学生学习的兴趣，培养自身核心素养，帮助学生实现全面发展。例如，学生在参与公益类型的社团活动时，能够在帮助他人的过程中感受他人的仁爱之心，增强自身的奉献意识；学校通过组织心理文化节、心理健康教育等活动，发挥社团活动的心理辅导作用，可以增强学生的自爱意识，促使学生在参与活动的过程中，形成强大的心理素质。

3. 社会实践活动

社会实践活动是德育的重要组成部分。通过参与社会实践活动，能够培养学生的劳动观念和责任意识，可以加强学生思想政治教育、品德教育，丰富学识涵养，从而提升学生综合能力。例如政治实践课参观博物馆，让高中生在重温课内知识的同时，在实践中获得新的领悟，以此培养他们的责任意识、独立意识和公民意识。爱心志愿实践课做义工，慰问留守儿童和孤寡老人，不仅可以让高中生学会正视自己，关怀他人，促进亲子情感，维系两代人的亲情纽带，还可以无形之中帮助他们锻炼身体，从而促进他们身心健康发展。又如品质意志实践课野营拉练千人行，可以在锻炼学生体魄的同时磨炼学生意志，培养团结互助的合作精神。可以定期举行学习雷锋活动来培养学生乐于助人、友好向善的品质；可以在建军节、国庆节等重要节日，组织参观爱国主义教育基地，进行爱国主义红色教育，也利于学生更好地了解我国国情，为把我们的祖国建设得更加美好做出自己的贡献。

4. 学校节庆活动

学校可以利用民族传统节日和各类纪念日开展德育活动，让学生心中感受不一样的节日与情感，使学生能够在活动中得到熏陶升华，从而不断增强自己的道德素养。如五四青年节，班主任可以给学生讲解节日的来历，通过历史背景和历史事件让学生深深感受到自己作为中国的新青年在国家发展建设中所担负的重要使命。如利用重阳节、教师节、母亲节和父亲节开展孝亲尊师和感恩教育；利用"九一八"国耻日、"一二·九"运动纪念日等开展爱国主义教育；利用国际禁毒日、无烟日等开展告别不良习惯珍惜健康教育等。通过这种方式让学生充分感受到自己在社会中将会担负的重要使命，提高学生的社会责任感。

（三）以校园文化建设为载体，助推德育

从调查可知，学校校园文化的建设，学校价值的引导对于激发学生的学习热情，提高学生的学习动机具有积极的作用。

校园文化是随着学校的发展而逐步建立的，它表现了学校独特的环境风格，是校园思想观、文化观、教育观的结合体，对学生的德育教育以及思想的形成有着重要影响，能够陶冶学生情操、创造和谐的教育环境、加强学生品德修养，有利于学生世界观、人生观、价值观的形成。首先是环境影响，校园环境整洁、教学设施完整的管理状态，才是理想的校园文化，学生文化情感的培养潜移默化地影响着学生思想品德的形成。其次是精神影响，精神影响主要体现在校园文化的传统特色和校园中的教育理念。学校的理想和追求、教师的师德建设与学生的学习态度息息相关，直接影响学生们的价值取向。不管是环境影响，还是精神影响，都会对学生的思想品德教育产生重要的影响，良好的校园文化建设能够培养学生正确的审美观，促使师生奋发向上，增强德育教育中的凝聚力。

流动人口子女行为习惯的现状调查与对策研究
——以阮庙学校四年级学生为例

嵊州市城区中心学校　金海东

一、关于流动人口子女行为习惯的现状调查

　　城区中心学校是教体局派出机构，下属 5 所公、民办中小学，10 所幼儿园。我校地处嵊州新昌融合发展核心区的三江街道，紧邻高铁新城，地处剡溪三大支流汇聚之处，是八方英才投资兴业的一方热土。下属的阮庙学校是嵊州市唯一一所招收流动人口子女的公办民工子弟九年一贯制学校。2019 学年，全校学生有 1145 人，其中外省市户籍学生占 80%，生源来自 20 个省区市，涉及苗族、侗族、白族等 15 个少数民族 209 人，是一所典型的流动人口子女的民族特色学校。他们主要来自贵州、安徽、河南、湖南等边远农村，随父母离乡来嵊，在美丽的阮庙学校就读，接受优质的教育。可以说，阮庙学校是嵊州联系全国的一个轴承，是学生美好童年回忆难以磨灭的一站。

　　阮庙学校四年级有流动人口子女学生共 99 人、教师 13 人。此次调研的问卷用问卷星软件制成电子表单，让教师、家长和学生通过手机自己操作独立完成。小学四年级学生 10 岁左右，处在从中年级升为高年级的关节点，生理心理发展快变化大，是培养学习能力、意志品质和行为习惯的最佳时期。从习惯养成的特点来看，四年级是强化良好习惯和改变不良习惯的关键点，所以选择四年级流动人口子女学生为研究对象（见表 2-1）。

表2-1 四年级流动人口子女学生统计表

调查对象（人）	学生	男生：48
		女生：51
	教师	班主任：4
		任课教师：5
		行政领导：4
	家长	99
问卷总数		211
回收有效问卷数		210
回收有效问卷率		99.5%

此次调研有以下两个作用：

一是通过对阮庙学校的四年级流动人口子女学生、家长及任课教师问卷调查，了解流动人口子女的行为习惯现状，把握影响他们行为习惯的因素。

二是对阮庙学校校长、分管德育工作的副校长、教导主任、安管处主任、大队辅导员、年级组长、四年级班主任、学生等，通过访谈直接了解到学校领导、老师、家长和学生对一些问题的情感、看法和价值取向。在访谈中，灵活运用观察法，通过观察法去验证访谈得到的信息，就观察中不了解的问题进一步访谈。

二、流动人口子女行为习惯养成的教育措施

（一）建立学校是流动人口子女行为习惯培养的主阵地

1.规范适应流动人口子女的管理制度

学校高效管理，需要有规章制度，制度能否落实，主要看它是否符合校情、生情、家情。学校招生对象从本地生转为流动人口子女为主，学校领导在制定（修改）学校规章制度时，需要走近教师、家长、学生，听取他们的意见，制定更符合本校当前情理的管理制度，使制度具有科学性、

合理性、操作性。

2. 强化班主任培训管理

班主任全权管理一个班级，是学生良好行为习惯的组织者、领导者和教育者，是学校各项管理制度落地和学生养成良好行为习惯的关键人。对于初次就任流动人口子女为学生主体的班级的班主任，来自公办学校的老教师和新分配的教师，学校首先在暑期对其进行专题培训，开展"做学生引路人"师德主题教育，要严守师德，无私奉献，以教育之大爱成就孩子们的未来。让班主任尽早熟悉学校的特殊性——全市唯一招收流动人口子女的公办民工子弟九年一贯制学校，家长生活的流动性和学生组成的多元性。其次是加入班主任工作钉钉交流群，里面有成功经验分享、个案处理意见、家长沟通艺术、工作酸甜苦辣等，大家可以交流心得、遇事群策群力、排解心中烦忧，为班主任成长提供学习交流的平台，为学校发展积淀财富。最后是学习和总结。每学期组织教师外出参观学习取经，增强工作的信心。定期召开班主任工作交流会，鼓励积极撰写论文参加评选。

3. 为习惯养成创造温馨氛围

全体教职工要牢记教育的目的应当是向人传递生命的气息。每个生命都独一无二，万物各成其美。每个人都要欣赏自己，欣赏别人，生命才会绽放最美。要真心实意地尊重、关心、爱护流动人口子女，努力让学生感受到教师的善意、大集体的温暖，消除彼此的隔阂，增强信任感，从而愿意接近、亲近教师，愉悦地接受老师和同学的帮助。

4. 建立"2+1"潜能生帮扶制度

每年十月进行流动人口子女潜能生摸底，对家庭条件差、学习习惯差、卫生习惯差、遵规守纪差等不良行为习惯的特殊学生建档帮扶。安排一名品德高尚、责任心强、学生信任的党员教师做"成长导师"，安排一名品德优秀、成绩优良的学生做"成长伙伴"，师生合作帮扶一名特殊学生，给特殊学生群体创设良好的成长环境，促进每名学生健康和谐发展。成长导师要把帮扶对象的冷暖记挂心间，每周至少联系一次，可采用谈心谈话、学业指导、检查仪表等形式。每半年至少一次上门家访或与家长面谈，并做好帮扶记录。党支部将不定期抽查回访，导师和伙伴合力使每位帮扶学生在生活上得到照顾，行为习惯上得到指导，心理阴影得到疏导。

5. 重教科研增强习惯培养后劲

组织开展"新嵊州人品质课堂"研讨活动，邀请市名师与阮庙学校教师同台上课，市教研员现场点评，为师生教学诊断把脉。开展嵊州市课题《多元 融合 创新——流动人口子女自信自强的实践研究》，已顺利结题。绍兴市课题《彰显水文化精髓，潮流三江之特色——以阮庙学校为例的校园文化实践研究》已通过课题组验收，为促进学校的养成教育提供了强大的理论支持。

（二）打造民族团结教育品牌

学校根据校情，深入贯彻习近平关于"各民族要像石榴籽一样紧紧抱在一起"的指示精神，把民族团结教育工作摆在重要位置，把民族团结教育贯穿于学校教育工作的各环节，广泛开展丰富多彩的活动，切实提高师生民族团结意识，学校被评为浙江省、绍兴市级民族团结进步创建重点培育单位、嵊州市民族团结进步模范集体。在全体师生的共同培育下，让民族团结教育之花开遍阮庙校园。

1. 以管理为抓手，明确民族团结教育工作职责

成立了以校长为组长的民族团结教育工作领导小组，每学期对民族团结教育工作进行了周密部署，加强全面协调，促进落实；制定并完善了《教职工政治学习制度》，将民族团结教育工作纳入学校发展规划，列入学校计划，同时专门出台了《阮庙学校民族团结进步创建方案》《阮庙学校民族团结教育活动安排表》等，明确了学校民族团结教育工作目标任务、主要内容、实施办法与途径。

2. 以宣传为起点，营造民族团结教育氛围

（1）设计民族小水滴 logo。三个水滴代表来自全国各民族的学子，汇

滴成河形成了灵动活力斑斓的阮庙学校。

（2）设计民族水滴娃卡通造型。将水滴形状变形组合，幻化成三个造型各异、健康灵动、活泼可爱的"民族水滴娃"卡通造型，分别寓意"乐学、活力、和悦"的优秀品质，引领孩子们德智体美劳全面发展，为追求梦想、实现梦想而不断努力。学校还谱写了民族团结教育之歌《我们都是小水滴》。

（3）建设民族文化育人环境。新绘制的民族墙绘扮靓了美丽校园，该墙绘以"民族团结一家亲，携手同圆中国梦"为主题，以民族人物为表现内容，在校园围墙、体艺馆外墙等绘制了56个民族人物，既表现了中国民族文化，又彰显了学校特色文化。校园"民族林"的每一棵小树苗都被少数民族的学生认领，学生们会不定时地给小树苗浇水、施肥、修剪等，以此来培养学生的责任心。

3. 以课堂为阵地，推进民族团结教育工作

为在学生中扎实开展民族团结教育，学校以水文化特色教育为依托，着力开发以水文化为主题的民族团结教育系列校本教材:《缤纷的水》《精彩的水》《水与科学》《水与团结》《虚拟机器人设计与编程》《走进民族美食》等。学校开发水文化系列课程，旨在通过浅显的语言、形象的图案，将水的科学知识、民族团结教育理念，通过校本教材这一载体，对学生开展教育，进一步培养学生志向高远、理想远大的人生态度；通过领悟"水滴石穿"这一道理，塑造学生勤奋学习、追求上进的人生品格，宽容仁厚、团结友爱的人生道德，身心健康、富有活力、活泼开朗的人生状态。

4. 以活动为载体，深化民族团结教育内涵

创建"少儿·民越团"民族特色教育品牌，立足民校、打造名校。学校充分利用本地资源，开展民族团结进步宣传月活动。把民族团结教育融入爱国主义教育中，将学生的思想认识和行动自觉地统一到党和国家的要求上，进一步树立正确的民族观，增强民族自尊心和自信心。

（三）总结践行行为习惯养成"十字"教育模式

以社会主义核心价值观为向导，强化中华美德教育、民族团结教育为抓手，总结出"明理、立标、示范、训练、反馈"的教育模式。通过有效的训练和培养，克服不良行为习惯，从小养成良好的行为习惯，使学生受益终生。

1. 明理

通过专题班会了解改革开放中涌现的优秀农民工代表、改革先锋奖章获得者胡小燕同志，介绍她自强不息、踏实苦干，从普通农民工成长为企业一线管理人员，成为全国人大代表和"全国五一劳动奖章"获得者的励志故事。组织放映以其为原型拍摄的电影《所有梦想都开花》。

2. 立标

立体教育目标体系包括纵向、横向、交叉三个方面。纵向目标体系，根据不同学生的特点，提出不同要求。横向目标体系，将行为规范内容分成德、智、体、美、劳五大板块，分块实施，整体组合。交叉目标体系，在学校教学和家庭社会活动中共同建立文明习惯养成教育体系。

3. 示范

树立教师榜样。教师要时刻做到心中有爱、身正为范。学校要注重教师共同体建设，弘扬师德，每年开展教师爱生奖、和谐奖、竞进奖评选活动。树立学生标兵。开展多元评价，激励争章争标。班级每月评选学习、文明、团结、劳动、体艺"水滴之星"。让学生通过榜样的力量，自己管理自己，自己约束自己。树立家长楷模。制定流动人口好家长标准，倡导文明和谐、遵规守纪、家庭工作兼顾、陪伴孩子成长、正面管教子女等好行为。

4. 训练

倡导学生做到："净"，保持良好个人卫生，帮助家长搞好家庭和周边环境卫生。面对周围的一切，要保持心灵纯净。"静"，面对周围繁杂的环境，要与棋牌和大人酒聚保持距离。自觉抵制手机、游戏的诱惑，鼓励从班级书吧借阅书籍，静心阅读，静心学习。"敬"，尊敬长辈，对周围的人以礼相待。在家做个好孩子，在社会做个好公民。"劲"，对待学习、生活要有干劲，要坚持锻炼，强健体魄。"竞"，要追逐梦想，要有一种竞争精神，不能自暴自弃。开展流动人口健康教育示范家庭评选活动，促进学生健康成长。

5. 反馈

反馈即用《小学生守则》《小学生日常行为规范》对学生行为进行反馈激励。反馈分正、负反馈两种：正反馈是好行为习惯养成的评定，给学生以鼓励和信心，从而产生新的良好的行为动机；负反馈是针对不良行为习惯养成的，可用来调节和控制不良行为，使其符合规范和目标，具有矫正作用。

（四）强化家长是子女行为习惯培养的主心骨

家长应为孩子提供良好的家庭环境，民主宽容的和谐氛围。家长要以身作则，不断更新家庭教育观念，帮助孩子养成良好习惯，让孩子健康快乐地成长。

1. 学习提升强指导

学校开设流动人口家长大讲堂，学校微信公众号、班级微信群，解答家长关心问题，系统学习家庭教育课程。保留传统的家长会、家长开放日、家校联系本，每月进行家长咨询开放日活动，接受家长反映问题。

2. 参与活动筑和谐

欢迎家长参加技艺展示、家校联谊、亲子运动会、家长学堂等活动。让家长担任文明出行家长志愿者、膳食委员会代表，更好地了解学校，促进亲子关系，提升对孩子的教育质量。

3. 课程统整爱家乡

实施流动人口课程建设，让家长参与课程资源开发和实施。例如，家政服务课程，把家长的工作生活经验、创造智慧纳入课程与教学中，提升学生的生活自理技能。家乡美食课程，家长制作神州民族美食，学生宣传推介家乡风情，既拉近了亲子关系，又提高了学生自主合作探究的能力。越乡研学课程，鼓励家长带领子女利用节假日一起走进第二故乡嵊州。"探索科技奥秘"——探中国水利一绝（艇湖水利枢纽）；访万丰机器人产业园；"传承嵊州历史文化"——寻"池水尽墨"书圣地；"游梦里桃源越韵如水"——越剧小镇；"感受嵊美山河"——观千年山水唐诗路（艇湖城市公园），赏醉美南山湖。

4.最美评选固成效

制定流动人口好家长标准，杜绝酗酒，沉迷手机，长期打网络游戏，聚众赌博等不良行为，倡导文明和谐、遵规守纪、家庭工作兼顾、陪伴孩子成长、正面管教子女等好行为。每年"六一"隆重举行"十佳魅力好家长"评选表彰活动，同时将喜报发至家长的工作单位，该企业职工在学生就读时同等条件下享受学校优先录取资格，促使家长提升文明素养。

三、建立家、校、生互动沟通机制

在三角形的教育中，5+2的教育效果，受家长、学生、教师能否及时沟通的影响。如果做到"三及时"，即学生与教师及时沟通，教师与家长及时沟通，学生与家长及时沟通，就可以避免误会，减少麻烦，节约时间，家长与教师形成教育统一战线，对孩子的教育就能提质增效，达到5+2超过7（如图2-1）。

图2-1 家、校、生三角形教育

四、构建家、校、社多重联动养成教育网络的主旋律

学生的健康成长离不开家庭、学校、社会的各司其职，只有家校社合力，发挥各自优势，才能取得最佳的整体教育效果。

（一）部门联动创造安全和谐的社会环境

各相关部门要提高认识，真正把教育放在优先发展的战略地位，主动配合教育部门做好未成年人的思想道德建设，属地政府总体协调，各部门明确职能。

（二）校企共建捐资助困传递温暖助脱贫

开展校企共建，利用学生家长大多在周边企业工作的优势，主动与企业联系，实施捐资助学、捐资助困活动。同时学校积极帮助企业解决职工子女的入学难题，与企业共同解决学校发展的难题，帮助每一位孩子在爱的环境中快乐成长，引导全社会都来关注弱势群体，关注贫困学生，形成浓厚氛围。

（三）"邻舍+"志愿服务拓展社区教育功能

"邻舍+"就是邻舍家，就是让志愿服务在近邻间，就在家旁边。以"小家"的和睦带动"大家"的志愿服务，刮起"孩子和乐、家庭和美、邻舍和睦、社会和谐"的文明风暴。目前嵊州由30多支"邻舍+"服务队，这些队伍自主运行开展活动。他们将小区门口的杂货间、村空闲的用房整改为"邻舍+"托管小屋，让那些家里上班没人管的孩子有落脚的地方，还有许多志愿老师在课余时间进行课业辅导。"邻舍+"村嫂志愿服务队乐于奉献、传承美德、引领文明。利用节假日，引导在村居住的流动人口子女一起开展捡拾垃圾、清理河道、帮老扶幼等活动。"邻舍+"活动积极填补了学生的空余时间，丰富了假期生活，开阔了眼界，促进了文明建设。

普通高中家长参与学校德育管理的途径研究

——以嵊州市黄泽中学为例

嵊州市黄泽中学　　方　忠

一、研究背景

嵊州市黄泽中学地处嵊州市黄泽镇，是一所浙江省典型的农村中学。学校的生源是嵊州市城关学校统招优质生源后落下的，部分来自城关，部分来自农村，但整体文化课基础较差，学生学习动力相对不足。相当一部分学生对未来比较迷茫，学习上不够投入，转而寻找其他方面的追求和精神寄托。学生谈恋爱、玩手机，甚至抽烟等现象相对较多，学校德育工作压力相对较大。

"一切为了学生的健康成长"，学校与家庭的目标一致，能够在绝大部分教育过程中达成共识，步调一致。但在面对问题较多的学生或者学生犯了比较严重的错误时，学校与家庭在沟通过程中，就会出现责任推诿甚至冲突现象，且较为普遍。分析原因如下：

1. 农村学生家长参与学校德育管理意识不强

许多农村学生家长自身受教育程度不够，教育观念落后。父母的受教育程度高，往往会更注重学生综合素质的发展，如对学生的学习成绩、身体状况、心境、人品修养等各个方面给予同样的关注。相反，受教育程度低的父母对孩子的学习成绩往往表现出超乎寻常的关注，而对学生的行为规范、人品修养等方面不太重视。受教育程度较低的父母群体大都集中在农村，而农村家庭教育意识本身又比较淡薄，教育观念落后于城市。"万般皆下品，唯有读书高"的传统教育价值观在许多农村家长的思想中根深蒂固，他们只看重孩子的文化课成绩，不注重整体素质的培养；更有部分农村家长仍沿袭传统的养育观，认为自己的责任是让孩子吃饱穿暖、送其上学，能否成才全靠孩子、学校，学生送入学校后，就可以直接做甩手掌柜。

2. 部分老师没有认识到家庭教育的重要性

现代学校教育是社会分工的产物，学校的教育离不开家庭的配合。正如苏联著名教育家苏霍姆林斯基所说："只有学校教育而没有家庭教育，或者只有家庭教育而没有学校教育，都不能完成培养人这个极为细致、复杂的任务。最完备的是学校教育和家庭教育的结合。"但事实上，我们在管理过程中发现，有些老师包括部分班主任老师不重视或不愿意与家长合作交流；有些老师对家访任务应付了事；有些老师只有在学生犯错误时才会寻求家长的支持与帮助；有些老师在学校要求组织家长来学校参与家校合作活动时，有抵触情绪；有些班主任甚至不愿建立班级家长微信群等。

3. 学校现有家校合作活动还未让家长深入德育层面

很多学校已经认识到家庭教育的重要性，并开展各种家校合作活动。但目前开展的各种家校合作活动或多或少都存在一定的缺陷。主要是家校合作的一方的家长往往是被动接受，或者是作为一个配合者的角色出现，如家长学校、家长会，家长鲜有发言权，就很难发挥家长的优点和作用。久而久之，家长一方往往是不愿参加或者走过场的心态。另外很多家校活动往往是投家长所好，如家长委员会、家长参与日活动，主要是让家长了解学生在校期间的学习、生活情况，而不太涉及对学生的行为习惯培养和思想道德教育问题，更缺少让家长参与对学生的管理，特别是德育管理问题。

在西方，家校合作在20世纪中期已比较成熟，在我国20世纪80年代也逐渐普及开来，但随着时代进步和教育的不断发展，学校需要家长通过家校合作活动参与到学校的德育管理中来，我们缺乏参考的现成样本及理论指导。因此，我们想通过对各种家校合作模式的比较，着重对农村普通高中比较适用的，结合德育管理的家校合作模式进行推进和研究总结，努力找到既能使家长降低参与难度又不失实效，能使家长和班主任积极参与，既立足于学生成长，又有利于学校发展的；既有一定德育理论支撑，又有较强操作并具有可模仿性，常态化的农村普通高中特色的家校合作模式。

二、研究思路

本研究以嵊州市黄泽中学为样本，在准备阶段通过调查研究法，对全校班主任、全体学生及其家长进行问卷调查，筛选出家长参与到学校德育管理中的合理途径，寻求老师和家长愿意共同合作管理的主题；在实施阶段通过行动研究法，通过对班主任老师和家长的培训，根据既定的家长参与学校德育管理的家校合作模式的实施过程，通过观察、访问、分析，以实现实验研究目标；最后在全面开展家长参与德育管理的家校合作活动中，通过个案分析法筛选出部分具有代表性的活动进行小规模的跟踪分析，总结德育成果并加以推广，巩固课题研究成果（见图2-2）。

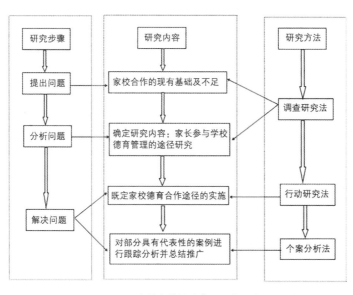

图 2-2　家校合作模式整理研究思路

三、研究实施

（一）调查与分析

本研究组以嵊州市黄泽中学全体班主任及曾任过班主任的教师共45人，全校三个年级段30个班的学生共1328人，及对应家长为调查对象，自制家长参与学校德育管理调查表，对家长与班主任目前主要联系方式，最受欢迎的家校联系方式，家长与班主任讨论的问题，家长与班主任联系时间段，家长与班主任联系的频率，家长参与学校德育管理的必要性，家长参与学校德育管理的阻碍因素，家长参与学校德育的途径，家长参与学校德育的频率，目前对家长参与学校德育管理程度的满意度十个方面进行调查，经过逐一分析统计，得出的主要发现有：

一是家长、学生及班主任对学校开展家校合作，让家长参与学校德育管理都是持开放态度的，反映了家长对学生德育工作的重视性及家校合作的必要性；

二是家长、学生及班主任都对家长参与学校德育工作的满意度较高，但部分家长对于自身参与学校德育管理的必要性相对评分较低。这表明我们在家长参与方面已经取得了一定的基础，但还是有部分家长不够引起重视，这在一定程度上说明家长存在两极分化的现象。

三是家长、学生及班主任都认为家长缺乏参与学校德育管理的能力，我们分析家长对德育管理缺乏了解与自信外，还存在管理上"教师强、家长弱"的家长固有思想。因此，我们有必要激发家长参与的积极性与主动性，让广大家长更充分地知道家长参与学校德育的基本内容、参与方式及途径，以及参与的必要性、意义和价值。

（二）推进与实施

课题组在黄泽中学校长室的支持和领导下，从行政推进、教师培训、学校实践等各方面同时开展工作，进行全面系统的家校合作活动。主要开展模式有：家长学校、家长会、家访、家长参与日、校园网、微信群、微信公众号、抖音等。但重点有线下的家长参与日活动及线上的德育在线公众号这两种方式，作为家长参与学校德育管理的主要载体。

1. 家长参与日活动

黄泽中学家长参与日活动开展得比较早，学校在课题实施之前已不定期地开展了一些家长参与日活动，如邀请家长参加学生的晚自修管理、进教室听课、在食堂体验就餐、在校门口进行离校管理等。学校与班主任老师对家长参与日操作的流程也有一定的熟悉度。但操作过程中，缺乏一定的系统性与连续性，而且活动主要停留在学生的生活和学习层面，没有深入到德育管理上。因此，在本课题实施过程中，学校校长室组织学校各个处室进行论证，选出了有针对性的几个主题，一月一个主题，所有活动具体由课题组与德育线执行，部分处室配合，如表2-2所示：

表2-2 家长参与日主题活动

序号	主题	对应问题或方式	德育主题	配合处室
1	我陪孩子走长征	陪伴红色之旅	励志教育	横店集团
2	我为孩子叙本职	职业生涯规划	科学素养	教科室
3	金点子菜谱评选	食堂矛盾较多	信任	食堂处
4	老师叫我来巡校	夜间就寝管理	行为习惯	宿管处
5	守护孩子期中考	考试诚信问题	诚信	教务处
6	我与孩子谈个心	参加班团活动	身心健康	心理辅导室
7	我为孩子来授冠	18岁成人礼	责任担当	团委

一月一次的家长参与日活动，不仅使家长深入学生德育管理过程中，也使学生在德育主题教育中不断成长，更促进了家长与学生的相互理解和支持，改善了亲子关系。不少家长说道："家长参与日活动时间虽然只有短短的半天，却让我们学习了从孩子的角度来思考，让我们知道尊重孩子，理解孩子。"

通过一月一次的家长参与日活动，我们发现了许多优秀的家长，我们也鼓励这些家长把他们的成长经历、育儿心得撰写成文，供其他家长学

习。同时，我们还进行了"好家长"评比，鼓励更多的家长参与到家长参
与日活动中来。

2. 黄泽中学德育在线公众号

早在 2014 年，黄泽中学抓住了电子信息时代媒体传播速度快、受众
范围广的特点，开通了黄泽中学"德育在线"公众微信号，这个微信平台
推出之初就是主要面向家长的，目的是不定期向家长推送先进的教育理
念、教育方法、前沿的教育信息及学校开展的一些活动。经过长期积累，
平台本身具有一定的基础和推广经验，根据课题既定方案，对平台进行了
重整，以德育主题为模块进行系列报道。恰逢新冠疫情肆虐，家长一般不
得进入学校，家长更是想要知道学校的动态及子女的现状，黄泽中学德育
在线公众号因此受到了家长的欢迎。学校也不失时机地结合德育活动，全
方位地介绍了学校的教学、管理、生活、设备设施、先进模范等等。如：

系列 1：军训

军训第一天：泽中，你好！同学，你好！

军训第二天：以军训之名赴青春之约；

军训第三天：军训场上正青春；

军训第四天：军训路上，我们执着前行；

军训第五天：蜕变与新生；

军训第六天：磨意志提士气，泽中学生面貌一新；

军训第七天：四明山下秋点兵，黄泽江畔炼军魂。

七天军训，七篇专题即时报道，大量的文字、图片、视频，全面记
录了高一新生从入学第一天到军训结营的点点滴滴。每一篇的阅读量均在
2000 以上。一个家长感慨地评论："孩子从未离开过身边，高中住校，他
安慰我们会独立生活的，但我们夫妻不安心呀。疫情管控又不允许家长进
学校，现在有了这平台，身临其境，看到了孩子一周来的全部生活，同时
也看到了学校先进的教学食住设施，看到了老师们的辛勤管理，心里踏实
多了。"

系列 2：先进班级展示

学习并快乐着，成长并幸福着——记 2019 学年先进班级高一（4）班

我思故我在，我勤故我行——记 2019 学年先进班级高一（8）班

有风自南，翼彼新苗——记 2019 学年先进班级高二（2）班

我的青春，我奋斗，我无悔——记 2019 学年先进班级高二（9）班

行走人生，快意青春——记 2019 学年先进班级高三（2）班

求真尚美，励志笃行——记 2019 学年先进班级高三（8）班

先进班级展示突破了原来的板报模式，内容更加丰富，辐射范围更广。特别是高三 2 个先进班级，学生已毕业，对此更为欣喜，也纷纷对黄泽中学德育在线公众号点赞。

不仅仅是家长、毕业学生，在校学生也很关注自己学校的公众号。在教师节期间，学生也借助这个平台，向自己的家长报道自己的活动，向自己的老师表达心头的敬意，推出了一个系列。

系列 3：老师，点赞为你——黄泽中学教师节系列活动之身边的老师我来赞

"可爱"地严肃着——记李付强老师

亭亭金蘽，常伴吾身——记张娴老师

我们的 Miss Wu——记伍英老师

"老友"——记刘伟老师

终于懂得——记邢晓飞老师

润物细无声——记罗旭老师

若你重返十七岁——记张夜明老师

那个"趣老头儿"——单海永老师

那个"潮老头儿"——魏沛侁老师

学生对老师的评价，是最有意义，也是最有说服力的。借助黄泽中学德育在线公众号，我们也向家长、社会展示了学校的真善美。

黄泽中学德育在线公众号引起了广大家长的反响，根据家长的要求，我们在公众号中单独设置一块"家校连线"系列，定期向家长推送家庭教

育方面的文章，深受家长欢迎。

系列4：家校连线

学生早恋怎么办？

重视家庭教育，共护孩子健康成长。

与心灵相约，与健康同行。

家校合作，做好孩子心理健康的守门人。

家长如何防诈骗。

（三）成果与提升

在课题组一年多有计划的实施下，在学校各个部门的配合下，在班主任的精心落实下，在广大家长的参与下，黄泽中学家校合作，让家长参与学校德育管理取得了明显的成果。

1. 学生方面——改善了与家长的关系

以家长参与日为主的家校合作活动增进了亲子情感。高中生还处于叛逆期后期，亲子关系紧张是普遍问题，家长们束手无策。而家长参与日系列活动中的"我与孩子谈个心""我为孩子叙本职""我为孩子来授冠"就是有针对性地来面对这个问题，使得家长与学生间有机会互相倾诉衷肠，在互相了解和理解的同时，心灵得以碰撞。学生看到了以往不曾了解到的父母的特长，体会到了父母的价值，看到了父母的伟大，并为此感到骄傲，亲子情感在无形中加深。学生的学习习惯和行为习惯也有了明显的改善。各种主题活动，特别是各种行业家长来学校讲课、活动，也拓展了学生的视野，弥补了学校教育的不足。

2. 家长方面——正确认识了家校合作

通过多途径、多内容、多形式的一系列线上线下家校活动的开展，促使很多家长改变了以往的观念，能够正确理解家校合作的必要性和意义所在，能够负责任地行使权利、履行义务。通过学习，家长们也对学校教育的知情权、参与权、建议权和监督权有了了解，以往一部分家长知道有这些权利却不能够正确行使，在遇到问题时会和学校发生矛盾和冲突。而大量的家校活动改变了家长以往被动听从指挥、接受教育的局面，家长以主体的身份，以参与者、组织者的角色走进学校，走进班级，走进教师的办公室；教师和家长一起平等策划德育管理活动，管理班级和学生等。近距离的接触和了解，使得家长直接获取了学校和教师的相关情况，减少了间接获取信息造成的误会，因此家长能够提出符合实际情况的建议，监督学校教育，履行义务。家长主动参与的人数越来越多，参与广度也越来越大。

3. 教师方面——师家关系健康良好

从一开始认为家校合作活动会给自己的工作带来额外的麻烦，到尝试开展并取得了一定的效果，很多班主任都已经认识到，家长的参与能够帮助他们提高德育管理效率，加深了彼此的感情，获得了彼此的尊重和理解。良好的师家关系也促进了师生关系、亲子关系的改善。让家长参与学校德育管理理念已经被有些班主任应用到班级管理中。家校合作平台的建立也使得家长和教师平等地坐在了一起，不仅仅是一起组织活动，很多教师还让家长与自己一起，共同管理班级，进行班级文化建设、制度建设、德育管理等，家长逐渐在以主人的身份，成为班集体的一员，初步建立起了"我们共同的班级"的管理理念。

4. 学校方面——家校互动局面打开

通过一系列的家校合作，让家长作为管理的一员加入学校德育管理中，家长的地位和角色有了不同程度的改变。这些活动的开展，意味着学校正在逐步改变对待家长的态度，把家长也当作学校的主人，作为教育的主体；意味着家长正在逐步改变自身的角色，他们从被动参与到主动参与，把自己作为班级的主人，为班级、学校的整体建设和发展出谋划策。家校之间坦诚、系统、互动的绿色沟通途径已经基本畅通，新型合作伙伴关系已经基本形成。学校学会了引导家长参与，梳理家长的需求，家校间达成互动沟通。能够尊重家长的权利，让家长参与学校管理和决策，家长的知情权、参与权和建议权正在逐步实现。

农村普高励志教育的实践研究

——以嵊州市崇仁中学为例

嵊州市崇仁中学 沈海强

改革开放以来，我国社会经济快速发展，青少年面临着更多的机遇和史无前例的挑战。现代社会功利主义也影响着学生的三观，如享乐主义、拜金主义、投机主义侵蚀学生的心理；快节奏的现代生活，学生家长大都忙于生计，物质上满足子女，却忽视子女的思想教育；学校因应试教育将升学率作为终极目标，造成现代教育"高分低能低德"的现象，导致学校对学生的励志教育缺失，不利于学生全面健康发展。

一、励志教育的现状及产生原因

（一）时代发展的客观需要

现代社会经济快速发展，消极思想层出不穷。究其原因：一方面感受到自己生存的压力，对未来前途忧心忡忡，心理压力过大；但另一方面是学生缺乏明确志向，学生心理、品行问题越来越突出，自理能力、抗挫折能力、社会生存能力越来越令人担忧。如何更好地在高中开始新学习，成为学生面临的新问题。

（二）新课程改革的必然要求

《国家中长期教育改革和发展规划纲要（2010–2020）》中提到教育的核心是"解决好培养什么人、怎样培养人的重大问题"。该纲要中的"志"，则是要求学生全面发展，培养学生勇于探索的创新精神，善于解决问题的实践能力和服务国家服务人民的社会责任感。

（三）学校自身发展的内在要求

我校是嵊州一所农村普通高中，地处乡下，交通不便，学生来自本市各地，生源基础很差，中考成绩参差不齐，市区学生存在不良生活习惯，乡下学生偏科现象严重等。学生进入高中新环境不适应，自信心严重不足，自我要求不严，心理上还有孤独感和失落感等问题。我校虽在教育管理方面积累了一定的经验，但上述问题仍给学校的教学质量和管理带来了挑战。

基于此，笔者结合学校实际，借用学校现有励志教育手段，开辟励志教育有效途径，激发学生自主性，实现自我价值。

二、励志教育的核心概念及界定

励志教育，"励"是指激励、磨炼、振奋之意；"志"指有志气、志向、意志之意，拥有上进的决心和勇气，努力做成某事。"励志"即振作精神，激发生活热情，始终保持奋发向上的精神状态，去实现远大理想。

德国教育家第斯多惠曾说过："教学艺术的本质不在于传授本领，而在于唤醒、激励和鼓舞。"现代教育的意义，在于以励志教育立足人的全面发展，其核心是激励，采用外部激励法等方法与手段，关注人的内心世界，弘扬人的主体地位，形成独立自主的思想意识，培养自己的判断能力，为实现自身目标而努力奋斗。

三、励志教育的理论依据

（一）心理学相关理论的整合

励志教育理论是了解受教育者的需求及如何调动受教育者的积极性的

原则和方法，而在心理学中，积极心理学理论、成功学理论、激励理论等为励志教育奠定了理论基础。

1. 积极心理学理论

积极心理学创始人马丁·塞利格曼明确提出三个主题：积极情绪体验、积极人格特质研究、积极组织系统的研究。通过积极心理教育培养学生健康乐观的心理与积极向上的心态。

2. 成功心理学理论

成功心理学的创始人唐纳德·克里夫顿指出，成功心理学是帮助人们实现个体最佳效能的一门科学。苏启文在《成功心理学》一书中，认为成功心理学在于揭示个体或社会成功的各种因素，成功标准在很大程度上要看能否最大程度地发挥自我优势。

（二）思想政治教育学理论基础

1. 激励教育

张克杰指出激励教育是教师采取激励给予学生以适度的正刺激，使他们自觉地将教育要求内化为行动的过程，激发学生的内驱力，帮助学生成长，促进人的全面发展。

2. 成功学教育

李鸣认为成功学教育在于培养广大学生成为德才兼备、全面发展的人，将成功学教育应用到思想政治教育中，是教育理念的一次有益尝试。成功学教育也称为励志教育。

（三）马克思主义学说励志思想

马克思主义唯物辩证法蕴含着励志思想，而励志教育的过程是教育者通过激发受教育者自身理想与现实矛盾引起量变，随着矛盾的增减，量变的升级，受教育者的思想实现质的飞跃，自主实现思想的根本转化。

（四）主体性教育理论

主体性教育理论认为，教师与学生是教学系统的两大要素，尊重学生的差异性，发挥学生的主体性，通过励志教育等手段进行外在激励，不断使其转化为内在动力，使学生在主动了解世界和获取知识的过程中形成良好的心理品质和乐观开朗的生活态度。

四、励志教育三重奏的确定

（一）目标：志存高远，高瞻远瞩

"培养什么样的人、怎么培养人、为谁培养人"是习近平强调教育事业发展的首要问题，是教育工作开展的根本任务。崇中校长认为，想要办一所真正意义上的学校，就要对学校育人目标进行理性思考——崇仁中学要培养什么样的人？学校创办之初，崇仁金氏家族义捐别墅"倦还庐"作校址，反映了金氏家族"崇尚仁义、乐善好施"的情怀。学校一直秉承这美好情怀，努力宣扬"崇尚仁义"。而"崇尚仁义、争先创优"是崇中精神；"崇尚博识、仁义宽厚、中慧体健、学养丰赡"为办学理念；"成仁智之才"为育人目标。

学校目标：搜集励志教育素材，创设励志教育氛围，构建多角度励志教育有效途径，形成励志教育与学校实际特色、地方文化等构建联合，推动崇中的发展。

教师目标：转变教师观念，以赏识教育为先导，激发学生的主观能动性，进行传统道德、人生观、爱国主义等教育，提升自身素质和教育水平。

学生目标：磨炼学生意志，树立远大志向，培养积极向上的态度，充分挖掘学生自主学习的能力，促进学生成人成才。

（二）内容：脚踏实地，循序渐进

深入挖掘学科教学中的励志教育内容，通过各学科教学渗透励志教育，运用各种素材、学习辅导和课堂管理及学习活动引入励志教育。设立读书励志体系、课堂励志体系、专题讲座、专题报告励志体系、励志心理教育体系等一系列活动，多方面、多层次、多角度地开展主题实践教育。

（三）重点：核心素养，重中之重

中学生发展核心素养以培养"全面发展的人"为重心，那么如何培养学生的核心素养，提升教师的专业素养至关重要。而励志教育不仅关系到师生修身成材，而且关系到国祚兴衰。我校积极探索励志教育的有效途径，努力提升师生的素养，唤醒内在动力。

五、励志教育存在的问题

励志教育问题层出不穷，需要抽丝剥茧，查寻症结所在。

第一，缺乏对有关资料的收集及调查、分析、论证，以及解决问题的相关措施。具体操作步骤与方案尚未系统化并落实到位。

第二，农村办学资金相对缺乏、师资力量相对薄弱、管理体系不够完善、制度建设不够系统化。

第三，教学方法、经验的贫乏，理论的匮乏，励志理论、励志手段的有效运用与学生的基本知识存在一定差距。

同时，这给励志教育带来了生机和活力，推进改革步伐。我校依托传统文化底蕴和学校特色，从德育的角度重新审视办学内涵，将办学工作具体化、特色化。

第一，构建励志氛围。校园文化激励学生励志，构建具有时代特征及校本特色的校园文化，利用学校自身资源引导学生成长。

第二，理论联系实际。对存在的问题整理成册，以此强化课题的理论依据和事实依据。

第三，实施案例教学，积极提出系统的解决方案。

第四，推进"情台度"励志教育框架，从办学思想、教育哲学、教育心理学出发，抓住核心"情"，铺"台"要循"三度"，具体从"崇真、崇德、崇健、崇技、崇文"五方面着手，彰显我校激励教育的独特性和前瞻性。

第五，加强宣传力度，宣传以明园、不言亭由来，提升励志教育的有效度和可信度。

第六，分段递进推动励志教育发展体系。

高一阶段，重点养成教育，让学生在一星期内适应学校生活，21天养成好习惯，两个月立足，为三年高中学习夯实基础。

高二阶段，重点理想教育，制定学习小目标，确立人生大目标，逐步体验成功的喜悦，感受成长的快乐。

高三阶段，重点感恩教育，让学生感悟自身成功离不开父母、师生的鼓励支持，学会感激身边人。

六、励志教育的成效与展望

在全校师生的大力支持下，我校励志教育得到了空前的发展，也取得了突出的成绩。

注重高效教学：教师抓住学生闪光点，抓住学生思想动态；采取"导师制"，让学生有疑必问，老师有问必答；以喊口号助威的方式，激励学生努力上进。

充分发挥艺术生发展：培养学生特长，如吕嘉淇等学生在"校园十佳歌手"大赛中获得一等奖。

动态班级管理：构建班集体励志机制，和动态激励相结合，激发了学生的学习热情，为学生成才搭建了平台，让其有集体荣誉感。

形成系列制度：学校各项制度日益完善并初步形成了激励化、系列化管理制度。

（一）构建严密科学的体系

为了推动励志教育顺利开展，分析农村普高的师资生源、配套设施等具体实际，开展了一系列的主题活动，立足学生德、智、体、美、劳全面发展，确保我校励志教育得到更高信度、效度。

1. 崇真：党建育人　塑造人格

我校开展"厚植红色基因 激发使命担当"主题教育活动，实施党建育人，实行外践于行、内修于心的内外兼修人格塑造模式。

（1）注重榜样引领：我校每年邀请校友走进校园，校友同济大学陈华根教授将在南极展示过的校旗带回母校，引起强烈的反响。2020年春节全国众志成城，同心"战疫"。我校从打赢疫情防控阻击战中挖素材，演说英雄故事，弘扬抗疫精神。通过追"星"励志，营造"学榜样、争上游"的浓厚氛围。

（2）注重爱国主义教育：2019年，为庆祝新中国成立70周年和建校70周年，开展德育主题活动。高一军训举行"庆70迎70亮军体拳"军训会操表演，展爱国之心和报国之志；全校唱响《我和我的祖国》；建党100周年之际，全校师生再次唱响《唱支山歌给党听》，用歌声表达对祖国的热爱。

（3）开展"双争"评选活动："双争"即争创文明班级，争做文明学生。我校推行"孝敬教育""感恩节"等活动，其中"双争"活动至今已进行了27轮，培养了一批批品学兼优的学生和文明争先的班级，文明之花绽放在崇中的角角落落。

2. 崇德：陪伴育人　助力成长

我校学生来自嵊州市各个乡镇，生源情况复杂，留守儿童相对较多，通过陪伴，让其感受学校给予的爱之温暖。

（1）陪伴教育，爱心浇灌：最好的教育不仅仅是知识教育，更是陪伴教育，推行"学生成长导师制"活动。作为寄宿制普高，学生需要更长时间的管理服务，更贴心的温暖陪伴。面对新冠疫情挑战，所有教师纳为导师，兼任学习、生活、人生规划、社会实践等四类导师，对各类学生在学习与生活等方面进行引导。"师生和，教育兴"，老师陪伴和引导让学生产生温暖和力量，也让他们多了一份感恩，对他人多了一份关爱。

（2）德育导师，结对帮扶：帮困助学是崇中德育特色，不让一个学生辍学。每年学校组织全体教师对贫困生进行走访，深入了解学生的家庭。学校从2015年开始，50名党员教师与学生结对，解决他们的最低生活保障问题。如原高三（7）班某同学，江西人，其母出走，与父来嵊打工。其父因身体原因只能以收废品为生，该生因此产生了辍学念头。后因学校资助重拾信心，通过努力考入南京航空航天大学。2017年，学校推广德育导师制，设立生涯规划、学习帮护、心理辅导、贫困接对等导师，采用"双向选择"和"指定委派"相结合的模式，学生自主选，班主任把关，确定5到10名接对学生，指定相应接对导师，帮助学生健康成长。2018年，学校党员导师制度被评为绍兴市十大行风建设亮点工程。

3. 崇健：实践育人　励志成长

为了调动学生积极性，提升学习动力，强化学生抗挫能力，学校从激励的角度上升为励志教育的探索。

（1）践行极限，励志远足：自2013年起，我校在每年立冬时举行徒步15公里左右的励志远足。学校将古镇乡土资源和民俗文化渗透其中，形成多条特色远足路线：如翠绿成滴的竹园线、绿茗飘香的茶园线和果香四溢的果园线等，让学生在途中磨炼意志，强健体魄，丰富体验，文明精神，还融入了现场知识抢答、垃圾分类宣传、诗歌咏诵等各种活动，做到行千里路、读万卷书。

（2）红丝带上寄祝福，香樟树下宣誓言：高考最后一月，学校举行高三考生"红丝带"祝福仪式，考生们将炽热有力的誓言写在红丝带上，并系在教学楼前香樟树下。红丝带上系着考生们的拼搏意志，也系着同学们的深情勉励，更系着全体师生的美好祝福！

（3）"短平快"与主题活动相结合：每次活动都是德育教育，年级组长利用大课间开展各种激励谈话。如"我的大学"活动；首考动员大会，动员全体高三学生"火力全开"，冲刺首考；离高考 100 天，"云端"百日誓师大会；离高考 60 天，邀请校友陈华根教授与学生"云端相会"，励志讲学；离高考 30 天，"红丝带祝福高三"活动。让学生时时感受正能量，砥砺前行。

4. 崇技：课程育人　激发潜能

学校通过激发学生的潜能，为学生制定了个性化培养方案，将校园划分为教学区、运动区和生活区。开辟了烘焙室、生化数字化实验室等设施，并开设了一批特色选修课，激发学生学习兴趣。其中民间人才裘梦祥老师在校设立核雕工作室，他主持讲的《核雕入门》与《雕于形会于心——雕刻艺术》两门课被评为绍兴市精品选修课。

5. 崇文：文化育人　厚植情怀

学校除了在课堂上进行情感价值观的渗透，也在相应学科进行科研的探索。

苏格拉底说："人是天生的政治动物。"青少年的心理走向成熟，有着强烈求知欲。高中政治课作为立德树人的主阵地，培育政治认同素养，必须回归教材，用好教材中的基本理论和基本方法，挖掘教材中与政治认同素养的结合点，创新教学方式，让政治认同培育更接地气，更有时效性。

（1）重审目标，更新教学观念：核心素养要求下，教师需要深化三维目标，关注学生从知识中获得的价值导向，更注重学生个人修养、社会关爱、家国情怀。

（2）精研教材，挖掘教材结合点：普通高中思想政治学科核心素养测试组组长朱明光指出："学科核心素养与学科知识之间具有正相关的关系。"教师重视政治认同核心素养，努力探索知识的深层意蕴，打造有深度的教学。

（3）紧扣预设，转变教学方式：政治教师要转变传统教学模式，备课思路"备知识"转变为"备知识、备能力和价值目标"，讲课方式从"讲授型课堂"转变为"活动型课堂"，让学生带着问题和任务在特定的生活化的情境中开展自主学习探究，培养学生观察、独立思考、逻辑思辨等能力。

校园的每一面墙壁、每一个角落都潜藏着教育资源，那就是校园隐形文化。走进崇中校园，随处可见环境艺术布景：争先碑、薪火园、图书架等，而最具特色的思源井、以明园、不言亭，这一井、一园、一亭，给予学生精神力量，使之受到感染和熏陶。

思源井：这口井见证崇中成长的历程。

以明园：金猛先生为纪念其父潜心教育几十载，捐建"以明园"；为支持母校教育，成立"金以明奖教奖学基金"，激励师生奋勇前进。

不言亭：崇中 90 届校友李公亮捐资兴建，怀有一份赤子之心，牢记恩师教诲。

校友墙：校友墙的意义表明，每个崇中学子都是学校的财富。他们在崇中这块沃土上成长成才，不辜负师长的厚望，以优异成绩回报社会。

（二）励志、心理教育相辅相成

重视学生心理的引导，促使学生以积极健康的心态认识和处理自我。特别是疫情之下，注重学生的一言一行，注重他们的心理变化，积极促进心理健康。

（三）系列论文，影响深远

励志教育活动我校一直积极参与其中，走在前列。用脚步丈量土地的长度，用精神拓展生命的厚度。自 2013 年以来，励志远足是课堂的延伸，是学习的深化，更是培养学生多元化发展的一部分。引导学生走出家门与校门，走进自然与社会，让学生着眼于社会大课堂。我校一系列励志教育实践活动、论文和新闻接踵而至。《行青春之路 谱成长之歌》在浙江新闻网发表，《构建德育框架 强化办学内涵》发表于《中国教育报》，这些活动得到学校的大力支持，也得到教育界各方的认可。

近年来，崇中将学生成长作为工作重心，设计多层次德育活动促进学生健康成长与全面发展，取得了不菲的成绩，先后被评为"全国国防教育特色学校""省体育特色学校""省校园足球优秀定点学校""省校园足球特色示范学校""省示范家长学校""省中小学生命教育实验学校""浙江省健康促进学校（金牌）""绍兴市文明学校""绍兴市德育工作先进集体""绍兴市安全工作先进集体"等。这是我校坚持"以德育促发展"理念，取得的卓越成果。

我校高度重视励志教育，使其成为我校的品牌教育，成为整个学校生活实践的教育，成为具有鲜活生命气息的教育。但励志教育路迢迢，道漫漫，我们坚信，励志教育必将不断深化、升华，在未来将影响一批批优秀崇中学子，让他们如一艘艘航船竞相起航，乘风破浪，驶往梦想的彼岸。相信励志教育会创造教育的未来，聚海天力量打造德育"芯片"。

他们为什么选择了退学
——中职学生退学现状质性研究

嵊州市职业教育中心　钱红锋

一、选题缘由

根据教育部 2017 年、2018 年、2019 年《全国教育事业发展统计公报》显示，这三年全国中等职业学校招生人数分别为 582.43 万人、557.05 万人、600.37 万人，理论上，2019 年全国中等职业学校在校生应该是 1739.85 万人。但实际上，根据 2019 年《公报》显示，2019 年全国中等职业教育在校生为 1576.47 万人，理论在校生人数和实际在校生人数竟相差 163.38 万人。

笔者就职于某县级市市属中等职业学校，学校 2016 级、2017 级、2018 级三届学生人数情况如下：2016 级高一人数 1091 人，高二人数 991 人，高三人数 962 人，流生人数 129 人，流生率 11.8%；2017 级高一人数 1095 人，高二人数 989 人，高三人数 915 人，流生人数 180 人，流生率 16.4%；2018 级高一人数 924 人，高二人数 817 人，高三人数 792 人，流生人数 132 人，流生率 14.3%。流生比率远远超过上级教育行政部门 3% 的流生考核指标。

严重的流生现象几乎成为了大部分中职学校，特别是县市级中职学校共同面临的大问题和大难题。

二、研究方法

本文采用质性研究方法，即"质性研究是以研究者本人作为研究工具，在自然情境下采用多种资料收集方法对社会现象进行整体性探究，使用归纳法分析资料和形成理论，通过与研究对象互动，对其行为和意义建构获得解释性理解的一种活动"。

三、退学表象

（一）A学生退学表象：家长不替我还债，我要退学

A学生为笔者学校汽修专业营销班一位女生，学生《退学申请表》上的退学原因是厌学，据班主任说明的原因是学生欠下数千元网络贷款，家长不替学生还款，学生也厌倦学业，想打工赚钱。

（二）B学生退学表象：不还我手机，我坚决不读

B学生为笔者学校计算机专业大专班学生，学生退学的原因是在课堂上违反学校手机使用规定，被老师发现并收缴了手机。学生态度坚决：如果不归还手机，就退学。班主任与学生沟通无效后，学生擅自外出打工退学。

（三）C学生退学表象：有他无我，有我无他

C学生为笔者学校电子专业班学生，是校篮球队主力队员。但在班主任眼中却是位"刺头"，经常违反校规校纪，已有留校察看的纪律处分。该生因在寝室内抽烟，被班主任老师当场发现，且该生对班主任态度恶劣，班主任强烈要求学校开除该生，还强调，如留下C学生，她就会辞去班主任工作。C学生最后选择主动退学。

四、退学真相

A、B、C 三位学生离开学校后，笔者重点关注了这三位学生退学后的情况。经过一段时间的接触，笔者了解到了三位学生退学的真正原因。

（一）A 学生退学真相：读职高是在浪费时间

A 学生以中考成绩 507 分的成绩考入笔者所在学校（这个成绩可以上普通高中）。但因"男朋友"中考成绩不理想，选择了笔者所在学校的汽车维修专业。A 学生执意要与"男朋友"一起，并以死威胁家长。家长考虑到女儿的态度，又想到家族经营的 4S 店，也就答应了 A 学生的选择。然而，A 学生的"男朋友"网络赌博成瘾，不仅欠了同学的钱，还向校外私人借款了数千元。A 学生为了"男朋友"忠诚的爱情，瞒着家长向某网贷公司借款 3000 元给"男朋友"还债。此事被家长得知后，家长大发雷霆，一是因为女儿"早恋"，且"男朋友"品行不端，更重要的是两人已发生过关系。二是家长认为学校校风不正、管理不严，如继续待在学校，孩子会继续变坏，索性决定让孩子退学，同时让女儿与"男朋友"断绝交往。三是家里本就开着一家 4S 店，工作不是问题。家长认为，现在读个大专只是混混日子，毕业后能找到的工作也不一定尽如人意，还不如趁早回到家里学业务，反而是一条更好的出路。读职高纯粹是浪费时间，还有可能被"污染"。有没有文凭无所谓，反正以后家里用不着依靠孩子。在这种情况下，家长强烈要求学生退学。

（二）B 学生退学真相：向前看不如向"钱"看

B 学生来自农村，家庭经济拮据，家长文化水平不高。学生父亲常年外出打工，家中由生病且无劳动力的妈妈和年事已高的奶奶照顾。从小学开始，B 学生就在毫无管束的环境下自由成长。而且因为家庭原因，B 学生从小就有很强的自尊心和虚荣心。自入校以来，凭着在课堂中学到的计算机技术，特别是参加网络营销选修课后，B学生对网络营销产生了浓厚的兴趣，并着手注册了微店和淘宝店，做起商品网络分销。经过一段时间的经营，B学生已有一定的客源，每月也有近千元的利润。因此手机对他来讲，就是一部赚钱的工具。当手机被老师收缴之后，他认为他的"事业"遭到了毁灭性的打击，除了在经济上受到一定的损失外，心理上也失去了人生的动力和奋斗的目标，这是他无法容忍的。所以一怒之下，B学生选择了退学。

（三）C学生退学真相：我尊重你，但你却不懂我

C学生从初中开始，就爱上篮球运动，他没能在学习中找到的自信，却在球场上找到了。从初中升入职业高中后，他凭借出色的篮球技术，帮班级在学校高一新生三人制篮球赛中获得校总冠军，赢得了同学的尊重，这让他在班内男生（全男生班级）中树立了一定的威信。班主任也因其出色的球技，班内的号召力，让他担任了体育委员。在学校里，班主任也有意无意地差他做一些工作，特别是一些体力活，他也能很勤快地完成。虽然在初中学校得不到班主任重用，但进入高中后，C学生觉得班主任重用他，对他也很好，所以在刚开始的两个月内，他对班主任还是非常尊重的。班主任是一位45岁的女教师，在班级管理过程中非常细致、认真，可以说面面俱到，甚至包括学生在唱情歌时都会在班内公开指出，这些情歌不适合，要唱一些正能量的革命歌曲。但就有学生发现，去教师办公室时，偶然听到班主任在唱张学友的《情网》，这给了学生不小的"打击"。在校篮球队招收新队员时，C学生被校篮球教练看中，要他参加校篮球队，这让他从自信中获得了自傲。出于对班主任的尊重，C同学在进入校篮球队前，去征求了班主任老师的意见。但谁能料到，班主任老师的话深深刺痛了他。班主任老师告诉他，校篮球队不是他该去的地方，管理混乱，很容易学坏。更加让他伤心的是，班主任问C学生，以后能不能进国家队？他告诉班主任，篮球是他最大的兴趣，但进国家队根本就是不可能的。而

班主任说，既然进不了国家队，那打什么篮球，就别进校队了，自己玩玩就可以了。这让他觉得班主任老师很虚伪，严重打击了他的自尊心。虽然后来经教练与班主任沟通后，C学生进入了校队，但他对班主任老师渐渐有了不满。后来有一次因训练结束后晚自修迟到，受到了班主任老师的公开批评。由于正值青春叛逆期，从此以后，C学生处处跟老师作对，事事不按班主任老师的要求去做。而班主任老师为了管理好班级，杀他的威风，处处盯着他、管着他，一有违纪，不管是非曲直，何种场合，总是批评他。就这样，他和班主任老师之间的矛盾越来越深，甚至出现了"有他无我，有我无他"的局面。而班主任老师也没有意识到，到底是什么原因让C学生变得如此我行我素，屡教不改。

五、原因分析

（一）学生个人方面的原因

学生退学虽然有外部因素，但学生自身的原因起了决定性作用。据笔者分析，职业学校的学生普遍存在以下问题。一是综合素质偏低，自律性不强；二是学习能力偏弱，越学越不愿意学，及易厌学；三是随大流心态严重，整个校园学习风气的变味；四是早恋现象严重；五是心理状况不佳，特别是学生的心理问题、情感心理问题、人际心理问题较为突出。

（二）学校方面的原因

学校教育也是流生产生不可忽视的一个因素。在这方面原因中，除了基础设施、教学设备等硬件原因外，学校软环境方面是更重要的原因。如师资力量薄弱、专业教师缺乏，导致教师工作任务繁重，对学生的思想教育关注不足，专业指导不够。又如管理人员素质不高，缺乏管理方面的专业培训，管理制度刚性化，缺乏人文关怀。管理过程中缺乏对学生的耐心和细致指导，甚至存在对学生恶言粗语、挖苦讽刺甚至恐吓的现象。再如教师职业倦怠心理严重，工作缺乏激情，教育方法简单、粗暴，缺乏对学生创业意识的培养。

（三）社会、家庭方面的原因

一直以来，社会对职业教育存在偏见，在老百姓心目中仍然是末流教育，没有得到真正的重视。同时，家长缺乏科学的家庭教育理念，有的娇生惯养，有的任性放纵。笔者在与家长的联系和沟通过程中发现，往往在"有问题"的学生背后是一个"有问题"的家庭。

六、退学对策

经上分析，笔者认为，要有效控制职业学校的流生问题，需要重视（抓好）以下七方面的工作。

（一）要改变德育工作方式，加强正向引导

会做学生的思想工作，是职业学校教师的基本"技能"之一。所以，要根据学生特点，不断改变教育和管理方法。如，改变与学生沟通的地点、教育的方式、批评的语气等。要充分挖掘每一个学生的闪光点，多表扬，少指责少批评，让学生多闪光，让学生感到自己也有优点，也很优秀，增加学生的自信心和自尊心。

（二）要建立良好的师生关系，实施爱的教育

注重营造和谐的师生关系，尊重学生的人格尊严和应有的权利，善于启发、诱导和鼓励。对于学生的过错，教师尤其是班主任老师要用真诚的爱心去感动学生、激励学生，要严而有理，严而有方，严而有爱，千万不能出格越界，要改变对后进生越严越好的传统教育观点。

（三）要注重学生身心健康，加强正向引导

要注重学生的身心健康和辅导，帮助学生树立正确的人生观、世界观，帮助学生正确处理人际关系，引导学生正确解决师生、生生及与家长之间的矛盾，帮助学生正确分析当前社会的"用人"形势，克服学生的"职业"心理病，树立中职学生也有用武之地的信念，要对自己的职业前途充满信心。

（四）要加强校园文化建设，营造良好的学习氛围和环境

中职学生能力有别，兴趣各异，通过开发隐形课程，积极开展有益于中职生身心健康的文体活动。特别是班主任老师，要认真组织学校开展的各项活动，积极参与。同时，也要"开发"出适合本班学生特点的班级活动。

（五）要改变教学质量评价体系

要减弱文化成绩评价和学校技能评价体系，逐步建立以学生为本、校企结合的行业性评价体系，促进质量评价社会化。要完善学生获取职业资格证书的机制，将职业资格证书引入到课程体系，强化"多证"意识，提高学生的社会认可度。

（六）要解决学生就业、创业难题

学校要开发结合学校实际的创业就业校本课，并在教学指导思想上确立与时俱进的教育理念，即特色理念、市场理念、效益理念等；在教学内容上，充分利用身边的创业成功案例，开阔学生的视野，激发学生的创业意识；在教学方法上，突出创新能力的培养和学生个性的发展，引导学生从自身兴趣出发，探索适合自己的创业途径。要将创业精神和创业能力的培养，始终贯穿于整个教学过程中，努力开发学生的潜能，促进学生创业素质的形成。要搭建就业信息平台，提供就业、创业信息服务。

（七）要强化家庭教育效果，弥补家庭教育中的不足

要通过家长会、电话、微信、QQ等沟通方式，准确掌握学生情况，采取针对性措施对家长进行教育引导和帮助。同时，对于部分家长在教育中的错误观点，可基于尊重、平等、合作的基础上，适时提出要求，争取家长的配合。针对特殊学生，要在日常学校教育工作中弥补其家庭教育所缺少的部分，有针对性地开展关爱行动，营造相互关心和爱护、平等与和谐的集体氛围，建立信任感，在家庭教育与学校教育中达成平衡。

综上所述，中职学校学生流失的现象应该得到学校、教育部门以及全社会的重视。去掉"有色眼镜"，真正从思想上转变对中职学校乃至中职学生的错误看法。关注中职学生，关注中职学校流失学生，关注中职学校的生存与发展，这直接关系到国民素质的提高，关系到当地经济建设的提升。

初中生同伴关系对学业成绩影响的研究

——以嵊州市城关中学为例

嵊州市城关中学　张剑波

一、研究的意义

同伴关系在中国少年儿童各种关系中是比较主要的一种，因为它在中国少年儿童身心健康成长中，具有特殊的、不可取代的意义，并且随着年龄的增加，初中学生在校园的活动时间也较小学时期大大增加，而在校时间的增多也意味着同伴间相处的时间相应增多，与同伴接触的深度也更进一级。因此，随着同伴关系对初中生学业、日常生活、心理发展等方面的影响越来越广泛，同伴关系在初中生生活中的重要地位越来越明显。

初中学生身体快速成长，内心世界也变得愈加丰富，在个性上也有着强烈挣脱成人约束和追求个人独立的要求。此时，他们越来越需要别人认识、理解并认可自己，和同龄人的交流越来越密切，有很多心事和隐私往往宁可告知给同伴，也不愿对教师和家长说。他们越来越容易受到同伴的影响，和同伴保持一致，并在和同伴的沟通交流中获得宣泄、宽恕、同情和理解，进而得到了帮助，解决情感上和心灵上可能产生的问题。邹泓指出："同伴关系是儿童和青少年发展社会能力的重要背景，也是其满足社会需要、获得社会支持和安全感的重要源泉；同伴交往经验有利于自我概念和人格的发展。"

综上所述，本研究将通过调查初中生同伴关系对学业成绩的影响，检验同伴关系是不是影响初中生学习表现的关键变量。通过本研究，能够对初中生同伴关系的重要性有更全面的理解，这对及时发现并调解初中生的学业问题有重要的指导意义。

二、概念的界定

（一）同伴关系

同伴关系，是指与同龄人或心理发展水平相当的个体，在人际交往过程中所形成并发展出来的某种关系。这种同伴关系在儿童人际活动中占有非常关键的地位，同伴关系的优劣也直接影响着他们的身心发育，青少年特别是初中时期，是身心生长发育的最高峰，这一时期的个体，身体发展和心理发育都在向成熟期过渡，并且这一时期又是所有个体在校时间较长的时期，所以，这一时期的同伴关系的建立和发展尤为重要。同伴关系之所以有着如此重要的地位，正是在于良好的同伴关系会促成个体在良好的学习环境中，逐步树立正确的世界观、价值观，促进身心健康发展，而不好的同伴关系也会影响个体的学习能力和健康发展。

（二）学业成绩

评定学业成绩的方式有很多种，如日常授课的成绩、作业成绩、学生平时的表现等。当然，一次的研究成果并不能够全面反映一个学习者的学习能力和学业成绩，但为研究能力所限，所以本次研究选取语文、数学、英语、科学四门学科的总成绩为学业成绩。采集了被试学生 2020 学年第一学期期末考试的四科成绩，将各个科目的得分相加，最后得出的总分作为每名被试学生的学业成绩。

三、研究现状

（一）同伴关系的基本状况

在不同的年龄，儿童的同伴关系显现出了不同的发展特点，儿童向成人期转变的时期，同伴关系对大多数少年儿童的心智发展有着至关重要的影响，并且在其各个方面都具有不同于其他年龄段的特征。基于人口统计学的研究，学者们一致认为，初中学生间的同伴关系存在着显著的性别差异，多数学者通过量表调查得出的结论是：女生的同伴关系要优于男生，在同伴评价上的平均分数也超过了男生，受欢迎组的比例，女生要高于男生，且女生比男生更易于被同伴接纳，女生间的关系质量也优于男性。不过也有学者指出：男生的同伴关系要好于女生。屈卫国的调查表明："初中生同伴间年龄相差较小，绝大多数集中在本班，并且其同伴选择范围并没有随着年级升高而扩大。但是随着年级的升高，初中生选择同伴的原因逐渐由相似性、临近性等转向需要互补性，而且女生异性同伴的数量比男生有所增加。"

（二）同伴关系与学业成绩之间的研究

美国心理学家 Wdntzel 教授指出，良性的同伴关系有助于个人获得学业成绩。Allison 和 Ryan 教授经过调查研究提出，同伴人际关系直接影响了学生的专业成绩。儿童学习表现不好是由许多因素造成的，其中同伴关系是直接影响儿童学习情绪并造成成绩降低的一个重要原因。遭遇同伴关系拒绝的儿童，在学习上得到同伴的支持程度要比其他儿童低。前人对这部分原因也作过不少探讨，如一些研究者曾通过问卷调查法，对初中学生的同伴关系和学习表现之间的关系展开了调查研究，结果表明，同伴人际关系和学业成绩间关系显著。外国研究者在这方面也做出了一定成果，如法国研究者发现，同伴关系融洽、被同伴接纳的学生，学业成绩也明显优于同伴关系不和谐的学生，被同伴拒绝的学生中，甚至会表现出学习困难等情况。这与 Wentzel 等人的研究一致，他们的研究表明，"被同伴接纳的学生在参与活动时更加积极主动，解决问题更快"。

四、研究过程

（一）研究对象

在嵊州市城关中学初一年段的 14 个班级中选择两个班级（学生成绩、男女生比例、家庭条件、班干部等因素基本一致的一、二班作为研究对象，这两个班级的任课教师都由同一个教师担任。）收集被试学生在 2020 学年第一学期的语文、数学、英语、科学四门学科的期末考试成绩的总分作为学业成绩的指标。

（二）研究工具

采用美国社会心理学家布加达斯建立的社会心理距离尺度法来测量学生的人际关系，对两个班级的学生进行测量。具体的人际关系社会距离测量表是："你认为你与班上各同学的关系密切程度如何？"以关系密切程度分成五个级别（最好、较好、一般、较差、最差），并在对应的空格里打分，五个级别依次按 5、4、3、2、1 分进行统计。

（三）施测与结果处理

统计学生的测量结果，主要分为个人社会距离分和集体社会距离分（见表 2-3）。个人社会距离分指自评的与班级各同学的关系密切程度分数的平均分；集体社会距离分指将班级其他同学所评的与你关系密切程度的分数的平均分。个人社会距离分低者，表明该学生主动交往意愿差；集体社会距离分低者，表明该生受集体排斥。两种分数的高低不同，表明学生在班集体中的地位不同。在研究中，同时也以个人社会距离分和集体社会距离分作为衡量学生人际交往水平高低的两个指标，也就是说，"不合群的学生和受排斥的学生都属于同伴关系处理不好的，同伴交往水平比较低或是同伴交往存在问题的学生。"

表 2-3　初中生学习成绩优劣的同伴关系社会距离得分的比较

注：个距指个人社会距离；集距指集体社会距离，下同

班级	类别	成绩均分	个距均分	集距均分
701	成绩前十	454.2	3.89	3.10
701	成绩后十	322.4	2.67	2.47
702	成绩前十	449.8	3.78	3.50
702	成绩后十	285.8	2.62	2.35

调查结果显示：集体社会距离分数越低，其学业成绩就越受负面影响，也是说，被集体排斥，或不受集体欢迎的学生，其学业成绩不佳。受集体排斥的学生，其内心总是想与他人处理好人际关系，但他不知道如何处理，所以在日常生活中，其情绪时常受到影响，以至于这类学生经常难以处于心平气和、安心学习的状态之中。个人社会距离分数低的学生反映的是自己主动交往意愿差、内向、孤僻等特点，有的有自卑心理，同伴互助学习探讨缺失，其学习成绩也不够理想。

在对结果统计分析过程中，还发现了这样一种情况：对于个别学习成绩突出的学生，同伴关系出现了两种极端，一种是同伴关系很好，另一种则是同伴关系很差（如：个人社会距离得分偏低的，在初一个距分班级最低的十名学生中，学习成绩前十名的有 3 人，占 30%）。健康的同伴关系，是初中生身心健康发展的必然前提，但极少数学习成绩优秀的学生同伴关系处理水平极差，这必然会影响今后的发展，而这部分学生在老师的眼里肯定是以好学生形象出现的，因为在当今升学压力沉重的初中，教师评定学生的第一个指标就是学习成绩。所以这部分学生存在同伴交往问题容易被忽视，这应该引起我们的高度重视。

（四）分析与结论

遭到同伴拒绝的学生，在学业上得到同伴的支持也要比其他同学少。

长时间被同伴排斥会造成他们消极地对待自我和他人，对学校也形成了消极和负面的态度。因此，学习者变得不喜欢进行集体活动，包括学习活动。而这些在学习上和人际交往中经常受挫折的学生，往往因其个人成就及人际关系需求得不到满足而变得无所适从，容易因受挫而产生紧张、焦虑、愤怒等情绪，而这种消极的情绪体验又促使学生个体对学习和同伴采取消极行动，这一消极行动又将进一步造成同伴关系的恶化。这种状态反复出现，久之就会形成恶性循环，严重影响到初中生的学业发展。反之，拥有良好同伴关系的学生，在学业上和生活上都会比其他同学得到更多来自同伴的帮助，在面对学业困难或新任务的挑战时，他们比同伴关系不良的学生拥有更多的自信，同伴的帮助和支持是他们获取成功的信心来源。

经过以上统计和数据分析，我们可以得到如下结果：在一般情形下，同伴关系和学业成绩之间互为正向关系，良好的同伴关系促进学业成绩，而恶劣的同伴关系则影响学业表现。成绩越佳就越受同伴欢迎，同时成绩越好的同学也往往是越能够和其他同学形成较好同伴关系的学生。此外，同伴拒斥程度和学业成绩之间存在着明显的负相关，即越是遭遇到集体排挤的学生，在学业上兴趣越低，学业成绩通常也不理想。

五、影响同伴关系的因素分析及提升同伴关系的对策建议

上述研究结论告诉我们，同伴关系对学业成绩有影响，为此，我们也就必须要思考，有哪些因素影响学生对同伴关系的处理，以及应该如何促进良好同伴关系的建立。

（一）影响学生同伴关系的因素大致包括以下几个方面：

1. 家长的素质和教养方式

亲子关系与同伴接受性存在中等相关。儿童早期和父母亲的关系是影响儿童同伴相处的主要原因。心理学研究证实，早期和家长形成了安全

依恋的孩子，通常都更加自信，也更信任他人，可以发挥良好的人际交往才能，拥有较多友好相处的朋友。热心、敏感和权威的父母，所培育的孩子更易于具有稳定的心理依恋，与成人和同伴之间都能形成良好的合作关系；而对人冷漠的、随意的父母，往往会培育出敌对的、攻击性的孩子，同伴们拒绝与其相处，因此关系紧张；好支配他人的严格型的父母，培育的孩子总是喜怒无常和过分紧张，其同伴们会忽视他而不愿意再和他相处。

2. 学校因素

良好的师生关系，会给儿童带来较多的社会技能和处理矛盾时的引导和支持，教导学生和同伴相处时要真诚地关爱对方，学习包容、聆听的技巧、讲究沟通技巧等，和同伴相处时，怎样克服自卑、孤独、骄傲、妒忌等心理。好的教师接纳，可以促进儿童建立对学习的积极态度，参与班集体、校园活动等，且成绩保持良好，并和同伴建立积极的情感关联，从而发展优秀的个人品格，并具有较高的社会适应能力，从而促进身心健康的发展进步。

3. 学生因素

相关调查也证明，从小学三年级至初中三年级，最受欢迎的学生往往具备良好的角色扮演技能，且社会技能水准和认识技巧的水平也较高。例如，能做更多游戏的学生、智商较高的学生及学习成绩较好的学生等，更容易受到同伴的喜爱。心理学家曾进行过一个训练实验，对一个成就感低下，在社交活动中遭到同伴拒绝的学生实施了学习技巧方面的培训，结果，这个培训实验不但改善了他的学习成绩，还使他在同伴中的地位和被关注程度都有所提高。经过一年训练后，其接受程度在同伴中大大提高。

心理学家研究指出，在同龄学生中，受同伴和成人喜爱的行为特点是：言行举止得体良好、愿意与人合作、乐于助人、具有强烈的同理心。他们知道如何奖励同伴，如关心他人、赞扬他人、善于与人协作和分享经验、对人提供有利的意见、服从劝导、捍卫集体的名誉、努力提高集体的凝聚力等。而那些遭到拒绝的学生的言行多体现为：举止随意、吹牛势利、喜怒无常、欺软怕硬、具有攻击性、霸道无理等。

（二）提高初中生同伴交际能力的有效措施

在同伴关系中，一直遭到同伴排挤的青少年往往会对同伴交往产生消极情绪，从而对校园生活衍生出负面的心态，并因此不喜欢参与校园的所有活动，包括学习活动等。因此，教师和家长应该引导初中生注重自身个性品质，积极发展与同伴的关系，从各个方面关心其健康成长。

1. 家庭教育应发挥对孩子良好同伴关系建立的关键作用

父母要重视孩子的同伴交流，予以引导，并指导孩子进行同伴交流沟通的技能。一方面，教导孩子们如何避免和别人出现冲突，如耐心聆听、换位思考、切勿在小事上斤斤计较、应求大同存小异；另一方面，教导孩子解决冲突的基本方式，也就是在发生冲突后应及时化解，并尽量选择以积极方式解决冲突，如主动道歉、求助他人等，切不可听之任之，无所作为。

家长对于初中生在同伴关系中出现的任何问题，都应以平和的心态对待，用引导的方式帮助孩子学会自己解决问题，而不是以过来人或权威的心态对其指手画脚、严苛限制，甚至运用自己的方式方法帮助孩子解决在同伴交往中遇到的问题。

2. 学校要重视中学生同伴交往的发展

中学生与同伴在一起时，最频繁的活动就是聊天。聊天也是很重要的交流方式，对见识、经历的提升，对紧张、沮丧等心情的舒缓，对学生心理的正常发展，都有着十分重要的作用。但也有的学生闲聊天内容不文明、聊天时机也不合适，老师对此也应当加以引导，促进高雅、文明的交流。

当今社会上存在的诸如请客送礼、吃喝玩乐等不良风气，都对初中学生与同伴交流产生了负面影响，具体表现为在过生日时，大摆宴席、互送贵重礼物，同学之间的感情更多地被体现在物质上。这就要求学校要加强对初中生人生观、价值观的引导教育，指引学生准确地看待社会不良现象，营造良好的舆论导向。

3. 学生要注重自身修养与兴趣爱好的培养

影响同伴相处的各种因素中，最主要的是个人的社交素质、兴趣以及个人品格。中学生要想形成好的同伴人际关系，必须让自己在以下两方面下功夫：

第一，要真诚地关爱同伴。渴望获得他人的关怀与重视是人的一个正常需求。当一位学生觉得身边的同伴都对他十分关心时，他心里就更会有一份温馨、安全的感受，也更会产生信心与喜悦之情，"投我以木瓜，报之以琼琚"。当学生接受了他人的关爱，他也同样会关爱他人，这样彼此间也就更容易有一个友善、亲近的人际关系。

第二，要宽容地看待同伴。宽容是现代人应当具备的性格特征，也体现为一个人对他人宽大、有气量，能够接受异见。生命中充满着矛盾，同学间也难免会有被人误会，被人妒忌和背后议论之类的事情出现，因此我们也应该包容他人，礼让别人。

综上所述，随着学生年龄的增长，同伴关系在初中学校生活中的重要地位也越来越明显，在初中生取得学习成绩的过程中也有重要的影响力。家庭和学校要因势利导，引导初中生注重自身个性品质，培养交际素养和兴趣爱好，积极主动建设发展与同伴的关系。

高中公民意识教育中存在的问题及对策研究

——基于嵊州市高中学生公民意识教育的调查

嵊州市马寅初中学　马巍特

一、存在的问题

（一）高中生公民意识教育被忽视

现在的公民意识教育还没有像智育体系那样形成一套科学、系统、规范化的教育体系。在应试教育主流背景下，学校关注的重心仍然是学生的学业成绩，公民意识教育还没有属于自己真正的位置。

然而，高中生是公民群体中的一个重要的组成部分，是国家未来发展的中坚力量，有关于高中生的公民意识教育理应得到关注和重视。目前，就调查的情况来看，高中生公民意识教育处于被忽视状态。作为公民意识教育实施的主体——高中思想政治教师，并未过多关注高中生群体公民意识状态，仅仅是将课本涉及的公民教育内容上了几堂课，要求学生记住相应的知识点而已。调查中的大部分高中生表示认同教师只是在相关的章节提及了公民意识教育，并未作深入剖析；还有部分学生对是否接受过公民意识教育模糊不清。

（二）高中生公民意识教育的路径少

首先，思政课是主要路径。但教学中"重理论、轻实践"式单纯灌输学生理论知识的现状，其弊端暴露无遗。访谈中的学生认为，政治课教学枯燥，理论性强，体验生活少，无法真正理解和吃透公民意识教育中的内容，甚至还会在自己不理解的情况下对教育内容产生歧义，这是不利于学生成长的。

其次，是德育工作者的推动。但是这样做往往会把系统的公民教育简单化、程序化，甚至把高中生的公民意识教育简单化为学生管理，缺乏创新，结果仍然是与社会实际脱节，形式不新颖，达不到理想效果。

最后，是实践活动体验。高中生公民意识相关内容角度具有多样性特点，这表明它的内涵不仅仅限于高中生所接触的课本内容，还涉及生活中的公民意识教育。然而，实际情况是学生实践活动非常少，这不利于高中生将所学、所悟充分呈现出来，无疑降低了教育成效。当然，这与高中生学业压力过重存在较大关联。

（三）高中生公民意识存在薄弱环节多

通过调查发现，高中生公民意识教育在每个意识方面都存在问题，其薄弱或缺失主要表现为以下几方面：

一是缺乏国家意识。虽有爱国思想，但在爱国具体行为表现上不尽如人意。例如，每所学校都在举行的周一升旗仪式，其主要目的就在于培育学生朴素的爱国情感，但本次调查统计，18.30% 的学生对升旗仪式持"无所谓"的态度，甚至有学生利用这一时间段拿出手抄本记词汇、刷题。较大比例的学生缺乏关心国家大事、时事热点和公共领域事件的热情，认为与自己无多大关联。

二是社会公德意识不强。大部分高中生对社会公德认识比较肤浅，没有形成一种内在自觉的认识。有些学生认为社会公德是小节，学习成绩优异，考上一所好大学，找到一份好工作才是正经事。所以就有了问卷调查中 16% 的学生表示，看到别人乱丢乱扔，在墙上乱涂乱画，但不关自己的事，就不会采取任何行动。访谈中还了解到，一些学生认为讲公德虽然好，但身边的人不讲公德大有人在，只有自己讲公德，有时候会吃亏。

三是缺乏责任意识，权利与责任失衡。部分高中生没有正确认识到自己应该承担的各种角色责任，表现在不能主动承担自己在家庭中的责任，过分依赖父母；在学校，缺乏集体责任感，忽视了对集体的服务意识，不能将自己的言行和学校的荣誉相联系，与国家赋予公民的历史使命无法匹配。

四是参与意识有待提高。公民参与意识体现公民的真正价值，说到底，积极的公民参与是健康的公共生活的基本标志。高中学生只有在社会活动和实践参与中方能成长起来，锻炼自己的能力，体现自己的社会价值。调查数据显示，在所有公民意识中，学生认为自己最缺失的就是参与意识，认同感比例高达48.33%。这与另外两项关于高中生"参与意识"得出的数据比例高度一致。

（四）高中生公民意识教育知行脱节

高中生的公民意识认知方面基本具备，也能明辨是非。但毕竟思想比较单纯，容易受到外界因素的影响，有较强的从众心理，知行相脱节，"知"多而"行"少，甚至知而不行。如在国家意识方面被问到"把个人理想追求和复兴中国梦结合起来时，如何体现自己的行动力"时，大部分学生回答是把学习提上去，没有关注到爱国主义的日常行为实践。对社会公德更多停留在认识和表态上，将认识和行为隔离开来。对人对己标准不一，缺乏自省、自责、自励等自我教育能力。

二、原因分析

通过对调查问卷与访谈的结果进行分析，发现当前高中学生公民意识教育的总体状况不佳的原因是多方面的，主要是社会、现实教育及家庭原因。

（一）社会因素

受不良世俗文化、思想影响。在这种背景下，人的自由个性过度张扬削弱了社会责任感，重索取，轻回报。大众文化更加关注世俗生活，以愉悦身心为目的。此外，当今网络、自媒体发展迅猛，人们随意地发表言论无需付出道德成本，引发一系列诚信和责任担当危机。社会上各种不良的思想捆绑着积极向善、三观还未完全形成的学生的手脚，也为公民意识教育目标的达成带来了阻力。

（二）学校因素

教育虽然强调五育并举，但实践效果却不尽如人意。社会评价影响最大的是高考成绩，成绩是考核学校最主要的标准。在此压力下，部分学校甚至忽略学生的身心发展规律，所有的个性与创造力都服从于"高考"，这自然会阻碍高中生公民意识教育有效渗透，造成师生对公民意识教育的淡化。学校管理者不能真正落实教育的根本目标是立德树人，培养社会合格的公民，就谈不上公民意识教育实践的有效实施。升学率、教学设备等办学硬件，看得见、摸得着，可量化评估且短期社会效应明显，但充分体现着文明程度的公民意识教育"软"指标，却很少受到关注。从调查情况来看，学校德育工作层面极少对学生进行系统的公民意识教育。学校没有充分利用教育资源对学生进行公民意识教育，尤其忽视了学生公民意识教育工作中，各学科教师的集体力量，其结果是公民意识教育资源开发匮乏，教师公民素养培育不足，与学生公民意识教育不能同步、系统推进。

（三）家庭因素

家庭教育失衡是根本原因。一是部分家庭"唯成绩论"，"设计"孩子未来的家庭占主流，让孩子失去了人格发展的自主性。"两耳不闻窗外事"式的学习导致孩子在生活中磨炼机会少，极易受挫，造成爱心、公德心和责任感的缺失。二是溺爱型家庭多，家长在孩子物质花费上"大手大脚"，欲望需求毫无条件地满足，孩子的欲望越发膨胀。这样容易导致涉世不深的学生贪恋"物质"，盲目攀比。溺爱型家庭的长辈还会对孩子的缺点、错误无原则迁就，使他们在日常生活中丧失价值观判断力，利己思想严重。部分单亲家庭的孩子存在不同程度的心理创伤，远离集体，孤僻冷漠，缺乏责任感。

三、对策与途径

（一）教师是关键

正如一些专家所言：不少校长和教师根本不知道何为公民意识，或者说他们明知道却不用公民意识培养学生。如果我们的学生没有经过公民精神的浸染，我们的学生没有得到民本思想的操练，他们就不可能成为一名合格的公民。而学校是培养学生具有公民意识的主渠道、主阵地，教师是实施公民意识教育的骨干力量。

1. 教师要提升自身公民自觉意识和公民素养

从教师的职责看，培养学生公民意识是教师义不容辞的责任。公民意识教育是为了使社会公民具有良好的素质而进行的教育，是为了培养有国家意识、有社会责任感和正确价值观念的合格社会成员而进行的活动。教师就是一线的实践者，面对新课改、新高考以及学生公民意识淡薄的现状，作为一线的教师有义不容辞的责任。首先，教师要提升公民意识教育自我认识，更新观念，才会产生教育的智慧与热情，成就学生的公民自觉意识。其次，教师还需为公民意识教育有效实施不断提高自身公民素质，不具备合格公民素质的教师不能培养出合格公民素养的学生，甚至会导致学生认识上的错误。如在访谈中问到作为学生是否应该履行打扫校园卫生时，有 10.5% 的学生"不赞同"，原因是有教师认为此项工作影响学习，学校应该承包给校外后勤服务机构，学生受此影响而认同。学生会自觉不自觉地以教师的判断为依据，教师的错位导致学生的认识偏差，丧失了教师职业的荣誉感。因此，学校应该制定并实施教师层面的公民素质提升培训，参与自我导向式的公共事务、社会实践活动，让教师成为塑造学生人格的楷模。

2.教师要全面掌握高中生公民意识教育的方法

在当前社会影响作用日趋多元化的时代背景下，仅仅靠传统的公民意识教育模式已不能满足高中生公民意识教育的需要。在教育方法上，既要继承好的传统，又要结合当前时代和学生的特点有所创新。

首先是思想引导。它体现教师主导作用和学生主体地位的统一，教师以问题诱导方式授课，学生在思考、质疑、释疑的过程中得出结论。教师要向学生解读清楚，才会知道生活中自身行为是否符合要求，是否有待提高。深入到学生实际生活中，引导学生遇到问题主动求助，互相探讨，各抒己见，民主而宽松。

其次是谈心疏导。在教育过程中，我们会发现学生暴露出来的各种问题，比如对班级事务漠不关心，拒不参加班级集体活动等，这些现象背后可能隐藏着学生的家庭问题，义务教育阶段成长中的问题等，这都需要我们深入研究分析成因，及时疏导学生的心理矛盾，为其分析，告诉他们下一步应该"怎么做"。

最后是体验教育法。教师创造实际或模拟情景，提供机会让学生通过自身实践去参与、认识、理解和构建公民意识，改变自身思想观念和行为习惯。例如公民意识角色扮演的教育方法，使学生主动参与，拓展学生对各种角色的认知，学习以理性态度面对社会。社会职业角色扮演的过程也是提供高中生感悟交流的平台，培养其合作、分析和解决实际问题的能力。

（二）课程是核心

学校层面要理解教育的本质，根据社会要求和学生需要来展开工作，必须有目的、有计划地推进公民意识教育，其中最重要的一环便是课程建设。只有将公民意识教育课程化，纳入整个学校的课程体系，才能在推进公民教育过程中有基础、有抓手，使学校公民教育落到实处。

1. 全方位构建公民意识教育显性课程与隐形课程体系

根据公民意识教育课程体系结构设计上的特点，学校对高中公民意识教育课程结构框架和内容要素体系进行有效规划，逐步形成公民意识教育课程体系，可以分为两大类：显性课程和隐形课程。

（1）显性课程：主要包含基础型课程和拓展型课程。基础型课程是指各学科的渗透和推进，直接的公民教育课程是思政学科，如在政治课《政治生活》一书中就可以充分挖掘突出公民意识的内容：鼓励学生参与政治生活并提高公民素养；了解我国政府性质并形成责任意识、法治意识；学习我国政治根本制度，形成国家意识、平等意识；学习国际社会内容，形成全球意识等。还有与公民意识教育直接相关的，间接公民意识教育学科，主要是人文类的学科。如在历史学科讲解重大事件、人类历史的发展过程时可以将公民国家意识融入其中，地理学科中的环境保护、可持续发展等主题。

拓展型课程主要是指认知课程，包含主题式学科拓展，如在教师访谈中有两位政治教师讲述了每周有一节课前十五分钟开展《时事热点评析——公民意识教育》，频繁挖掘思想政治教育资源中的时事政治，让学生联系实际思考问题、进行探究，对学生加深现实认知。当然这需要教师课前积累充足、合理的素材，及时进行补充完善。有历史教师还分享了《以史话说公民意识》等主题式拓展。认知课程还可设置专题拓展，如基于学生公民论坛的形式进行公民意识教育，例如："我的社团我做主""何为校园最美身影"等。

（2）隐型课程：主要包含通过精神、制度和实施课程方式对学生施加教育影响，实现课程功能。从课程设计角度看，科学有效、富有教育价值的公民隐形课程形式需要经由顶层设计实现。精神层面，包括校风、教风、学风及人际关系；制度层面，包括管理细则、师生行为规范等，这既是维持学校秩序的必要规范，也是学习者学习公民教育的重要载体。学生可以通过知法守法、遵守纪律等养成规则意识，实现公民教育目标。实施课程方式，包括课堂教学组织形式是否民主、宽容，教学内容的安排、处理是否符合道德准则，师生互动中是否充分体现尊重、关怀等品质，以帮助学生塑造自己积极的公民形象。

隐性课程的内容根据是否经过预先设计可分为两类：一类是有明确目标主题和课程设计的公民教育内容，如以爱国主义、社会主义核心价值观为主题的隐性课程；另一类是未确定目标主题或不易于把握和设计的公民教育内容，如根据不同时段、不同年龄段学生特点设计的德育主题教育班会课。课程实施则通过包括学校课程、社区课程等的师生及同伴交往、舆论影响等方式进行。

最后，通过多种方式对学生的公民基本素养、公民能力的提升等进行评价与反思。

2. 致力于校外基于公民意识教育的社会实践活动课程

从公民意识教育课程类型来看，就必然存在课外课程，必须充分挖掘课外公民意识教育资源，坚持学校教育与社会实践相结合。学校发挥课堂教学主阵地作用，同时要主动加强与家庭和社会的联系，增强学生的社会参与意识的主动性和自觉性。在社会实践活动中体验公民角色，同伴相互影响、相互促进。

活动课程可设置为两类，社团活动和社会实践。社团活动可包含如"法学社""红立方志愿者服务"社团；社会实践活动课程可根据校情、学情而思考，设置高中生社区服务课程，高中生社会实践等，培养公民意识课程。

为学生提供社会实践活动机会，可以更真切体验公民这一角色，是非常有效的路径，诸多公民应该具有的意识与品质都可相对轻松培养和形成。学校可以通过组织学生到红色旅游基地、抗战纪念馆等地进行参观，组织学生到法院旁听整个案件的审理过程，从根本上增强学生的法律主体意识与法制观念，进而巩固、提高公民意识教育效果。以我校为例，每年组织国防教育活动，到浙江东阳长征拍摄基地开展"红色之旅"爱国主义活动；开展"三社"教育课程群，即与"社会、社区和社团"相关的实践课程。寒暑假学生参与社会实践，参观考察工厂，深入农村调查，撰写实践案例，学生接受国情教育、形势政策教育；引导高中生关注家乡的发展，关注社会现状，为他们提供义务服务。这些实践活动对高中生认识和理解国家、社会，培养服务意识、国家意识、责任意识有着不可替代的作用。

实践活动课程作为公民意识课程开发的课外资源，可以运用课程理念对"活动"加以选择、整合和规范，制定好实践活动课程方案，使其常态化、规范化，以便能长期持续地促进学生公民意识的培育。

（三）环境是基础

环境是影响学生公民意识教育的重要因素。人的一生中，永远都无法摆脱外在环境对自己的塑造，而不同外在环境可以塑造出完全不同的人。高中生公民意识教育的环境可以从学生所处的家庭、学校的小环境和社会大环境三个方面着手。

1. 重视家庭教育环境，提高公民意识教育影响力

高中生公民意识教育支持系统的首要因素是家长的支持，因为家庭是孩子成长的根基，家长成为公民意识教育实施的助推器。

（1）家长要逐步转变自身的教育观念。父母与孩子的界限不清楚会导致学生公民意识不足，表现为父母过多干涉孩子的学习状况和日常生活事务，在交流方式上一定要体现出"权威"。因此，父母要适当放手，创造更正向、民主的家庭式学习环境，学会与孩子进行平等互动交流，有问题时相互协商讨论，尊重子女的尊严。

（2）父母要正确表达对孩子的爱。父母的爱可以为孩子创造更加健康的成长环境，公民意识、公民行为更加容易形成。然而，正如前文笔者所分析的那样，"唯成绩论"高中家长比例较大，还有家长对孩子说："你就

是我的全部，你学业无成就是父母教育的失败。"毫无疑问，这种爱偏离了轨道，孩子失去了发展其他素养的活力。孩子更多考虑的是自己的学业，少了具有为他人、为社会服务的公民意识。

（3）父母要身体力行，做好表率。父母的公民形象形成了对孩子的公民身份理解，父母是引领孩子进入社会的第一任老师。父母对社会现象的认知、评析和行为态度潜移默化地被孩子吸收和内化。同时，家长要成为孩子成长的知情者、参与者、评价者与监督者，积极参加学校组织的活动，如十八岁成人仪式、学生会竞选等活动，见证孩子的成长过程。

2. 发挥学校环境主渠道作用，加强高中生公民意识教育

在学校和教师公民意识教育过程中，学校必须重视校园物质环境建设，注意创造积极、健康、绿色的校园物质环境，使其对高中生公民意识培养发挥正效应。学校小环境建设的重心是校园文化，在校园文化建设中凸显公民意识教育。

校园文化有高尚的价值取向，让学生的人文精神和公民意识生根发芽。学校的办学理念、管理风格、学习风气、教师榜样、人际交往、文化活动和优美的校园环境等，对学生有潜移默化的影响。校史馆、广播站、校报、集会等校园活动对弘扬国家意识、民族精神和社会公德都起着"润物无声"的效果。我校在各幢教学楼走廊、回廊之间设立了"文化长廊"，把相关的名言警句、校园活动大事记图片等张贴在醒目位置，发挥走廊文化的引领作用。充分利用宣传栏、学习园地等载体开展美丽班级、文明班级评选活动。教室布置温馨，营造自由、民主、正义、和谐的氛围，充满着积极的人文气息。学校电子大屏根据不同的时段和形势播放成人仪式、校园之星、国家节日庆典等视频，时效性好，感染力强，成为学生参与校园社会生活、发表自己的观点、表达诉求的重要平台，既弘扬了文化主旋律，又有助于塑造学生正确的政治人格。

（四）发挥社会"大环境"熔炉作用，服务高中生公民意识教育

社会大环境对高中生的公民意识教育也有着重要的影响作用。要整合社会资源，营造良好的育人环境。

1. 净化扩大公共生活空间和环境，为学生融入社会文化创造条件

社会有关部门要帮助学校净化好周边文化市场，加强社区管理，发挥社区组织作用，普及公民知识，动员社会力量参与公民意识教育，为学生健康成长提供良好的氛围。关注校园周边成年人活动场所，如网吧、娱乐场所，定期审查；要创造健康向上、适合学生特点的图书影视作品，建好博物馆、科技馆、爱国主义教育基地，城市书吧等，以便学生能开展丰富多彩的活动，将高中生过剩精力引导到欣赏、创造有意义的生活中去。

2. 优化大众传媒环境，丰富节目内涵，为形成正确的"三观"助力

当今社会是一个媒体世界，社会具有对于教育对象前所未有的"穿透性"影响。大众传媒，尤其是电视、网络、自媒体是高中生认识社会，形成自我公民意识的重要渠道。对于高中生而言，紧凑的学习生活节奏以及有限的财力、精力使其体验社会实践的机会不多，传媒便是他们观察社会、了解社会的重要途径。受收视率、经济利益等因素驱使，现有传媒更多是热播剧、娱乐节目，而鲜有与公民意识教育相关的历史剧、经典人物形象塑造，网络上更有恶意传播恶意思潮的行为。社会文化部门、新闻媒体及相关机构要通过传播渠道的构建，净化空间，规范管理，丰富或推送正能量典型案例，对学生的人生观、价值观和世界观产生正面影响。

第三篇

教师专业成长

小学生习作多维赏析教学的实践与研究

剡山小学教育集团　周幼红

小学生习作兴趣不浓，习作能力不足，教师习作教学能力薄弱，教学过程模糊，评价过程单一，笔者尝试着从习作赏析的角度去评价习作，试教了多堂习作课，有《写一处景物》《我的好××》《××老师二三事》等。上完课，笔者发现以学生的习作为欣赏对象，用习作量规来比对欣赏，很多孩子的写作兴趣提高了，评价同伴习作、修改自己习作的水平也提高了。本研究的突破点就是走出习作评价的新路径，从理念到范式，从设计到实施，用"作赏一体"的新视角改革习作教学，让学生习作兴趣得到激发，掌握习作技巧，提高习作能力。

小学生的作文是练习之作，称为习作。多维赏析即以学生的习作为赏析素材，从方法、内容、体裁等多个维度，"品—析—学—创"，通过欣赏同伴习作，分析挖掘优点，学习习作中的优美语句、丰富修辞、严谨布局、充沛情感、多样技巧，反思自己习作的不足，并在对比中体验、模仿、创作，对习作进行补充和完善，从而提高习作能力和写作水平的一种教学方式。习作赏析课的框架如图 3-1。

图 3-1　习作赏析课框架

品——明确赏析目标，创设了"欣赏圈"：即学生可以根据不同的角度来欣赏同伴习作，可以欣赏文章用得好的字词句，或布局谋篇，或写作角度与众不同等，肯定小作者的优点。

析——学习赏析方法，形成了"发言席"：大家共赏一篇文章或一个片段，欣赏的水平、角度不同，评价语言可以是书面的或口头的，小作者得到的体验自然也更丰富了。

学——交流赏析意见，拥有了"临镜台"：学生在他人欣赏自己的习作中得到了肯定和启发，发现怎样写是好的；同样的，自己在欣赏同伴的习作中也发现自己的不足，得到启发。

创——共享赏析成果，构思了"思维图"：学生一边对照习作要求，判断自己是否达到了应有的水平；一边在欣赏交流中，看到了更高层次的习作，明确了好习作的标准，形成了修改和创作"思维图"。有标准、有目标，更有信心，写出的文章自然大有改进。

一、赏析内容的多维选择

引导学生从"两类赏析内容"进行选择，即常规赏析和重点赏析。

常规赏析：指引导学生抓住题、词、句、段、篇、标点的优点（见表 3-1）。

表 3-1 赏析的内容维度

赏析维度	常规赏析	优点
内容维度	题赏法	用心拟题吸眼球
	词赏法	字字珠玑传神韵
	句赏法	千锤百炼妙修辞
	段赏法	分层分类抓重点
	篇赏法	起承转合循章法
	串赏法	不拘一格炼风格

重点赏析：每一篇习作都赏析一个重点，教师教学时加以提炼，让学生选择欣赏时目标更明确，印象深刻。如教学统编教材三上第二单元习作《写日记》，引导孩子们对同学是否"学会观察"进行重点赏析，发现效果明显。

师：接下来我们来欣赏几篇日记，看看她们有没有用心观察，有哪些值得自己学习的地方？（出示杨芷涵小朋友的日记）：

"今天，我家的月季花开了。月季花的花瓣由粉红到深红，一片叠着一片，就像好朋友紧紧地挨在一起，中间露出嫩黄色的花蕊。有些花苞还是浅绿的，饱胀得好像随时都会崩开似的。它的叶子那么绿，比刚长出的秧苗还要绿。叶子是椭圆形的，像锯齿的形状，看起来很新鲜，上面还带着晶莹的露珠呢！"

生 1：她观察得很有顺序，先观察盛开的花朵、花蕊，再观察花苞，最后观察叶子。

生 2：她观察得很仔细，抓住了花瓣的颜色、数量和叶子的颜色、形状来写，让我们一下子了解了月季花。

生3：她一边观察一边想象，说花瓣像好朋友，叶子比秧苗还要绿，使句子更生动了。

……

师：是呀，杨芷涵能留心观察身边的事物，有顺序地写出月季花的形状、颜色，写得生动，大家点评得也非常到位。那接下去大家拿出自己的日记，看看观察是否有顺序，是否观察了花朵的颜色、形状。

二、赏析方式的多维呈现

自我欣赏：反复朗读自己的习作，根据教材的习作要求和教师的习作指导，用符号划出习作中自己觉得成功的地方，批注自己认为写得好的原因——我写的是什么内容，有什么优点，为什么这么写。

同学互赏：欣赏同桌或随机分发到的同学的习作，教师可组织学生以"专家出诊""小老师""火眼金睛"等生动活泼的形式投入修改，激发欣赏的兴趣。通过互赏习作，学生集思广益，取长补短，还能为他们拓宽写作的思路。

教师欣赏：教师认真通读每一位学生的习作，写的评语要明确、具体，富有启发性、感染力。在此基础上，总结归纳学生在本次习作训练中普遍存在的优点，及个别学生创造性写作的个案，摘录在"教学后记"中，作赏析之用。

家长欣赏：家长一定要做孩子的热情读者，有益于培养孩子习作的自信心。可以利用空余时间，将孩子的优秀习作或精彩片段积累起来，形成习作刊物，推荐给老师、同学，或挂在家中显眼的地方。让孩子享受到来自他人的喝彩与掌声，获得积极的情感体验，增强习作的动力与信心。

编辑等其他人欣赏：如马园园的习作《理发记》发表于《小学生作文》。

理发记

"每天都要为你梳头发，讨厌死了！"妈妈又开始唠叨了，"我看，还是把你的头发剪了吧，这样既方便又漂亮，两全其美。"我听了，觉得有理，就答应了。

我坐在妈妈的自行车上，想起上一次理发时的情景：那豪华理发店里的小姐，嫌我是小孩子，不肯给我理发，今天会怎样呢？"老中小理发店"突然映入我的眼帘。我们下了车，过去一看，这是一间车棚改装成的矮屋，摆设很简陋，光线也有些暗。这时候，一位中年妇女走了出来，一看见我们，就笑盈盈地说："理发吗？请进吧！"望着理发师诚恳的面容，我不由自主地跨进了门。理发师和妈妈小声嘀咕了一番，就来到我身边，仔细端详着我的脸型，轻轻用手摸着我的头发，好像一位大艺术家正准备雕刻一件杰作。当我看得出神时，她说："小朋友，我为你剪个'蘑菇头'，让你变得像蘑菇一样惹人喜爱。""好！""嚓嚓嚓"清脆而响亮的声音在我耳边掠过，一剪又一剪，我望着闪闪发光的剪刀，心里不由得担心：万一她手艺不精，我岂不是面目全非了吗？理发师似乎看出了我的担忧，和蔼地说："小朋友，别担心，我不会让你失望的。你有什么建议，尽管说好了！"我望着这位和蔼可亲、健谈有趣的理发师笑了。

不一会儿，头发理好了。我看了看镜中的我，黑黑的头发服帖地遮住耳朵，平平的发脚十分整齐，既陌生又清纯又好看。"多少钱？"妈妈问道。"5元。"什么？5元？我记得理发起码要10元，我将信将疑。"难道你每次收费都这么便宜？""是啊，我只图为小区的人提供个方便而已。"

走出理发室，回头望望，我觉得这间屋子不再那样小、那样暗了，它的主人用她金子般的心，给人们带来了爱的滋润，美的享受。

素未谋面的编辑翔实地点评了孩子的习作，不仅是一种鼓励，也是细节描写的习作指导，让孩子受益无穷。

编辑鹏程的点评：

读了《理发记》一文，小作者运用了细节描写的方法。

其一，写理发师热情待客。那位理发师见来了顾客不但主动迎出来，还热情打招呼，很有礼貌，让人感到亲近而不拘束，所以小作者便"不由自主"地进了理发店。

其二，写理发师精心设计发型。理发师先是跟小作者妈妈商量，倾听要求，再"仔细端详着我的脸型"，然后"轻轻用手摸着我的头发"，最后才决定剪个"蘑菇头"。

其三，写理发师善解人意。小作者的担心刚在眼神里闪现，理发师便心领神会，不但安慰小作者放心，还诚恳地向她征求意见，使小作者紧张的心情松弛下来。

其四，写活儿好价廉。当小作者望着镜子中的自己，感到"好看"时，听到理发师的要价却出乎意料的低，难怪小作者"将信将疑"呢！

三、习作赏析的多维范式

（一）赏中品：与儿童审美鉴赏共穗

儿童习作中时时处处有美的闪现，教师要在习作赏析课中引导学生细细品味。

品人性之美：工笔细描蕴深意。欣赏写人习作时，品味人物的外貌、语言、动作及心理，从中感受人物的独特个性，美好情感，积极态度，正确价值取向。

外貌描写显感情：外貌描写就是用精确、生动的语言描绘人物的外形特点，包括人物的身材、容貌、服装、打扮、表情、风度、习惯等特点，以达到以"形"传"神"的境界。

语言描写展品质：富有独特性的语言是表现人物性格的重要方面。小学生习作主要写好自言自语的独白和人物之间的对话，其中主要是对话描写，它显示了人与人之间的关系，表现了人们对事情的不同理解、看法和态度，展示了人与人之间的思想、情感交流，是揭示人物特点的重要手段。

动作描写露脾气：人物特点往往是通过外部行为透露出来的，对人物动作的描写也要进行分析、筛选，抓住最能表现人物性格特点或变化鲜明的行动来描写，不可笼统、单一，使人物行动毫无特色，这样表现不出人物的特点。尤其要延长、细化、分解人物的关键行动的过程。

心理描写传思想：人物的心理活动就是人物在一定环境、事件中，产生的看法、联想等思想活动，它最直接地反映人物的本质特点。

（二）品景物之美——粗雕细琢统动静

对景物、动物、植物、器具、建筑物、艺术品等的欣赏，要教孩子充分地调动感官，好好地"赏"习作中的物——能用眼睛看，用鼻子闻，用嘴巴尝，用耳朵听，用手脚触，抓住其独一无二的特点，用文字生动描述的；将景和物的动态描写和静态描写结合起来。

静中有动：静止状态的物品，方便我们观察，描述，可以精细刻画，正确介绍，但是也有缺点，即缺乏生气。比如，摆在写字桌上的绿萝，如实地写它的外形、颜色、姿态，总觉得不够味，像说明书。但如果在"静"中尽量挖掘它的"动"，做些延伸，就显得生机勃勃了：在我们不曾留意时，它拔节生长；在微风吹拂时，它摇曳着绿叶，风姿翩翩。

动中有静：世界万物都在运动着，但也有相对静止的时候，因此，我们写景物的动态时，往往需要在运动中选一个瞬间或一个镜头，类似于电影的定格。例如，小狗瞪圆了双眼，嘴张得大大的，有点像饿狼，它努力抬起前腿，像人的双手一样捧住骨头末端，使劲把骨头前端送进嘴里。不论写什么，我们都要努力择取其中一刹那或一组瞬间，既省力简洁，又能恰到好处地描写我们要写的物品。

（三）品叙事之美——浓墨重彩融情理

"文章不是无情物"，清早鸟儿叫，有人描述"树上喜鹊喳喳叫，今天定有喜事到"，有人描述"小鸟喳喳叫，一大早就吵醒了我"。同一件事，为何写出来的感觉截然相反呢？因为事情是人写出来的，人的见闻、感觉、想象里都有情感的因素，除了直抒胸臆表达自己的情感，我们的写事习作中更应事、情、理三者相融。统编教材三上《那次玩得真高兴》是整套教材中第一次记事，孩子们运用各种方法写出了快乐的心情。

叙述中寓情于事："哨子声响起，我双脚一蹬，一下子就蹬出去好远。我轻松地把手收到腹前，用尽全力向前划开，像青蛙一样向前蹬腿……近了，近了，盯着眼前越来越清晰的池壁，我奋力往前游着……终于到了，我身子一挺，站了起来，双腿颤抖得像在跳舞。"在叙述游泳比赛的过程中包含着兴奋的心情，一蹬就好远，双腿累得发抖，却像在跳舞，饱含愉悦之情。

描写中寓情于物："我跳入了水中，晶莹的水花飞溅而起，足足近两人高，像千万朵盛开的银莲从天而降，发出'哗哗'的声音，好像在为我鼓掌。"水花好像银莲盛开，为我鼓掌，一起庆祝，喜悦之情溢于物中。

议论中寓情于理："回想起刚才在水里的短短的几秒钟时间，我不由感到一丝后怕。也许，在陆地上的你们觉得那只是很短暂的几秒，但对水中的我来说，可是性命攸关的时刻啊！"简短的论说表达出了自己的挫折，阐明了生命的重要。

（四）赏中析：与儿童语言理解共融

学生习作发展的根本是语言素养的发展。在习作赏析过程中引导学生欣赏字词句段篇，甚至标点符号，培养孩子的语感，赏出趣味、情味、文味，赏出真经历、真阅读、真发展。

1. 字词赏析

在习作欣赏课上，引导学生寻求准确、丰富、传神的词语，欣赏好词语，不仅让孩子明白了在合适的语境中运用不同词句，就会有不同的奇妙之处。尤其是平时习作水平不是特别好的同学，习作中总能找到那么一两个亮点词汇，经过亮相，能大大增加孩子习作的积极性和自信心。

在习作赏析时，有一个练习就是留心漂亮的词，练习漂亮的词，运用漂亮的词。孩子们简单说说用了漂亮的词语有什么好处，就慢慢明白了怎样运用漂亮的词语，也能试着在自己的习作中用上一些漂亮的词语了。下面是王力淇小朋友在统编教材三上《写日记》的习作赏析中，发现的漂亮的词：

> 今天，妈妈送我一只小乌龟。小乌龟有着一个三角形绿色的头，小黑豆一样的眼睛滴溜溜地转，红色腮帮很引人注目，一张大大的嘴巴可爱极了！它的身上背着像盾牌一样坚硬的壳，壳上有十三个六边形，背壳是用来躲避坏人的武器。壳下面是带有花纹的软软的身子，四条短短的腿又灵活又敏捷，白色的爪子又锋利又有力，一条又粗又尖的尾巴惹人喜爱！小乌龟游泳起来比鱼还快呢！

2. 句段赏析

一篇文章，无论长与短，都是由若干句段连缀而成的，句段是文章的骨干。习作时，必须把这一个个的句子都写完整、通顺、明白，在此基础上连句成段，把一个个段落写完整、通顺、明白，这样，全篇文章才会通顺、明白。以上文的日记为例，欣赏那些完整、通顺的句段，再欣赏具体、生动、层次清楚的句段。

3. 欣赏句子的具体性

如：壳下面是带有花纹的软软的身子，四条短短的腿又灵活又敏捷，白色的爪子又锋利又有力，一条又粗又尖的尾巴惹人喜爱！（从花纹、形状、颜色等各方面描写小乌龟的外形。）

4. 欣赏句子的生动性

如：它的身上背着像盾牌一样坚硬的壳，壳上有十三个六边形，背壳是用来躲避坏人的武器。（把壳比作盾牌，写出了坚硬的特点。）

5. 欣赏段落的层次性。

如"头—眼睛—腮帮—嘴—壳—身子—腿爪—尾巴"，从头写到尾，言之有序，最后还有游泳起来很快的整体描述，从部分到整体，层次清晰。

6. 篇章赏析

习作的谋篇布局就是对一篇文章的整体结构所做出的规划安排。如果说习作的主题是灵魂，材料是血肉，结构是骨髓，那么合理的谋篇布局是保证文章系统合理的关键。没有主题，布局谋篇只能算是瞎想；没有具体材料，空有框架，文章只不过是一张死皮；忽略文体，所写出来的习作驴唇不对马嘴，成了四不像。

张诗琦的《花灯爱》的开头开门见山，先声夺人，点出要写的是花灯，结尾以对比的方式点出题目中的爱，首尾呼应。

开头：姐姐喜欢收藏花灯，各式各样的花灯流转着、变幻着，美轮美奂。

结尾：尽管它不璀璨夺目，富丽堂皇，但此刻，什么孔雀灯、荷花灯都黯然失色，唯有它，倾泻出碎玉般的光华，使爱永留我们心间。

7. 赏中学：与儿童技能领悟共振

"学而时习之，不亦乐乎"，看似无意编排，恰恰显示了孔子"重学"的思想。儿童习作赏析，就是一个重视学习建构的过程，如果每一堂习作讲评课都能让学生一课一得，那么小学六年，写作的基本功就扎实了。

8. 赏中创：与儿童思维进阶共生

语言是思维的外衣，思维是语言的核心。写作不仅是语言的锻炼，更是思维的锻炼，因此我们的赏析式习作教学的目标定位不能只停留在语言，要注重欣赏学生在习作中表现出来的思维能力。

（1）欣赏连动思维的逻辑性。要提升学生的逻辑思维就要引导学生赏析由此及彼的思维，寻找新路，达到柳暗花明的境界。

统编教材三下《我变成了一棵树》教学中，引导孩子欣赏例文思维的因果严密性。我为什么变成一棵树：因为大树不用吃饭啊。我变成树，发生了什么有趣的事：树上长满了各种形状的鸟窝，各种小动物都到树上居住，我肚子咕噜噜咕噜噜叫得越来越响，从嘴巴里流出来的水珠才被误认为"下雨""牛奶打翻""虫子撒尿""大树在哭"。通过因果的深挖让孩子明白想象是有逻辑性的，变成树是因为不想吃饭，露馅的是我想吃饭，前后照应，自圆其说。

（2）欣赏综合思维的灵活性。习作要让孩子的思维能够在仓库里自由地飞翔。一是纵向的，即发现一种现象后，立即深入一步，探究产生这种现象的原因。二是逆向的，即观察到一种现象后，立即想到它的反面。三是横向的，即根据一个材料，联想出与之相似、相关的事物，尽量提出多种设想，以扩大选择余地；或是思维受阻时，马上转向其他方向，多次转向，以获得成功，甚至可以"换元"，就是把材料的某个因素进行变换，以产生可能的新思路。

统编教材三下《尾巴它有一只猫》，我们从题目中就赏析到了思维的逆向性，"猫可以有一条尾巴，为什么尾巴就不能有一只猫？"更颠覆了我们传统的认知。我们也在教学中进行了思维的发散：尾巴既然可以有一只猫，那么猫可以有（××），为什么（××）就不能有一只猫？尾巴既然可以有一只猫，（××）可以有尾巴，为什么尾巴就不能有一只（××）？单个元素换元后，孩子们还进行了两个元素换元：人可以有脑袋，为什么脑袋就不能有一个人？汽车可以有轮子，为什么轮子就不能有一辆车？逆向思维在反向想象的表达中得到了反复的训练。

（3）欣赏独立思维的创新性。人云亦云是小学生习作的通病，主要原因是小学生不善于独立思考问题，因此，头脑风暴时借助思维导图是促进学生创造思维的发展的重要途径。

习作多维赏析激发了学生的写作兴趣，增强了学生的写作能力。教师的教学能力也得到了提升，笔者开展了"嵊州市90学时"培训和专题讲座各4次，为全市300多名教师进行了理论培训和实践操作；并于2018年6

月举行了绍兴市个人教研专场"殊途同赏"，8篇论文在《语文教学通讯》《小学教学设计》《小学教学研究》等刊物发表或获奖。2019年被评为绍兴市学科带头人，绍兴市名师。

一位著名的哲人说过："人类本质中最殷切的要求是渴望被肯定。"本课题研究，我们带着欣赏的眼光，运用五种赏析方式的推荐，通过"赏中品、赏中析、赏中学、赏中创"四种范式课型的引导，"方法、内容、体裁"三个策略维度以及赏析支架量规的实施，让学生愿意写作，喜欢写作，学会写作。

新课改背景下农村初中拓展课程走班制管理的实践研究

——以嵊州市三界镇中学为例

嵊州市三界镇中学　陈文勇

一、研究背景

（一）论文选题的背景

1. 新课程改革需要

随着课程改革的深入，中国的基础教育进入了核心素养的新时代，从过去以培养"人的全面发展"为目标转变为以培养"全面发展的人"为核心，从文化基础、自主发展、社会参与三个方面展开，包括人文底蕴、科学精神、学会学习、健康生活、责任担当、实践创新六大要素。核心素养的培育成为课程改革的总纲和方向。

2. 学校发展远景需要

随着核心素养时代的到来，中国教育进入了新的时代，这对学校课程改革提出了更高的要求和更大的挑战。中国教育学会原会长钟秉林在谈到"如何做好未来教育、未来学校"时说，学校需要面向未来，做好当下。这就要求学校必须从"分数教育"向"核心素养教育"方向转型，要求学校从培养人的全面发展向培养全面发展的人转型，核心素养的提出为我校的课程改革指明了方向。

3. 学生成长发展需要

三界镇中学是集镇初中学校，外来务工人员子女和父母外出务工的留守学生较多，生源质量参差不齐，很大程度上缺乏学习的主动性，初中时期的学生正是个体从幼稚走向成熟的过渡时期，在这一时期，学生的自我意识觉醒，拓展课的走班模式给了学生更多的选择，在选择中学生不自觉地提高了自己的实践能力，提高了价值体认、责任担当、问题解决、创意物化等意识和能力。

4.教师成长发展需要

近年来，三界镇中学通过多种途径提高教师的课堂教学能力和人文素养，通过课程改革转变了教师的教学观念，推进教师的课堂教学改革，课堂构建呈现新气象。

5.填补初中拓展课程研究的空白

对中国当下高中的选课走班是有高考的指挥棒在起作用，而初中的选课走班与高中为高考的选课走班有所不同，因此，如何认识初中选课走班与高中的区别，并在实践中获得管理操作的经验，实为当务之急。基于此，笔者选择了"农村初中拓展课程走班管理"这一问题领域。

（二）论文选题的意义

1.提升农村走班制管理的质量

通过农村拓展课的走班实践，在试行中积累经验，提升农村学校走班制的管理质量。学生成为课程资源的使用者，真正成为学习的主体，同时转变教师的教学观念，推动教师课堂教学改革，有利于构建教师——课堂——学生的动态的、绿色的课堂生态系统。

2.为学生提供个性化的学习需求

在体现义务教育基础性、全面性和公平性的基础上，创新教学方法，改进教育评价，积极推进差异化、个性化教育，促进学生全面而有个性的发展，提高学生的综合素养。

3.提升教师分层教学的能力和教学管理能力

通过学校拓展课走班模式的开展，很大程度上体现了分层教学的优势，实现了学校育人模式的转变和学校特色教育的发展，提高了学校的科研质量，促进了校本课程的开发。学校多样化的发展，有利于培养全面发展的人，有利于打造特色学校、魅力学校，实现学校的可持续发展。

4. 提升个人研究水平

作为一名校长，具备基本的科研素养和能力是必要的也是必需的。课程改革是当前教育改革的方向，作为一名校长对课程的研究与实践有助于提高领导力。

二、国内外研究综述

（一）国外研究综述

国外走班教学兴起比较早，发展得也比较成熟。

（二）国内研究综述

国内随着高考改革的深入，分层走班也逐渐走入人们的视野，但主要围绕高中分层走班进行的研究比较多，而对于初中拓展课程的走班相对研究得比较少；另外是对理论研究得比较少，实践研究得比较多。国内学者对选课走班的研究主要集中在选课走班的概念内涵、学校具体分班模式管理实践总结等方面：

1. 选课走班的内涵研究

选课走班由最初的分层次教学到学生课程选择权的满足，其实施层次不断深入。选课走班内涵在不同的发展阶段呈现不同理解。

在选课走班实践中，对选课走班内涵的理解主要分为以下两种，一种认为选课走班是学校为落实国家教育政策、提升学生的学习效果而进行的教学组织形式变革，内容是根据学生的层次而分的；另一种认为选课走班是学校为学生提供个性化教育，促进学生个性化发展的必由之路，是学校以课程建设推动学校课堂管理、学校文化发展的全方位变革，是根据学生需要的课程内容来分的。

对比来看，第一种对选课走班的认识是片面的。第二种选课走班，才是我们所谓的拓展课程走班。

2. 具体分班实践模式

选课走班发展模式的选择在一定程度上不仅是一种外在形式及技术层面的变革，更是一种教育思想的传递和体现，每一种模式选择的背后都有其教育理念的呈现。通过对新高考背景下的选课走班的考察，综合实施初衷与走班流动性考虑，选课走班大概有如下类型：

"零走班"模式；部分学科部分学生走班的"小走班"模式；全部学科、全部学生走班的"大走班"模式。

三、研究设计

（一）核心概念界定

1. 拓展性课程

拓展性课程是以培育学生的主体意识，完善学生的认知结构，提高学生的自我规划和自我选择能力为宗旨，着眼于培养、激发和发展学生的兴趣爱好，开发学生的潜能，促进学生个性的发展和学校办学特色的形成，是一种体现不同基础要求，具有一定开放性的课程。

拓展性课程与高中学科的选修与必修课程是不同的课程，前者重在激发学生的兴趣爱好，开发学生的潜能，后者注重学生知识性学习内容的选择。

2. 初中走班制

走班教学，这是一种新型的教学模式。但是初中走班制与高中的走班又是不同的，初中走班是部分走班，分时段的走班，主要是学生根据自己的兴趣爱好和愿望选择相应的班级上课；高中走班是全时段、学科教学为主的走班。从模式上来看，初中走班制更加接近于分类、分层走班，但又是全体学生的走班。

（二）研究方法

1. 文献研究法

利用互联网进行文献检索，查阅国内外相关书籍和论文资料，对已有选课走班研究文献进行较为细致的梳理，以期获得较为扎实和全面的研究基础。

2. 比较研究法

通过对基础教育领域不同学校选课走班实施策略的对比研究，从教师、学生对选课走班的基本认识、选课走班面临的挑战、选课走班具体实施策略、学校课程体系建设、课堂教学组织方式、班级管理组织形式等几个方面进行对比分析，理清了选课走班的实施困境、发展路径及发展前景，为今后选课走班的发展提供了行动指南。

3. 实践调查法

三界镇中学的拓展课程持续了两年多的时间（后因为疫情原因与人事调动，实践未能继续进行）。从学生的情况来看，这两届学生的教育质量是历年中最好的。

（三）三界镇中学拓展走班设计

1. 学校校情分析

三界镇中学坐落在唐诗之路的起点、嵊州北大门——三界镇，是一所典型的农村集镇中学。

学校地理位置优越，发展速度较快，教育教学质量优势显著，重视师资队伍建设，重视课程改革，课堂构建呈现新的气象。学校按照上级规定的课程标准开足、开齐所有课程，以"请进来、走出去"的形式加强校本培训，转变了教师的教学观念，推动了教师课堂教学改革，并通过教研组、备课组的研讨活动，举办片、市级的大型研讨活动，为教师搭建了展示平台，加快了教师的专业发展步伐。

当然学校也有制约因素，教师的专业化水平需进一步提高，队伍建设任重而道远。

2. 学校拓展走班课程结构

遵循教育规律和学生成长规律，面向全体学生，改革育人模式，推进因材施教，保护和培养每一位学生的学习兴趣，充分调动每一位学生的学习积极性，开发和培育每一位学生的学习潜能和特长，让每一位学生愉快学习、幸福成长。在体现义务教育基础性、全面性和公平性的基础上，强化选择性教育思想，进一步完善课程体系，加强课程建设，创新教学方法，改进教育评价，积极推进差异化、个性化教育，促进学生全面而有个性的发展。

3. 学校拓展走班课程设置

如表3-2所示：

表3-2　基础课课时安排

学科	七年级	八年级	九年级
思想品德	2	2	2
语文	5	5	5
数学	5	4	4
英语	4	4	4
体育与健康	3	3	3
艺术	2	2	2
科学	4	5	5
历史与社会	3	3	3
小计	28	28	28

4. 学校拓展走班课程开发的途径

为了提高学校课程建设的效益，促进学校课程建设的多样化、规范化，学校充分利用国家、地方、学校课程资源，优化人力资源和课程资源，积极探索学校课程开发的途径。

5. 校本课程的认定程序

开发（教师或外校专家、社会教育机构）——申报（填写校本课程申报表，上交课程纲要及教学进度安排表）——评估（学校校本课程建设专家顾问小组对课程进行可行性分析，作出评估报告)——认定(学校校本课程领导小组认定该课程是否成为校本课程)。课程一经认定，正式成为校本课程。

四、拓展走班课程的具体实施

（一）课时课程与专用教室安排

七八年级各六节课：一节为社团实践课，四节为拓展课，分为文化拓展课与体艺拓展课、实践活动课，一节综合课。

科学每周一、四，数学每周二、五，班团活动与社团活动在周三上课，时间为下午第三节。

（二）学生选班、走班管理

行政班内每位学生选择的课程一般为四门，数学、科学类拓展课与专业课除外。

第一批：教师学生双向选择，科学思维、数学思维，每班学生可以有15人选课，但有成绩要求（单课成绩在班级中等偏上）外，由任课老师在报名的学生中选择决定组班。

第二批：在第一批选择之后，专业教师单选学生，艺术体育类专业由教师选择学生，老师直接将学生报给班主任，并告诉学生。

第三批：学生自由选择，一般情况下最多可选四门课。选择了体艺专业课，不再选择；已选择了科学与数学思维风暴的，不再选择，只选择了科学或者数学思维风暴的其中之一的，可再选两门，但时间上不能与前者冲突。

（三）班级学生选课单管理

第一批：科学、数学，每班可选15至16人，被科学与数学两课录取的学生不再选课，只被单课（数学或科学）录取的学生可在第三批再报两门课，需注意时间不要重叠。

第二批：专业课程，由任课老师直接定，每班 1 至 3 人，被录取的学生不得再选其他课程。

第三批：学生自由选课，可选四门课，且每天只能选一门；一周内不重复选课。

（四）课程实施管理制度与保障

1. 课程管理组织机构设置与职责
2. 课程保障
3. 师资队伍保障
4. 经费保障

五、走班过程中的实施困境及具体实施策略

（一）走班遇到的困难与解决办法

1. 首先是师资问题

开出每一门课需要相应的老师，学校师资紧缺，每个老师的学科任务都是满的，很难再挤出时间来进行拓展课的教学，如学校体育老师每人的任务是每周 16 节课。

面对这一困难，学校采取三个办法：

（1）音体美等专业老师兼课。如美术老师任一个年级的老师一定要开设本专业相关的拓展课程，学校三位美术老师中有两位老师分别开设了钢笔纸画与素描，第二学期两位音乐老师合作开设了一节简易乐器课，这个学期体育老师每人上 16 节体育课的情况下，也主动要求开设了他们的体育训练拓展课。

（2）要求行政老师与特殊岗位的老师，一定要开设相关的拓展课。如

图书室、实验室的管理员，开设了图书阅览课与实验操作课、劳技课。

（3）结合平时课间业余时间的竞比赛辅导，把数学与科学的辅导、体育的竞比赛辅导，直接纳入到拓展课中。这样减轻了老师与学生的负担，起到减负高效的作用，实践证明，这是很有效的。

2. 上课的教材问题

原先一些属于学校传统项目的课程，像书法、象棋本来有校本课程，但很多课程没有校本教材，有的即使有一些，如社团课的教材，但内容较少，不足以完成拓展课程的建设。

所以，学校允许与鼓励老师边上课，边慢慢整理的办法，如美术的纸画课，第一个学期在检查上课时，看上去还很不成系统。第二个学期，这位老师已经整理出了一大套的资料，学生们也做得好起来了。

3. 上课的场地问题

学校到目前为止，只有书法室、象棋室、音乐室（上学期启用），共3个专用教室，加上原先的实验室物生化4个、计算机房1个（后新增1个），合计9个室，后来改造了一间阅览室，利用了两个空教室改成两个美术室，到这个学期总算达到11个专用室。

（二）学校无法解决的问题

1. 师资问题

人是一切工作的核心，是能量的源泉，开设拓展课程的最大问题是师资。开展拓展课程的关键还是师资力量，没有专业的师资，就不可能形成专业性的课程，没有课程，也就不可能有走班的产生。但当前，学校的师资的选择权是相当有限的，学校无法从根本上自己解决问题，只有靠上级的选配、调配，而且因为当前编制问题，学校不能满足。

2. 经费问题

一方面，学校需要对拓展课的老师进行适当的课时补贴，随着拓展课的开展，学校的班级数是不降反升的，如原先行政班一个年级是八个班，现在开设拓展课，班级就现在这样的水平，就达到 15 个，是原来的近一倍。所以平均每个老师的工作量是上升的，相应的，每节课的绩效反而摊薄了，多劳反而是少得，久而久之，容易成为管理层的独唱，得不到老师的支持，最终影响整体的学校教学与质量。

另一方面，因为拓展课的开展，大部分公用经费需要用于这些专用教室设备的维护与添置，成为学校额外的负担。

3.专用室的建设

专用教室是活动的载体，没有专用教室是很难开展好拓展分层教学的。

象棋教室与书法教室是原先我们自筹建设的，音乐教室是上学期局配发的，这学期有两个教室——劳技教室与美术教室上报待建，共 5 个教室，加上原先的学科实验室 4 个（不可能都开设成实验课，只能算作 1 到 2 个教室），计算机房 2 个，共计 11 个教室，另一个阅览室，一个美术教室，还需要改造，这样总计也只有 11 个专用教室，如果全面推开，以全校 900 人计算，30 个人一班，文化分层班计 12 个除外，至少需要 18 个专用教室，因此还需要 5 到 7 个教室。

六、总结与回顾

本研究以当前新课改热点拓展走班为基础，与笔者工作的教育实践相结合，对初中拓展走班进行了研究。

选课走班是学校教育教学的深层次变革，它对教师的育人理念、教学方式、培养评价以及学生的学习方式、自主成长及综合评价，对学校的学科建设、课程开发、后勤保障、资源配置等产生了全方位的深刻影响。凡称之为改革，必会伤筋动骨。不能因为风险大、阻力强就停滞不前，学校要时刻以学生为中心，在保全自身原有核心竞争力的基础上不断改革创新才是正道。

提高物理课堂教学有效性策略的研究与实践

嵊州中学　杨泽庆

一、课题研究背景

（一）课程改革对科学探究精神的倡导

新课程改革的理念在稳步推进基础教育课程改革的同时，极大地促进了教师教育教学观念的更新。本次研究致力于研究新课改背景下高中物理规律课堂教学中出现的无效化、低效化现象产生的原因，及如何提高规律课堂教学的有效性，更好地落实新课改的要求，促进学生的全面发展。通过研究相关理论及查找相关资料后，总结了提高高中物理规律课堂有效教学的教学策略，即理解策略、组织策略、练习策略，并在最后进行实践。

（二）本校物理课堂教学现状

笔者在 2019 年 5 月，对高一部分学生做了《中学最难学的学科是什么？》的问卷调查，共计 10 个班级，发放了 204 份调查表，其结果显示：80% 多的学生选择了物理（见表 3-3）。

表 3-3　问卷调查统计

学生总人数	物理（164 人）	数学（35 人）	化学（5 人）
204 人	80.4%	17.2%	2.4%

物理教育在科学教育中的地位是不言而喻的。但严峻的物理教学现实，不得不令我们课题组冷静地反思，物理课堂教学过程中存在的种种问

题：教学目标游离；教学手段单一；教学理念和方法陈旧；课堂气氛沉闷。

（三）本校物理课堂教学改革的基础

本课题组成员在多年的教学实践中深刻地体验到在基础教育课程改革的今天，开展课堂教学有效性策略研究的价值性。

2014年浙江省普通高中全面启动实施新高考方案，但物理选考人数不断减少。从2019年招生起，全省高校要参照指引，结合培养目标要求，更加科学合理地设置选考科目，增强人才培养要求与选考科目的关联度，尤其是理工科相关专业一般应把物理作为选考科目。选考物理对于个人在高校录取和今后职业发展具有独特的学科基础优势。无论是报考高水平大学，还是报考一般本科院校、高职院校，选考物理的考生都有明显优势。这为物理课堂教学改革提供了一个崭新的"平台"，同时又为本课题研究计划的实施提供了一个很好的支撑点。

二、"课堂教学有效性"概念的界定

（一）教学有效性（teaching effectiveness）

从教师的角度来讲，有效的教指的是促进学生学的教，它表现在以下两个方面：其一是直接的促进，即通过教师的教，学生学得更多、更快、更好、更深；其二是间接促进，即通过教师的教，学生学会了学习，掌握了学习方法，提升了学习能力，达到了不需要教的程度。

从教育学专业角度说，有效性指通过课堂教学，学生获得发展。教学中往往以"本"为本，但需估计学生学习潜力，设计教学内容，促进有意义学习，而不仅仅根据教学任务硬性规定学生学习内容。注重学生综合素养和实践能力培养，而非单纯的知识记忆。

（二）课堂教学有效性的原则

基础教育课程改革背景下，课堂教学有效性的原则应体现在：教学是师生一种合作性和生成性的活动；教学的过程是一个通过对话使学生积极参与的过程；教学使学生在校的学习与他们的生活产生联系；教学引导学生进行综合思维；教学以课程为媒介使学生在知情意有机统一和健康发展。在遵循上述原则的前提下，课题组认为"课堂教学有效性"的内涵包括五个方面：

1. 教学有效性要以学生的进步和发展为宗旨

注重核心素养教育的真正目的是让学生不断地提出问题和思考、解决问题。提高学习效率、取得学习结果、强化学习体验是课堂教学有效性的努力方向和追求目标。

2. 教学有效性要关注教学效益

今年物理教研组在学校领导的关心和指导下，根据各年级物理课的特点并结合课题组的建议，在提高课堂复习效率上下功夫，取得较好成效。2019年和2020年我校高考取得历史性的突破，各条指标线均大幅超标，尖子生成绩在绍兴地区领先。

3. 教学有效性的实现要以教师自身的专业发展为基础

教师把课上得简单，实在是一种智慧、一种艺术、一种能耐、一种功夫、一种水平、一种境界。教师对教材钻研深刻和体会，不断提升自身的专业发展水平。

4. 教学有效性以学生学习方式的转变为条件

充分利用课堂主阵地，最大限度地挖掘学生潜能，有效地促进学生的发展，为学生今后的物理学习奠定坚实的基础。精心创设物理学习的良好情境，是提高课堂教学有效性的一项重要教学策略。

5. 教学的有效性还要关注教学策略有效调整变化

要牢固确立核心素养的意识，为每一节课确立切合实际的课程目标，并准确地加以描述，使每一节课都有明确清晰的教学方向，这是提升教学有效性的前提。

三、国内外关于同类课题的研究综述

（一）研究概况

国外从 20 世纪初就开始了课堂教学有效性问题的研究，迄今为止，研究者已经分析了各种影响课堂教学有效性的因素。加涅的《教学即沟通》，奥恩斯坦所著的《有效教学策略》，布兰思福特的《人是如何学习的》都做了全面的阐述。国内学者对课堂教学有效性的研究在借鉴国外经验的基础上进行研究与实践，也取得了丰硕的研究成果，积累了丰富的实践案例。国内外在教学有效性问题上的研究成果，对开展本课题研究与实践具有重要的指导意义。

（二）本课题的创新之处

研究思路：以 2014 年 9 月起物理新课程方案实施为研究视角，全面探索提高高一物理课堂教学有效性的路子，在此基础上深刻反思高二和高三在提高教学有效性策略研究上存在的问题，并进行比较研究。

研究层次：结合学生学习物理心理特点、认知结构变化和课堂教学环境变化，在提高教学有效性策略研究上分高一、高二和高三三个学段进行，实现科学性与实效性有机统一的研究目标。

研究普遍意义：本课题研究的方式方法、研究范式和总结提炼的实践案例，对其他学科课堂教学有效性研究具有一定的指导价值。

四、具体实践方案的方法、内容和过程

（一）提出提高不同年级物理课堂教学有效性的途径与方法

高中物理教学有三个阶段性任务，高一年段过关考，高二省学考，高三物理选考考试。"三考"试题命题的趋势紧扣课程改革理念，贴近学生的生活实际，培养和发展学生创新能力、探究能力和综合思维能力。为此，三个阶段关于提高物理课堂教学有效性的途径与方法，应该有所侧重。

高一物理教学的有效性主要重在：（1）学科素养熏陶策略，激发学习兴趣；（2）物理过程分析的教学策略，提炼科学思维方法、体悟科学研究方法；（3）物理语言表达能力有效提升策略。

高二物理教学有效性主要重在：（1）以问题为中心的教学策略；（2）学生知识迁移和思维迁移能力的培养策略；（3）科学实验能力有效提升策略；（4）提高高二学考复习效率策略。

高三物理教学有效性主要重在：（1）培养运用物理思维解决问题策略；（2）知识体系有效建构策略；（3）学生知识生长点和能力有效突破策略；（4）提高高考复习效率策略。

（二）课题研究与实践的具体思路与方案

1. 课堂教学目标有效性研究

课题组成员在明晰提高不同年级物理课堂教学有效性的途径与方法的基础上，结合实践过程中的不同课例，开展有效教学目标设计的研究与实践。可以从以下视角形成自己的研究思路：（1）如何根据学生学习物理心理、认知结构和教材内容的特点，去制定教学目标；（2）教学目标通过设计哪些有效载体才能有效实施；（3）课后调查目标的实现情况，反思设计教学目标的技术路径，寻求设计目标的突破点和生长点。

2. 课堂教学手段有效性的研究

课题组成员在明晰提高不同年级物理课堂教学有效性的途径与方法的

基础上，结合实践过程中的不同课例，开展有效教学手段的研究与实践。可以从以下视角形成自己的研究思路：（1）传统教学手段在提高物理课堂教学效益上独特的价值体现和存在的问题；（2）现代教学手段在优化物理课堂教学过程中的功能，以及具体操作方式和方法；（3）传统教学手段与现代教学手段如何进行有效整合，以取得理想的教学价值。

3. **课堂教学方法与物理实验教学方法有效整合的研究**

课题组成员在明晰提高不同年级物理课堂教学有效性的途径与方法的基础上，结合实践过程中的不同课例，开展有效教学方法的研究与实践。可以从以下视角形成自己的研究思路：（1）结合课例特点选择科学合理的教学方法；（2）如何有效开展物理实验活动，培养学生科学态度、科学精神，学会学习物理的思路和方法；（3）课堂教学方法与物理实验教学方法有效整合的思想、手段、结合点和教学价值。

4. **课堂教学气氛有效调控的研究**

课题组成员在明晰提高不同年级物理课堂教学有效性的途径与方法的基础上，结合实践过程中的不同课例，开展课堂教学气氛调控策略与方法的研究与实践。可以从以下视角形成自己的研究思路：（1）教师的人格魅力与课堂气氛；（2）教师的教学理念、课堂教学价值观与课堂气氛；（3）教师有效把握学生学习物理心理，在尊重学生个性差异基础上因材施教与课堂气氛；（4）教师运用的教学手段、教学方法与课堂气氛的把握；（5）课堂教学效益与课堂气氛调控的关系。

五、课题研究的成果

（一）提高课堂教学的有效性，可突显学生的主体地位，促进学生核心素养的发展

提高课堂教学的有效性，真正使学生成为课堂的主人，激发学习物理的兴趣，形成科学研究意识、科学态度和科学精神，开阔学生视野，使物

理课堂教学真正放射出生命的活力，让学生的潜能得到充分的挖掘。

（二）提高课堂教学的有效性，可加强师生互动，增进课堂的情感交流

教师通过精心设计课堂中的情感交互点，使课堂成为师生情感交流的家园，学生在学习中充分体会到求知的乐趣。

（三）提高课堂教学的有效性，可使教师体会到教学的乐趣，促进专业发展

教师能否充分发挥自己在课堂教学系统中的控制、主导作用，通过努力，一堂轻松优质高效、受学生欢迎的课，带给教师的是成就感和满足感，也使教师从中体会到教学的乐趣。

事实表明，通过一年的努力，学生在学科竞赛和嵊州市各级考试中获得了比较显著的成效。在全国物理竞赛中，有1人获一等奖、2人获二等奖、5人获三等级；在浙江省物理竞赛中，有2人获一等奖，7人获二等奖；10人获三等奖；在近几年高三的历次嵊州市联考和绍兴市优秀生联赛、物理选考中，均有学生获得了较好的成绩。

六、课题研究的再思考

经过提高物理课堂教学有效性的课题研究，感觉到的明显变化是：

（一）改变了学生物理学习的方式，学生的学习兴趣和学习质量大幅度提高

成功后的喜悦，对学生学习物理积极性和兴趣有极大影响，且这种影响具有持久性，潜移默化地培养了学生的乐学情绪，同时学生的创造能力和动手操作能力大大提高。让学生带着问题进课堂，通过新知识的学习，带着更多的问题走出课堂。

（二）积累了丰富的课堂设计素材和教学案例，进一步完善了学校的学科资源

课题组成员从自身做起，克服了以往教案模式统一，教学结构单一的弊病，根据不同内容，精心设计全新的课堂教学方案。根据不同年级教学的需要，课题组立足于教改前沿，以课标精神为指导，将最新的教学理念贯穿于课后练习的编写中，力求满足校内大多数物理教师在教案和导学案编写及课堂教学方面的实际需要，进一步完善了学校的学科资源。

（三）整体促进了物理学科教师专业化发展

教师的教学设计理念明显改变，能抓住教学重点，突破教学难点，每一节课都能让学生分析提出解决问题，增进学生的思考能力和创新能力，让学生有实实在在的认知收获和学科感悟，加强了教学的针对性，提升了教学的层次和水平。教师专业素质显著提高，课题组成员在各级评比中取得了非常优异的成绩。

七、反思

有着百年发展史的嵊州中学学术文化底蕴深厚，教育资源丰富，拥有一流的现代教育技术手段，研究资金充足。课题组主要成员具有较强的科研能力和教学实践能力，在学科教学和理论研究上有所建树；同时本课题的研究得到了各级各类教育专家的理论和实践指导，应该说，课题研究的基础条件具备。经过一个阶段的研究，虽取得了阶段性成果，但还需要继续做下去。多年来，物理教育工作者所谈的实践能力，基本上是指学科的实验能力，而对于解决实际问题的能力，尤其是解决与社会相关的实际问题的能力，则重视不够。这其中既有主观原因，也有客观原因，主要表现在：对实验的重要性认识不够，缺乏科学探究精神；供学生进行探究的资源和时间依然有限；不少教师过分依赖和崇拜多媒体教学，使物理多媒体教学走进了一个误区；教师个体钻研与教研组集体钻研的矛盾。

随着改革的不断深入，"教学六认真"的内涵已经发生了很大的变化，特别是学校施行集体备课后，钻研教材、备课这两个内容的操作方式有了很大的变化，这一变化在一定程度上减轻了教师一些不必要的工作负担，便于教师抽出时间思考、学习和提高。同时，这一项改革也带来了新的考验：如何让教师个体钻研与教研组集体钻研有机的结合，从而产生出具有较高整体水平又具有个性化特点的教案，是值得我们进一步研究的课题。

提升教师职业幸福感的策略研究
——以嵊州市高级中学为例

嵊州市高级中学　应栋樑

为切实提升系统干部综合素养，提高教育教学管理能力，努力打造一支高素质的管理队伍，嵊州市教体局与北师大合作举办中小学"卓越校长培养工程"。2019 年 10 月 18 日至 19 日的活动是培养工程的第五次活动。本次培养活动一改原来只听报告和参观的形式，变为以"解剖麻雀"的方式，对嵊州市高级中学进行调研，通过对学校的听、观、研、摩等，分析其做法，提炼总结其经验，撰写调研报告。

本次调研为期两天，通过调研发现，嵊州市高级中学教师队伍的整体情况比较好，其中教师学历结构较好，年龄结构合理，师资数量结构总体合理，师生比比较高，教师的基本功不错。学校还构建了完整的教师培训工作体系，初步形成了教师专业发展的独特培养路径，其中市县级学科带头人4人，名优教师比例有待提高。

嵊州市高级中学的师资队伍总体结构合理，但慢慢开始走向老龄化，名师数量不足，同时，个别科目也的确存在教师配置紧张的问题。教师的热情消退和职业倦怠感问题会影响到学校的长远发展。如何让学校教师有一种归属感和幸福感，是学校发展的核心问题。

一、研究目的

一位缺乏快乐，没有积极向上情绪的老师，不仅不利其自身的心理健康，也无法教育出拥有积极向上情绪的阳光学子。只有具备高度职业幸福感的老师，才能够将教学工作当成对自我价值的追求，才能够以积极、主动的情绪投身到教学工作当中，创造性地充分发挥自身的才干，努力提高教学质量，并满腔热情地爱护学校，从而打造一个幸福的教师团队，促进学校的长远发展。

学校将积极践行并落实"用文化发展精神凝心聚力，靠学研富脑修身"的思想，实行"人本管理工作＋愉快管理工作"的管理工作战略，围着"人文管理工作聚集民心，愉快管理工作创生效能"做篇章，建立"尊重、赏识、关心"文化精神，加强"幸福感提升工程"建设，努力营造人文科学和谐校园环境，充分调动教师的管理工作热情，提升教职工的幸福感指标。

二、研究的方法

课题科研方法以问卷调查研究法为主。在科研起步阶段，首先进行文献资料收集分析，为科研确立了逻辑基础和事实的起点。在科学研究开展阶段，以参加科研教育工作的教师为主，遵循策划、行动、思考、反馈的基本程序来进行科学研究，其中，把握反馈和思考这两环尤为关键。研究者可以根据对现实问题处理的实际要求，适当交替或辅之若干其他科学研究方式（如访谈调查、个案研究、专项研究汇总等方式）；同时，针对科学研究对象的具体情况和特征，把行动探究视为贯穿科学研究始终的主要方式，以实现适当的理论归纳与实践探索汇总的双重研发目标。

三、嵊州高级中学教师职业幸福感基本数据分析

2019 年 11 月，我们对嵊州市高级中学的教师职业幸福感情况开展了调查研究，学校以无记名问卷调查方式，共发出教师问卷调查 136 份，收集有效问卷 130 份。教师问卷调查，主要包括精神幸福感、职业幸福感、

经济幸福感、人际关系幸福感、健康幸福感和社会价值幸福感等方面的调查内容，力求借助此问卷式调查，全面掌握教师对幸福问题的实际思考与体会，努力提高教师的幸福感指标，以推动学校和谐持续发展。

（一）嵊州高级中学教师职业幸福感的优势分析

1. 大多数教师有奋斗目标和追求

从调研中可以看出，教师的主观幸福观也有了提高。这主要体现在学校大部分老师都有了精神幸福感，学校中有 80% 的老师因为心中的目标而不怕苦和累，有 6% 的老师因为完成了自己的志向而甘愿奉献自己的劳动，有 7% 的老师因有明确的奋斗目标，从而觉得生活非常快乐。

2. 大多数教师主流价值观是好的

在教学工作中，能彰显教师个人价值、实现个人价值是老师个人幸福的重要源泉之一。在学校调查中发现，教师学生干群关系较好，对学生领导干部实施人文关爱，教师能够用感情留人，让老师感到教学工作中有安全保证，教师们有用武之地，也能够实现教师个人价值。虽然该校条件不太好，但教师们并不希望远离校园，对该校也产生了感情，因此该校教师有着很大的亲和力和凝聚力。在问卷调查中，有 66% 的教师觉得尽管该校条件不好，但仍然希望在此工作，因为这可以实现个人价值；有 3% 的教师觉得工作可以实现自己的个人价值，并觉得工作非常快乐。这也显示了该校教育的主要价值观是好的，是积极进取和奋发向上的。

3. 大多数教师从交往中获得了幸福

老师生活在人民群众中，学生生活在社会亲友中，学生的人际交往怎么样，老师对自己的评价也怎么样，老师有没有亲和力和向心力等，都直接影响着老师的生活幸福感。老师在人际交往中得到幸福、赢得朋友、得到支持，所以老师也就感到了快乐。问卷调查中，有 9% 的老师乐于与朋友办事，有 97% 的老师乐于与亲人相处，认为与亲人交往是一件非常幸福的事，这表明校园关系是融洽的、和谐的。

（二）影响嵊州高级中学教师职业幸福感提升的主要问题

1. 经济待遇还有待提高

教师的工资待遇尽管有了很大的提高，但与工作付出比较，在心理上仍然得不到平衡，总觉得与自己的投入和奉献并不成正比。在问卷调查中，有68%的老师觉得由于教师工资太少，影响了家庭生活质量，有80%的老师则觉得由于自己对家庭投入太少，心理上不公平，特别是班主任的收入与付出程度不成正比。在社会主义市场经济条件下，家庭物质基础才是一个人追求幸福生活的重要物质基础，投入太少势必影响老师的工作积极性，从而影响老师家庭生活的质量。

2. 工作状况有待改善

在现实生活中，老师们往往没有幸福感，对现实环境的不满足，工资无法与付出量相等，竞争也使他们无法全身心地放松，而学校中存在的某些不平等现象，也常常让老师没有教学激情、职业倦怠，让老师们觉得身心疲倦。在问卷调查中，有64%的老师们觉得上班对自己而言是一个压力，自己也感到身体很疲惫。有4%的老师觉得因为有压力，上班对其而言痛苦大于快乐，由此可见，多数老师对上班快乐还未感受出来。怎样缓解老师的上班压力，使老师觉得上班是一个快乐职业，是亟待解决的问题。

3. 课余生活还需重视

教师队伍中的不少女同志，除了在校园工作，下课后还得做做家务，照看老人和小孩，根本没时间参与业余生活；也有的老师因为收入太少，想要加入但经济上不允许；有的老师尽管经济条件还可以，对家庭又不是一个负担，但因为工作压力太大，怕影响工作又没时间参加课外活动。在调研中，有71%的老师因为收入太低，想要参与但没有条件进行传统文化娱乐活动；有70%的老师，因为工作压力太大没有时间进行课外生活。

4. 生活满意度还需提升

因为以上种种原因，有工作因素、家庭因素、收入原因等影响着教师的教学生活，让他们体会不了快乐。在问卷调查中，有50%的教师对自己的教学生活并不太满意；也有教师觉得，自己想做的事和所做到的事之间，总有差异。这也表明，为了提高老师的幸福感，教育学院领导必须针对不同老师的实际状况，改变他们的工作环境与生活环境，以帮助他们完成自身的奋斗目标，进而产生幸福感。

四、嵊州高级中学提升教师职业幸福感的主要途径

（一）建立制度文化，搭设增强教师职业幸福感的"起始点"

古人云"没有规矩，不成方圆。"制度就是规则，而制度又是学校德育、教学的准绳。所以，我校的首要任务就是健全和完善校内各类规章制度。在建立规章制度的过程中，要充分发扬学校民主精神，让规章制度合法化，如此才能被全体教职员工所接受和自觉地执行。健全校内的各项规章制度，管理层面有例会制度、议事制度、考勤制度、考核制度等；教学层面有"教学五认真"检查制度、教科研奖励制度、名师名科培养制度；政教层面除日常行为规范外，建有节庆制度、奖学金制度、学生自我管理制度；后勤层面建有绿化养护制度、外聘人员考核制度、财务购买申报制度等。

（二）推进师德建设工程，锤炼增强教师职业幸福感的"升华点"

教师队伍建设是学校办学的主要动力，学校教师职业道德修养水平好坏就是关乎校教师队伍建设，也关乎教育、科研、教学管理，也关乎大学校风、学风的关键因素。为了将学校高素质教师队伍职业道德建设工作落在实地，首先采取了教职工、学生个别走访、社会调查等多种形式，以掌握教师职业道德修养情况。学校教职工认真地学习掌握了《教职工师德行为规范》《五条禁令》等关于教师职业道德修养基本方面的相关材料。职业道德标准中对教职工作出了具体的标准要求：一是要忠实于党和人民的教育教学事业，这是教师职业道德修养的基本方向；二是要有爱岗敬业精神，这是老师职业道德修养的核心；三是要从教育德，这是老师职业道德修养

的基本标准；四是要为人师表，这是老师职业道德修养的基本要求。在具体的教育实现步骤中：第一，明确老师的基本人格目标，即老师首先应当是一名符合资格的普通公民，并具有一名普通公民相应的人格素养和道德水准。第二，明确老师的基本职业目标，即老师应当高于普通民众的道德素养和职业道德品质。第三，明确教育总体目标，即老师的道德水平要符合现代素质教育对师资的需要。

（三）提高教师学术创新能力，托住了提高教师职业幸福感的"腾飞点"

1. 完善师能提升工程

一是积极打造学科课程发展平台，通过举办青年教师读书学习成才、教育基础功评比、优秀课堂教学比武等教学活动，提高教师队伍的基础理论文化素养和学术水准；二是打造老师自主展现平台，大力推行教育名师建设工程和青蓝工程，积极引导老师主动参与市级以上的优质精品课评比、名师申请、优质课堂教学论文评比以及学术主题报告，力求通过多姿多彩的教学活动，给每位老师创造一个施展才华、体验课堂教学成果的良好平台；三是构建学校教师合作与交流的平台，深入开展个案剖析、学校教育赛课、专家汇报、课堂教学沙龙、教育博客、课程研讨等校本课程教研活动，努力营造良性的课堂教学发展氛围。

2. 加强课堂提效工程

以校本教研实践活动开展为载体，积极推动从课堂理念向课堂实践教学活动的转变，逐步形成多样化的课改教学活动，进一步健全了课堂评估机制，认真分析老师的课堂情况，搭建教学共同体，有效推动学科持续健康发展。

3. 深化课题带动工程

积极鼓励老师剖析社会现象，找出具体问题，并通过观察、走访、问卷调查、探究案例等办法从多方剖析因素，然后再通过学习、交流、实施解决问题的具体方略，逐步建立一整套科学有效的解决问题的方法。通过反复研究和实验，老师解决了课堂教学中的许多困难，也推动了老师的学科发展。如《自主性交互协同作文模式的探讨与研发》《攻克职业疲倦，提高老师幸福感指标的实施与研发》等课题成果突出。

4. 减负增效工程

转变为"给老师加压，给学员减轻"的教育观念，以提高教学管理工作，并减少对老师的额外负担，如取消了读书笔记检查制度，将检查读课本比例变成了课堂教学参与率，并采取集中备课和对案例补充修订，将详案和略案相结合的方式，注重课堂过程设计、教法学法引导等，从而从重数量转向重品质，以增强课堂有效性；岗位考评制度采用了过程性评价与结果性评估相结合的方式，既看终点的工作业绩，又看教师本身在发展过程中的进步状况，使评估结果更为公正、合理、全面、准确。

5. 能够知人善用

知人，就是说清楚别人有什么优势、特长。善用，也就是说科学合理地分解别人的职责任务，从而做到最出色地完成。将对教育工作有专长的老师放到关键的岗位上，让人才各尽其能。人才必须顾全大局，不感情用事，不以自身的高低为准则来评价学生。学校还必须努力做到以诚为人处事，尊重贤才，切实努力做到"用人不疑，疑人不用"，大胆地选用人员，合理地利用人才，使老师在教学工作中持续地受到磨炼，进而提高才能，在教学育才的工作上大显身手，切实努力做到"好汉有用武之处"。

（四）建设幸福校园，架起提升教师职业幸福感的"支撑点"

1. 唤起了职业的崇高情感，使教职工胸怀使命而从教

学校以师德师风教育为主体，借助优秀教师职业道德报告团的巡回报道、"强素养修师德、树形体展师风"讲座、开办职业道德讲堂等教学活动，确立"德高为师，身正为范"的职业道德风标，引领教职工明晰工作职能，提高职业道德素质。要以教师节庆典、师德标兵的评比教育活动等为教育契机，积极营建尊师重教的良好舆论气氛，以先进老师的模范事件辐射引领全体教职工，让老师们深刻体会到身边成功者的风采和价值，重

塑教育行为的圣洁崇高，提升教育行为的满足感和当代使命感。

2. 建设幸福家园，让教师有归属感。

认真落实学校教工人大会制度，建设阳光校园，通过广泛征询教工人对学校发展问题的看法和意见，听民声、顺民心，充分调动教工人依法行使民主权力，参与校园民主管理和民主监督各项工作的主观积极性，增强了教员工的主人翁意识，使以校为家的社会主义理想植根教工人心灵，激发教师治家的幸福感。

打造快乐健康大工程。在调查研究的基础上，找到和克服教职工所面临的问题与不足，以工会为基础，积极组织教职工进行多种体育竞赛，以减轻老师的压力如拔河、跳绳、羽毛球、乒乓、健身操以及兴趣活动比赛、课间锻炼十分钟、学校的"吉尼斯"制作比赛等活动，大大充实了教职工的课外生活，使老师们感觉集体的温馨，让情感留人。

3. 建设了暖心工程，使教师们共享教育红利

以为教员工办好事、办实际的工作出发点，建立了教员工保健档案，严格了教员工的定期卫生健康体检管理制度，真正维护了教员工健康。在"三八妇女节""五一劳动节""教师节"等节点，向老师送去温馨祝愿，慰问生病、离退休及家庭生活困难的老师，播撒关怀，温暖心灵。利用教学大访谈构建学生和老师的面对面互动沟通网络平台，倾听老师心里话，为老师们排忧解难，使老师们真正体会到校园大家庭的温馨、快乐，从而放心从教，用心教学。在绩效工资、评优评先、职称评定、职务设置等方面，向有突出贡献的师资倾斜，努力创造引进人才、留下人才、用好人才的良好氛围，并着力克服师资能力弱化的问题。

五、研究成效

（一）以人为本的管理思路也较好地得以推广

学校管理建立以重视人、相信人、鼓励人、发展人、成全人为出发点

与归宿的"人本"思维。将老师们切实作为公共服务的主要对象，改变以行政管理人为主要中心的定式，摒弃以打骂、命令、限制、禁锢，乃至奴役和摧残老师为主要标志的刚性管理工作，代之以关爱、信念、了解、包容、赞赏、鼓励、参与、指导、沟通、交往、协调、对话、资助、扶持、鼓励等人性化的低柔度管理工作，努力创建富有亲和力的校园人文生态环境，老师们体会到了民主、公平、友爱、亲切、激励、帮助和支持，让校园真正变成了老师们欣赏、留恋的好地方。

（二）人文管理已成为对学校管理的新追求

通过对学校文化建设的经营、整合，如思想观念的树立、价值观念的认知、文化氛围的创造、社会合作意识的增强等，进一步发掘党员干部教职工的自身潜能，促进了党员干部教师情感、态度、价值观的上升，进而更有效地推动学校发展。文化管理要求的最理想效果，是建立规范、科学合理、循序渐进的管理机构，建立一种师生之间互为支持、彼此欣赏、相互感动的人文学场。

（三）教师学生活动更加丰富多彩

行为文化也可圈可点，定期或不定期开展各种规模的课外活动，学校教师学生课外活动形式多姿多彩，有明确的教师行为规范准则和学生的日常行为规范。面向教师，有定期的讲座和各种业务比赛、师德培训等；面向学生，定期举办科技节、艺术节、体育节等，注重学生行为习惯的培养、精神的培育和能力的提升。环境文化有着丰富内涵，育人功能凸显，学校实施"大花园"建设策略，不断丰富环境育人内涵，校园绿化全部有班级学生认领捐赠，培育爱校意识和集体责任感、荣誉感。校园处处体现文化育人功能。以射箭和校园足球特色项目为引领，普及足球运动，培育体育精神，弘扬体育文化，促进师生精神成长。

学习共同体视角下的高中教研团队建设的实践研究

——以嵊州中学物理教研组建设为例

嵊州中学　王百庆

一、选题缘由

从 2018 年全国教育大会胜利召开，到中央发布了《中共中央 国务院关于全面深化新时代教师队伍建设改革的意见》，再到教育部等五部门印发的《教师教育振兴行动计划（2018—2022）》中指出，"以提升教师质量为核心，以加强教师教育体系建设为支撑，以教师教育供给侧结构性改革为动力，推进教师教育创新、协调、绿色、开放、共享发展"，"着力培养造就党和人民满意的师德高尚、业务精湛、结构合理、充满活力的教师队伍"。建设高素质专业化创新型教师队伍，教师队伍建设进入了全面提档升级、提质增效的新阶段。

随着浙江省新高考、新课改的不断推进，新教材与走班教学的实施，嵊州中学作为省一级重点中学、省一级特色示范学校，要在此次改革中勇立潮头。这需要老师不断提升自身的教学理念，着重培育学生核心素养，促进学生全面而有个性的发展。这需要教师间进行合作教学，学校建立健全教师合作机制，包括集体备课、定期交流走班教学经验、分享团队智慧等，使学校的选课走班始终处于团队化、交流型与透明化的发展路径之中。

教研组团队是学校最基本、最传统的教师组织。教研组团队是学校开展教学、研究的主阵地，对提升教师教育教学能力，促进教师专业发展有着不可替代的作用。学校各教研组工作的实效性决定了一个学校学科教学的实效性和教育改革的成效性。

二、研究设计

学习共同体是指学习者、研究者等为了完成、解决或关注某一问题，在共同愿景指引下组成的组织。成员间通过相互对话、沟通、交流、分享，整合各种学习资源并创造性地达到解决问题的目的，最终使每一位成员得到发展。

本研究以嵊州中学物理教研组团队建设为例，借助学习共同体的理论，探索一种基于教师自愿合作的微团队培养机制，建设具有共同体特色的物理教研组微团队。实现教师主体意识的回归，引发教师发展方式的变革，营造合作文化，激发教研组的活力，促进教师专业发展，最终把嵊州中学的物理教研组建设成一个真正的教师学习共同体，从而在教学过程中落实物理学科核心素养，促进学生全面发展，同时也丰富教师共同体的实践研究。

三、物理教研组发展的现状

（一）现状调查

近些年来，浙江省物理选课率明显下降，嵊州中学的物理选课率也在逐年降低，从考试改革前的 80% 到 2017 届的 60%，再到 2019 届的 20%，这与省一级重点中学的地位不相符。物理作为一门重要的基础科学，这样的选课率实在太低，不利于国家科技的发展，也对物理教师的发展提出了前所未有的挑战。

本课题组对我校每一位物理教师作了仔细调查与访谈，涉及三方面问题：一是自己在教育教学中的兴趣点或特长，通常课堂教学的模式及效果；二是对备课组活动的看法，平时参与的程度及对合作教学的看法；三是对教科研的情况。相关数据汇总分析如下（见表3-2、表3-3）：

1. 教师结构分析

表3-2　教师结构分析

任教年级	备课组人数	初级职称人数	中级职称人数	高级职称人数	教龄15年以上人数
高一年级	8	0	6	2	7
高二年级	5	0	1	4	5
高三年级	4	0	2	2	3

表3-3　物理教师的工作兴趣点

兴趣点	试题研究	撰写论文	实验和技术	课堂研究
人数	5	3	3	6

2. 对于参加常规教研活动的调查发现

教师普遍认为教研活动的形式和内容单一，局限于统一教学进度、资料，传达上级部门的安排等方面，缺少互动和研讨，不可能有激烈的争论，同时缺乏解决教师实际问题的针对性。

教师主动参与教研过程不足。在集体教研活动中，能听取同事发表的意见占45.7%，梳理教研活动中讨论的问题占16%，提出解决问题的设想占15.1%，表达自己的经验与不足占18.3%，质疑别人的经验与做法占4.9%。可见教师自主反思的能力较差，主动解剖自己的意识较弱，并且不善于主动质疑，创新精神欠缺，很难从平时的教研活动中提升教学、科研能力。

总之，教研组的建设并不乐观，教师普遍处于单打独斗的状态，缺乏有效的合作与交流，教研组、备课组的活动流于表面化，有效性也不突出。

（二）问题归因

1. 教师合作意愿不强

物理教师之间竞争加剧。实行县管校聘，每三年都要竞争上岗。而选考物理的学生断崖式下降，物理教师人数需要减少，有教师需要转岗，这让物理教师间竞争变得激烈。在实际教学活动中，岗位竞争使得同学科、同组老师不愿别人学习自己的长处或独特的教学方法，会有选择地保留，严重缺乏团队精神。

物理组大部分老师已处于中老年，职业倦怠心理较重，教师有清高的心理，加上对合作没有深刻的认识，导致合作意识淡薄。平时的教学研讨中，对于教学问题只会礼貌性地进行交流，不会对问题进行反复争论质疑，这也降低了合作交流的效率。

2. 教师合作氛围缺失

部分教师工作繁重，无心合作探讨。目前像嵊州中学这样位于县级的重点高中，优秀的物理老师承担物理竞赛、班主任或行政工作，加上正常的工作量，优秀教师普遍工作时间长、工作量大、工作压力重。还有学校无关教学的"活动"多，例如每天打卡、经常填报数据等，这也使得教师不愿投入到教科研中来。

四、实践过程

（一）组建开放的学习共同体——微团队

从学习共同体的视角下，培养物理教师的学习动机，调动教师参与合作的意愿。

1. 认识自我

开展针对性的学习活动，阅读组织学习《教师的挑战——宁静的课堂革命》《学习型学校的创建——教师组织学习力新视角》《教学勇气：漫步教师心灵》《课程改革与教师专业发展》《教师专业发展取向的扩展》《教师成为研究者》等论著。进行学习与反思相结合的自我研究，进一步了解课题研究内容及知识储备，同时培养教师阅读习惯，建立学习型组织。

2. 专家启导

专家理论指导和学校内骨干教师讲座。2019年8月，学校邀请义乌中学的物理特级教师吴加澍作"逾越高原期——优秀教师的成长历程"报告，2019年10月，又邀请企业管理培训专家李宁太作"打造团队合作力"报告。学校每月开展晨钟论坛，选择不同类型、不同发展阶段的几位教师在教职工大会上做讲座。

3. 自我反思

见表3-4。

表3-4 自我反思的路程

程序	要素	价值
客观描述	客观而真实地了解、搜集、概括、总结自己教师职业发展现状方面的信息。	认识自我
价值判断	按一定要求对自己教师职业发展现状进行评判，以确定自己教师职业发展的特长和缺陷、优势和劣势。	定位自我
增值探索	向外界提出给予恰当指导和帮助的诉求，有针对性地改变教育教学行为，提高教育教学技能，完善职业素养，促进职业发展。	发展自我

4. 谋划生涯帮助教师发掘内心世界的图像，使这些图像浮现出来，发掘教师的"未来景象"

见图3-4、图3-5。

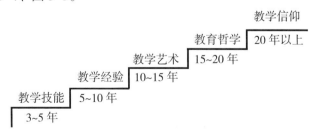

图3-4 教师人生发展关键词

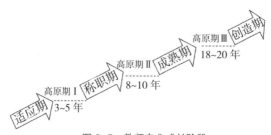

图 3-5　教师专业成长阶段

5. 多重推介，寻找伙伴

通过深度会谈，加深了解。了解组内成员及自己的优点和不足；明确教研活动所关注的问题，找到共同的兴趣和爱好，找到最理想的合作伙伴。

组长要积极展现自己，把自己的研究成果通过演讲、展示、交流、论文等多种方式和同事、同行分享，推销自己的能力，让更多的同事了解自己，从而吸引合作伙伴。

6. 关注要素，组织团队

经过前期的宣传与学习，开始组建微团队。在传统教研组团队基础上，按教师个体的兴趣、特长自由组合成若干具有共同意愿的微团队，即专项学习共同体：课堂研究组、实验与技术组、试题研究组、论文组、名师工作室等。选择有特长、有一定威望的老师任组长，各位组长将"合伙意愿者"纳入成为组员，组建微团队（见表 3-5）。

表 3-5　传统教研组和微团队的比较

比较项	传统教研组	微团队
根本特征	管理	发展
追求目标	组织的正常运行与任务的完成	组织成员的共同进步，形成合作氛围
成员关系	上下级的层级关系	共同体
运行方式	上情下达，内容单一，形式至上	合作，个性、主动性的充分发挥

续表

比较项	传统教研组	微团队
运行依据	严格的规则、制度和标准	专业自主与制度保障相结合
成员角色	理性的，工作与职位的对应	情感理性相结合的，不断发展的个体

微团队打破等级制度，体现共同体特征。教师在有尊重感、自己喜欢的领域和志同道合的人一起合作学习、研讨、分享各组成果，有利于增强教师对共同体的参与程度，维持他们持续、努力的学习活动，并与原有的教研组团队并存，形成网络化的指导与协调关系。

研究将之建成专业合作共同体的策略。过程见图 3-6：

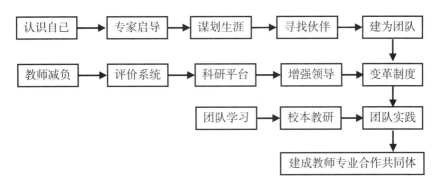

图 3-6　建成专业合作共同体的策略

（二）设计教研团队建设目标与制度

各组建设自己的目标和制度。以试题研究组例：

目标：第一年建立新课改后的高一作业本，高二编制校本学考复习资料，高三初步完成一轮复习资料编写（课件、电子教案、课后练习等），积累二轮复习资料。

定期汇报制度：要求组长每两周在群里汇报进度，简单的评价。

奖励制度：制定目标完成奖、质量考核奖（课题与成绩两部分）。

（三）建设教育科研活动平台

学校给予教研组全方位的支持，如教研时间、活动场地、活动经费等。

2020 年暑假，学校专门建设了物理研发中心，是配有一体机、大书柜、长桌子等的现代化小活动室，为微团队提供了活动场地。活动室可作为微课录制、小型竞赛辅导、各类培训的场所。学校每年给予物理组一定的专项经费，用于购买书籍、邀请专家、外出学习、买网络平台等正常的科研活动。学校为物理组提供了场地和经费保障。

建立教师微团队微信群。通过微信等手段能快速地查阅和分享丰富资源，有效打破时间和空间的限制。今年物理组教师全部通过了教育技术信息应用 2.0 培训，有效提升了物理教师现代化教育教学手段。

（四）增强微团队组长的专业领导力

微团队教研活动的开展及实效，组长起着至关重要的作用。因此需要通过多种方式提升微团队组长的整体素质，尤其是其专业领导力。例如与高校、科研院所联系组织相关培训，让组长具有广阔的知识面，具备更强的科研能力；组织与其他学校交流，提升自信心和领导力。

（五）扎实推进团队活动进程

微团队初建后，组长首先要周密考虑团队的定位，思考团队的类型与功能，建设什么样的团队，需要哪些人才，对成员进行调整和安排。团队共同构建团队目标，清楚本团队能够达到的组织愿景，然后在组长引领下，以项目为目标开展活动，包括校本教研，团队学习，课堂展示，继续教育，名师、专家讲座等。

（六）谨慎变革学校制度

1. 给教师减负

个体层面：减少不必要的使用手机的时间，规定每周的学习、科研时间。微团队每周抽一个晚上进行定期的学习、讨论、分享。

学校层面：给教师减负，改善教师的工作环境，改变办公方式，采用弹性上班制，提升教师的工作积极性。同时减少或减短会议、不必要的APP打卡等与教育教学无关的活动，以减少对教师的干扰；学校实施小班化教学（本校已经实施），减少班主任老师各类无关数据的统计上报，减少教师的工作量。

2. 建立合作评价系统

改变学校考核制度：建立"合作评价"系统，用阶段性、形成性评价，淡化竞争，增强合作。例如借助县管校聘，将微团队、教研组的合作成果作为考核的一部分；评为优秀团队，所有成员可以有一定的评价加分；在平时的考绩中，重视和加强团队考核力度，将是否参加教师学习共同体作为其中一条。又例如个体在各类教师比赛获奖，学校给予对应的微团队成员一定的奖励；课评比学考、选考、高考奖励方案中体现集体奖励的份额，提升教师的合作意愿，提高合作的意识。

五、研究成效

（一）教师方面

组建了微团队，打破了传统教研团队形式；开展了微团队的研究与实践，丰富了教师专业发展的路径；搭设了研训平台，开拓推进了教师专业发展新途径；两年来，物理组教师教学、科研面貌发生了变化，取得了一定的成绩。

（二）学生方面

随着学习共同体下教师教研团队建设的推进和引领，学生的学习能力不断增强，助推教育教学质量的提高。课题实践的三年，高考成绩一年上一个台阶（见图3-7）。

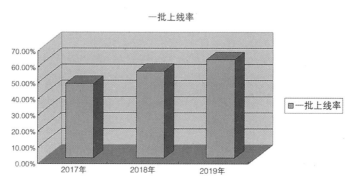

图 3-7 嵊州中学一批上线率

2018年高考成绩一本上线率为46.31%，2018年上升到53.89%，2019年更是提升到61.06%。物理成绩逐年提升，特别是赋分后成绩100分人数由个位数提升至两位数。

（三）学校方面

搭设学习共同体下教师教研团队的建设框架，并有效实施操作。开展教研团队制度新设计，实践教研团队组织新变革，实现教研团队活动新形式，搭设支持教研团队的新系统。

高中历史概念有效教学的实践研究

嵊州市长乐中学　史浩军

在高中历史学习过程中，历史概念对于学生历史知识体系的生成和历史学科能力的提高有着重要的作用。随着新课程改革的发展，历史概念教学逐渐受到一线教师的重视，但笔者发现，历史概念教学存在一些问题和困境。

一、高中历史概念教学存在的问题及成因分析

（一）教育机构缺乏掌握历史概念的规范要求

目前教育机构关于历史教学要求的相关规范，如课程标准、教学指导意见、高考说明等，大多从史实的角度提出学生应掌握的教学要求，很少涉及对历史概念掌握的相关要求。

（二）核心概念在教材中没有解释，或有解读但不到位

现行高中统编历史教材中呈现了大量的历史概念，但是教材编撰在客观上存在着一定的不足。有些概念是以资料卡片或者知识链接的方式加以呈现；有些虽然进行了解释，但欠缺透过历史表象对历史本质的表述；有些概念则在不同单元多次出现，但在不同的地方却有不一样的解释，让人不知所措；有些概念初看明白，也能大体意会其含义，但是明确表述却存在着困难；而有些重要的核心概念，教材没有给予解释。比如，君主专制、中央集权、"左"和"右"、近代和近代工业以及近代民族工业的区分、阶

级结构和经济结构、民主、共和制、官僚资本主义、半殖民地半封建等。这些缺陷和不足，对教师和学生进行历史概念的教与学造成很多困难和问题。

（三）重视史实概念教学，忽视理论概念教学

史实概念和理论概念是两类最基础的历史概念，是构成历史概念不可或缺的重要组成部分。理论概念的教学有利于学生更加准确地理解并掌握史实概念之间的关系，进而构建系统的知识脉络体系。但由于理论概念相比于史实概念更抽象、更难以理解和表述，对教师的专业素养和专业知识有更高的要求，所以历史教师无论备课环节或者是课堂教学过程，往往有意或无意地忽略对理论概念的分析和教学。这种忽略的结果，往往使学生无法形成正确的历史理论概念，也就丧失了对史实概念准确的辨析和判别，最终不利于学生历史学科思维意识和能力的养成。如在讲授《中外历史纲要》（上）第四单元第 15 课一课时，教师往往会侧重对明清时期经济、文化和科技的史实概念的讲授，忽视指导学生通过文明史观、全球史观和科学史观来分析明清时期经济社会和科技文化的特点，特别是进入近代，东西方经济文化发展的趋向和对社会发展的影响。

（四）对史实概念重史实陈述缺理论分析

教师在授课过程中，对于历史史实概念一般都比较关注，并对学生指出把握历史史实概念的方式、方法和技巧，比如在掌握历史事件概念时，会要求学生从时间、地点、背景、过程、性质、影响等主要因素入手。然而，对各历史因素相互间的内在逻辑联系，往往欠缺理论的分析。因此往往会出现的一种结果，就是从表面上判断，学生已经掌握历史史实概念的各个因素，但从整体来考察，学生对历史史实概念仍没有完整、全面、真正的掌握。

（五）历史概念教学以灌输为主，缺少历史概念的构建

在历史概念教学实施过程中，鉴于概念有"内涵"和"外延"两个最基本的特征，这就要求教师指导学生通过对历史概念的内涵和外延细致全面的分析，从而把握概念的本质。而在实际开展历史概念教学活动中，教师往往把历史史实概念机械地按时间、地点、人物、内容、意义等要素展开分析，"要素化"历史概念的教学方式固然对学生理解历史概念有所帮助，但忽视了各个要素的内在关联，背离了历史概念是对历史问题本质概括的属性，使学生只能对历史概念形成表层认识。而对于历史理论概念的教学，教师往往以灌输为主，将自以为一目了然、通俗易懂的"正确"理论或结论，直接灌输给学生。比如"经济基础决定上层建筑""生产力决定生产关系""巴黎公社革命的出现是偶然的，失败是必然的""说明资本主义道路在'两半社会'的中国是行不通的""社会主义道路是中国历史的必然选择"等。由于学生掌握的历史学科理论知识的匮乏和认知水平的有限，其结果只能被动接受教师的"分析"和"给予"的结论，缺少一个内化和自我构建的过程。

二、高中历史概念的筛选和梳理

现行高中历史教材为人教版统编历史教材《中外历史纲要》，分为上、下两册，是高中历史学习的必修内容。本版教材始于 2020 年秋季，且无考试标准，一线教师尚处于摸索阶段，对于如何筛选核心历史概念没有定论，笔者根据教学实践，以教学目标为根本，以核心主题为立足点，以学生疑难点为补充，以高考常考点为导向为依据，对统编历史必修教材进行了一次系统的梳理。

（一）中外历史纲要（上）历史核心概念

通过表3-6展示如下：

表3-6 中外历史纲要（上）历史核心概念

单元	核心概念
第一单元	文化遗存、"禅让制"、分封制、宗法制、井田制、春秋战国、商鞅变法、百家争鸣、皇帝制度、三公九卿、郡县制、"焚书坑儒"、"文景之治"、刺史制度、丝绸之路
第二单元	民族融合、孝文帝改革、"贞观之治"、"开元盛世"、藩镇割据、九品中正制、科举制、三省六部制、租庸调制、两税法
第三单元	两府三司、王安石变法、行省制度、五大名窑、程朱理学、宋词、元曲
第四单元	内阁、"郑和下西洋"、"康乾盛世"、军机处、"十三行"、心学、西学东渐
第五单元	鸦片战争、半殖民地半封建社会、洋务运动、《马关条约》、瓜分狂潮、戊戌变法、《辛丑条约》
第六单元	同盟会、"三民主义"、武昌起义、中华民国、《中华民国临时约法》、新文化运动
第七单元	五四运动、三大政策、革命统一战线、国民大革命、北伐战争、"工农武装割据"、长征
第八单元	九一八事变、西安事变、抗日民族统一战线、第二次国共合作、南京大屠杀、百团大战、中共"七大"、重庆谈判、土地改革、三大战役、中共七届二中全会
第九单元	《共同纲领》、土地改革运动、"银元之战"、"米面之战"、抗美援朝、日内瓦会议、和平共处五项原则、亚非会议、三大改造、"大跃进"运动、人民公社运动、"八字"方针
第十单元	十一届三中全会、改革开放、"一国两制"、"九二共识"、"一带一路"

（二）中外历史纲要（下）历史核心概念

通过表3-7展示如下：

表3-7 中外历史纲要（下）历史核心概念

单元	核心概念
第一单元	私有制、阶级社会、《汉谟拉比法典》、克里特文明、迈锡尼文明、城邦制、基督教
第二单元	封君封臣制度、庄园与农奴制度、伊斯兰教、印度教、玛雅文明、印加文明、
第三单元	资本主义萌芽、新航路开辟、商业革命、价格革命、资本原始积累
第四单元	文艺复兴、宗教改革、启蒙运动、"光荣革命"、《权利法案》、君主立宪制、《1787年宪法》

续表

单元	核心概念
第五单元	工业革命、工厂制、蒸汽时代、"电气时代"、资本主义世界体系、欧洲三大工人运动、空想社会主义、《共产党宣言》、巴黎公社
第六单元	殖民扩张、资本主义世界殖民体系、资本主义世界市场、拉美独立运动、亚洲觉醒、非洲抗争
第七单元	三国同盟、三国协约、萨拉热窝事件、凡尔赛－华盛顿体系、国际联盟、列宁主义、十月革命、战时共产主义政策、新经济政策、斯大林模式、法西斯主义、绥靖政策、雅尔塔体系、联合国
第八单元	冷战、两极格局、"杜鲁门主义"、马歇尔计划、经济大危机、国际货币基金组织、世界银行、关贸总协定、赫鲁晓夫改革、勃列日涅夫改革、东欧剧变、苏联解体
第九单元	世界多极化、欧盟、经济全球化、世界贸易组织、北美自由贸易区、东南亚国家联盟、亚太经合组织、上海合作组织、人类命运共同体

三、高中历史概念教学的基本原则和策略

在了解了历史概念教学的重要性、现状及简要原因分析之后，我们该如何加强历史概念教学呢？网上、杂志、报纸中介绍的教学方法有多种，见仁见智，可谓"教学有法，教无定法"。笔者结合自己的教学实践经验，认为在遵循主体性、选择性、渐进性、系统性、规律性、目的性等原则的基础上，可以考虑综合运用以下策略。

（一）筛选、界定和围绕核心概念开展概念教学

不同学者基于不同的标准和侧重点，可以把历史概念分成不同的类别，每一单元每一课时内容包含了大量历史概念。但不管依据何种标准划分，每一课时内容势必会存在一至两个核心概念，所以我们在平时教学中首先要筛选、界定核心概念，进行核心概念下的概念教学。

（二）运用多重史观开展历史概念教学

新课程背景下注重运用多重史观对历史概念开展教学。如对"新航

路开辟"概念进行多角度认识：革命史观——它是西欧国家走上殖民扩张和掠夺的开端，给亚非拉地区人民带来深重灾难；全球史观——它打破了各大洲相对孤立的状态，使世界逐步走向相互联系的统一整体；从文明史观——使世界各地的文明相互碰撞和交融，促进了人类文明的发展；社会史观——加强了世界各地的商业交流，促进了各地物品的交流、交换，增加了人类的食品种类，改变了人们的社会生活。在这些史观中，要特别注意文明史观和全球史观，它不但是史学界共同倡导的主流史观，也是历史新课程的指导思想之一。所以应该尽可能让学生从文明史观和全球史观的角度理解历史概念。如在谈到中国近代的屈辱史时，不但要引导学生认识到"落后就要挨打"的历史教训，而且要从国际关系史的演变引导学生理解它同时也是一种与人类文明相悖的必然结果。再如我们耳熟能详的从五大社会形态史观角度得出的"半殖民地半封建社会"概念，换成文明发展史观也就可以说成是"半独立半资本主义社会"。

（三）宏观历史体系下开展历史概念教学

历史事件、历史概念不是孤立存在的，因此开展概念教学就必须引导学生联系古今中外的历史。如学生在绍兴一模第 16 题中，对于"黑格尔说，欧洲人只要一提到希腊就自然而然地会产生一种家园之感"这句话的理解错选了 D 项——古希腊民主制度是西方代议制之母，而不选 C 项——古希腊文明是欧洲文明的源头，其原因就是学生对于代议制的概念与希腊的直接民主制的概念缺乏比较，没有弄清希腊文明对近代欧洲的影响最多是观念上的且是直接民主制，西方代议制发源于英国，是间接民主制。再如目前史学研究对新文化运动和五四运动已达成一些共识，新文化运动和五四运动可以认为是启蒙与救亡的关系，但也可以认为是相互包含的关系。毛泽东同志就把五四运动的时间上溯至 1915 年，下延至 1921 年。所以我们可以将新文化运动与五四运动结合起来教学，让学生了解五四、新文化时期的阶段特征。

（四）运用对字面意义的理解开展历史概念教学

要厘清一个历史概念，首先要弄清它使用的基本术语。如绍兴一模中出现的一战后的"民族自决"概念，竟有相当多的学生对"委任统治"是否违反"民族自决"原则分不清楚。故我们需要对"民族自决"概念从字面意义上进行了解，并对其内涵加以理解和外延拓展。"民族自决"就是让本民族自己对自己的事务作主，委任统治就是将本民族的事务委任给其他民族作主，这当然违背了民族自决原则。

（五）利用研究性学习、整合其他学科知识等拓展历史概念教学空间

利用在课堂教学基础之上开展研究性学习的机会，向学生提供一些名家名作，有利于拓展历史概念教学的空间，像在《书屋》《南方周末》等报纸杂志和中国社科网等一些历史人文网站上，常见一些历史概念的解读。如刊于南方周末的《何为民族主义，我们应该怎样爱国？——杨奎松教授访谈录》对"国家""民族"这样的历史概念进行了深入而独到的分析，而同样这些历史概念在北大教授茅海建的《天朝的崩溃》等书籍中更是得到了系统而翔实的论证。教师应当引导学生阅读诸如此类的文章，至少在自己编制试题之时，把这些材料汇入题目中，充分拓展历史概念教学的空间。另外，分学科教学所不可避免的后果就是知识的分割或重复，特别是历史与政治学科之间，可将各学科间的知识整合起来进行概念教学。如必修一中的"民族区域自治"，必修二中的"凯恩斯主义"，必修三中的王阳明"心学""心外无物"等可与政治学科等结合起来一起深入探讨。

四、高中历史概念教学的常见模式

（一）概念定义式

概念定义式是历史概念教学中最常见的方式，历史概念是在一定历史

现象的基础上，通过人的历史思维能力概括出来而形成的。每一个历史概念必定含有其特定的历史时间、空间、历史内涵和外延，概念定义式就是依据这几个要素，用高度概括简洁准确的语言给历史概念下定义。

（二）分类比较式

分类比较是历史教学过程中常用的基本方法。它能帮助学生掌握历史事物的本质特征，加深对历史发展规律的认识。历史是遵循一定的规律向前发展的，在这一过程里，各种历史现象和事件之间存在着一定的关联性，同时因受一定的时间、空间的限制，又有它们各自的特殊性。找出它们的共性和个性及发展规律，在比较中掌握、理解历史概念。

（三）逻辑分析式

所谓分析，就是通过对构成历史现象的条件、原因、过程、结果、影响等各个内容开展分析，得出它们的个别特征或属性，厘清各要素在整体概念中的地位，然后进行综合，把各要素的分析结果联成一个有机整体，从而形成历史概念。

（四）启发讲授式

所谓启发讲授就是教师针对某一历史概念事先设计好一系列富有启发性的问题，通过"问"与"讲"，把学生的历史思维一步步引向深入，直达历史概念的内涵。教师生动形象而又富有启发性的讲授，是学生认识历史现象和感悟历史本质，形成历史概念的常规方式。通过这种启发式的谈话方式得出的结论，是学生通过自己的思维获得的，可以有效地避免一味地"填鸭"与空洞的历史概念解析，因而对历史概念的理解更为深刻、持久。

以上只是在教学实践中的粗浅认识，总之，随着对概念教学的重视对概念教学研究的不断深入，不断诠释历史概念，更新历史概念教学，对历史教师专业技能的提高，对学生悟史能力的提升，不失为一种有效尝试的途径。

第四篇

学校课程与教学

中等职业教育校企协同课程体系建设研究

——以智能制造专业（模具方向）建设为例

嵊州市中等职业技术学校　李朝华

一、校企协同课程体系建设研究的必要性

（一）问题的提出

1. 智能制造产业人才数量需求缺口大

近年来中国智能制造产业高速发展，产业基本盘的扩张和产业的快速细分，造成高技能产业工人严重不足。有研究显示，2007 年底，我国高技能人才总量为 2239 万人，到 2022 年，高技能人才需求总量将达到 3957 万~4030 万人，这个缺口是非常大的。

绍兴是浙江乃至长三角地区重要的制造业基地，改革开放以来，依托制造业的迅速崛起，有力地促进了经济社会的跨越式发展。绍兴市人民政府在《中国制造 2025 绍兴实施方案》中明确提出，把推进智能制造作为制造强市建设和"两化"深度融合的主攻方向，大力实施"制造业＋互联网"行动计划，加快构建智能制造的装备层、应用层、平台层"三位一体"协同发展体系，但在地方产业转型升级过程中，政府和企业面临着应用型人才的巨大缺口，职业教育在人才输出方面将会有作为的空间。

2. 智能制造专业人才核心素养与产业要求差距大

（1）学生自主学习素养和产业要求存在较大差距。

对中职学生而言，最重要的能力是学习能力和技术应用能力。但从目前学校教学的实际情况而言，学生的学习能力和专业能力与社会需求存在

较大的差距，不能很好地服务绍兴地方产业发展，以嵊新地方制造业龙头万丰奥特股份有限公司为例，该公司以生产汽轮、摩轮和电子产品为主，智能化的生产车间需要一线细分产业的技术工人。而中职学生技术学习和应用能力较弱，一方面他们在学校期间接受的是专业基础实训而不是生产性的全流程实训，有些甚至只是仿真实训，非实战教学培养出来的学生；另一方面他们接受的是被动学习，其自主学习能力和生产应用能力与实际需求有较大差距，需要进一步优化培养手段和方法。

（2）学生创新素养和产业要求存在较大差距。

创新能力是学生在日常活动、问题解决、适应挑战等方面所形成的实践能力、创新意识和行为表现，具体包括劳动意识、问题解决、技术应用等基本要点。创新是生产者最重要的发展能力，它是劳动者在职业生涯中不断获取新技能与新知识的手段。而在现实中，学生一直沿用学科式课程体系，专业理论的知识传授和操作技能训练双线并行，知识、技能学习和生产有很远的距离，导致人才培养质量不高，人才到岗位后适应性不强，急需通过改革来解决育人的问题。

（3）学生社会合作素养和产业要求存在较大差距。

从学校教育实践来看，现行的人才培养注重个人，忽视团队；注重知识、注重专业技能，缺少对社会合作素养的培养。学生接受的是"座位式"教学，教室—工厂—寝室三点一线，接受的训练简单，学习方式简单，缺少团队合作收集信息、查找资料、制订工作计划步骤、解决企业问题的训练，学生合作意识差，管理能力弱，认不清自己在团队中的地位和作用，和企业生产及社会需求不符。

综上所述，学校智能制造专业目前培养的学生在核心素养培养上和产业以及社会的要求存在较大差距，学校课程建设需要从体系层面开展创新，优化人才培养的质量和效能。

二、学校发展目标、专业育人目标和协同课程基本要求

（一）学校发展定位

将学校建设成为一所服务区域支柱产业，以智能制造类专业为核心，以现代商贸和现代服务类专业为双翼，胜任培养产业复合型人才，治理精细、队伍精干、教学精湛、课程精密、装备精良、环境精美，具有浙东特色的职业学校。

（二）学校总体育人目标

学校立志培养"具备中国特色社会主义和传统文化基因，具有广阔的职业视野，自觉追求技能卓越，能够创造生活情趣，身心健康的锐蓝工匠"。

（三）"锐蓝工匠"特性分析

"锐蓝工匠"是"适合时代需要、具有鲜明时代特点的社会各行各业的技能精英人才"，他们具有"中国视角、科学和人文思想、精湛技能、身心健康"。"中国视角"是指观察分析问题的格局和眼光，体现出"走向世界的中国人"的人格特点，"精湛技能"体现为一种"要做就做最好"的追求卓越的工作习惯，未必每个人都是卓越的，但追求卓越的精神应该是嵊州市中等职业技术智能制造专业学子的共同精神特征。"扎实人文"和"健康情趣"是个人的基本修养优雅的显著特征。

（四）"锐蓝工匠"内涵界定

1. 中国视角

学生具有中国公民意识，有爱国心，了解中国人民近百年来从新民主主义革命时期到社会主义革命和建设时期，从改革开放和社会主义现代化

建设新时期到中国特色社会主义新时代，艰苦奋斗的历史，继承和弘扬中华民族吃苦耐劳、艰苦奋斗的优秀文化，愿意承担中国社会和中国家庭的双重责任。

2. 科学和人文思想

学生具有尊重科学、重视技术的理性精神，具有实事求是、尊重规律的严谨态度，具有奋发向上、开拓创新的进取意识。学生对人的生命存在和人的尊严、价值、意义等有理解，表现出道德人格、理想信念的追寻，对自由、平等、正义等的渴望，对生死、信仰、幸福、生存意义等问题的反思。

3. 精湛技能

学生胜任科技成果转化应用、执行操作规程、解决生产难题、参与技术改造革新、工艺改进等工作。能为改进行业工法、操作法提供建议，能配合高级管理人员完成项目、技术报告、经验总结、行业标准等创新性成果。具有产业视野，具有生产的流程管理意识和精细化生产意识。

4. 身心健康

养成每天锻炼身体的习惯，有喜欢的一项运动项目，体质素质达标，有绿色饮食、控制肥胖、预防近视、预防传染病的意识。学生在生活上表现出热情，在学习上表现出自信专注，对从事产业有幸福感和归属感。

（五）专业育人目标

本专业培养"中国视角、科学和人文思想、精湛技能、身心健康"的"锐蓝技工"。毕业生掌握模具制造技术专业基础理论，具有较强的模具加工、制造、维修能力，具有相关设备的操作、维护技能，具有专业技术的综合应用能力和一定的工作创新精神，能适应社会主义市场经济建设需要。

本专业毕业生主要面向企业生产一线，从事模具加工制造工作。其主要业务范围是：金属材料、塑料等制品的成型工艺规程编制；模具的加工制造；冲压与塑料成型模具的安装、调试和维护；解决生产现场模具制造工艺及装备的技术问题；模具生产中技能型操作工作等。

（六）专业核心课程和选修课程的基本要求

课程内容实现对标。课程精准对标人才培养的能力定位。人才培养以职业岗位（群）的任职要求和职业能力为导向，把职业需要的技能、知识、素质有机地整合到一起；课程体系对标协同企业生产能力要求，对产业复合型人才核心素养培养起到核心支撑作用。

教学进程实现重组。以企业真实工作任务及其工作过程为依据整合、序化教学内容，科学设计生产性工作任务，教、学、做相结合，理论与实践一体化。

资源配置实现优化。探索使用与行业企业合作编写，经专家鉴定的校本教材，探索使用与企业合作借助网络技术、多媒体技术同步的教学录像、教学课件、项目案例、活页实训手册等。在校内和校外实训基地里，师生共享实训资源。

教学模式实现创新。重视学生在校学习与实际工作的一致性，有针对性地采取工学交替、任务驱动、项目导向、课堂与实训基地一体化行动导向等教学模式开展实战化训练。

评价方式实现修订。优化多元考核机制，企业和学校共同参与课程的教学和考核，让学生在团队环境下，在实战背景下，呈现自主创业和创新能力，在项目生产中鉴定学生的职业能力。

三、中等职业教育校企协同课程建设理论研究

（一）多元智能的人才观

现代教育研究表明，具有不同智能类型和不同智能结构的人，对知识的掌握具有不同的指向性。教育实践和科学研究都表明，形象思维能力强的人，能较快地获取经验性和策略性的知识，而对陈述性的理论知识却排

斥，这是职业学校学生的学习优势所在。智能的结构没有高低好坏之分，适应个体的智力优势去培养社会需要的人，这才是职业教育的优势所在。

（二）生成主义的知识观

客观主义知识观认为，知识是一种客观存在，个体通过个人认知接收知识，知识是个体的客观认识。在素养时代，知识观发生了转型。生成主义知识观认为，课程由"三维目标"走向"核心素养"，课程知识是基于师生在具体情境中共同探究、对话而生成，知识是教师与学生共同的产物。生成主义知识观指向下的教学，要求教师在情境中重建教学行动的逻辑，结合学生经验创造问题情境，并关注学生在解决问题过程中的表现。

（三）基于工作过程的课程观

由实践情景构成的以过程逻辑为中心的行动体系，是以"过程形式"呈现的"符号体系"，以强调获取自我建构的隐形知识——过程性知识为主。这类隐性知识一般指经验，并可进一步发展成策略，即以尽可能小的代价获取尽可能大的效益的知识，主要解决"怎么做"（经验）和"怎样做更好"（策略）的问题。这是培养职业型人才的一条主要途径。

（四）基于情境集成的教学观

现代职业院校硬件建设是行动体系教学的具体体现。其教学是"情景中心"的，建立在"建构优先"的教育哲学基础之上，有三个典型特征：基于行动、生成和建构意义的"学"，学生主动存在；基于支持、激励和咨询意义的"教"，教师反应存在；基于整体、过程和实践意义的"境"，"情境"真实存在。对实际职业情境不经过加工直接移植的生产情境，是最真实的学习情境。

（五）专业育人目标

本专业面向模具制造类中小企业基层业务和管理岗位，培养拥护党的基本路线，具有社会主义核心素养，具有较强专业技术综合应用能力和创新精神，能胜任金属和塑料等制品的成型工艺规程编制、模具的加工制造、冲压与塑料成型模具的安装、调试和维护等工作岗位，能解决生产现场模具制造工艺及装备的技术问题，同时德、智、体、美、劳全面发展，具有较强可持续发展能力的技术技能型人才。

四、智能制造（模具）专业协同课程建设研究

（一）课程设置与教学内容

根据教育部专业教学标准，我校"选择性"课程系统由"核心课程模块"和"选修课程模块"组成，二者课时比例原则上为 1 : 1，其中"核心课程模块"由专业必修课和公共基础课组成，"选修课程模块"由"限定选修课程"和"自由选修课程"组成。"限定选修课程"为了细化专业方向，通常以 2 选 1 比例设置，"自由选修课程"为适应学生特长发展、个性发展，通常以 5 选 1 比例设置，课程主要包括社会实践类、知识拓展类、职业技能类等。整个课程体系在校企之间实现互融互通、共建共享。本专业核心课程如表 4-1 所示：

表 4-1　智能制造（模具）专业核心课程

序号	核心课程	主要教学项目
1	走进模具	项目一：模具技术发展概况 项目二：走进模具企业 项目三：塑料产品的生产 项目四：冷冲压产品的生产
2	模具识图	项目一：图样的基本知识 项目二：捆带模具零件三视图的绘制 项目三：光盘盒模具零件图的识读 项目四：捆带模具定模板零件图的绘制 项目五：典型模具零件的测绘 项目六：典型模具装配图的识读

续表

序号	核心课程	主要教学项目
3	Auto CAD	项目一：塑料零件图的绘制 项目二：冲压零件图的绘制 项目三：模具零件图的绘制 项目四：模具装配图的绘制 项目五：使用标准模架绘制模具 项目六：零件的测绘 项目七：模具零件的绘图处理
4	UG 模具设计	项目一：塑料模模具结构建模 项目二：冷冲模模具结构建模
5	模具加工技术	项目一：方便盒动模板加工 项目二：方便盒顶板加工 项目三：方便盒模具模架零件加工 项目四：方便盒模具修配 项目五：校徽模具型腔的数控加工 项目六：游标卡尺模具盒型腔的数控加工 项目七：保鲜盒模具型腔的数控加工 项目八：小挂件模具电火花加工 项目九：启瓶器模具线切割加工 项目十：塑料模综合实训 项目十一：冲压模综合实训
6	模具结构与设计	项目一：注塑模具的结构与设计 项目二：冲压模具的结构与设计 项目三：压铸模具的结构与设计
7	模具装配与调试	项目一：塑料模的拆装实训 项目二：冲压模的拆装实训 项目三：小勺子的装配与调试 项目四：开瓶器的装配与调试

（二）课程框架结构

专业课程框架结构如图4-1展示：

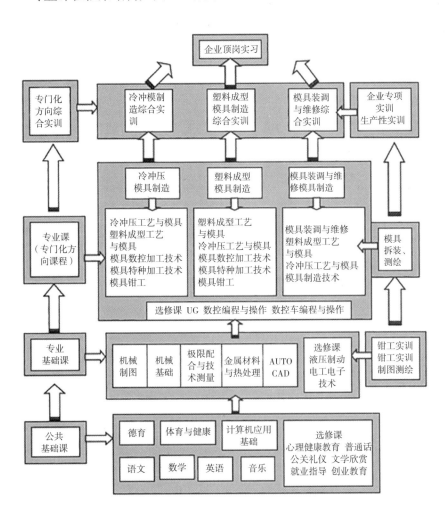

图4-1　智能制造（模具）专业课程结构框架

（三）教学时间安排及课时建议

教学时间安排如表 4-2 展示：

表 4-2　智能制造（模具）专业教学安排及课时建议

课程类别		序号	课程名称	总学时	学分	按学年、学期教学进程安排（周学时/教学周教）					
						第一学年		第二学年		第三学年	
						1	2	3	4	5	6
						18	18	18	18	18	20
公共基础课程	必修	2	历史	64	4			2	2		
		3	语文	384	24	4	4	4	4		
		4	数学	384	24	4	4	4	4		
		5	英语	192	12	3	3	3	3		
		6	信息技术	96	6	4	2				
		7	体育与健康	128	8	2	2	2	2		
		8	公共艺术	16	1	0.5	0.5				
		9	物理	64	4	2	2				
			小计（占总课时比例 42.3%）	1456	91	21.5	19.5	17	17		
	选修	1	公关礼仪	9	0.5				0.5		
		2	就业指导	18	1				1		
		3	创业教育	16	1				1		
		4	文学欣赏	25	1.5				1.5		
			小计（占总课时比例 1.9%）	64	4				4		
专业技能课程	专业基础课程	1	模具制图	128	8	4	4				
		2	模具结构	64	4	4					
		3	走进模具	48	3	3					
		4	机械基础	100	7			4	3		
		5	零件测绘/零件测量	96	6			4	2		
		6	金属材料与热处理	64	4			4			
		7	AUTO CAD	64	4			4			
			小计（占总课时比例 16.7%）	576	36	11	12	11	2		
	实习实训		毕业顶岗实习	600	40						600
			钳工	60	4	2周					
			铣工	60	4		2周				
			模具拆装、测绘	30	2			1周			
			零件测绘/零件测量/3D打印	30	2		1周				

续表

课程类别		序号	课程名称	总学时	学分	按学年、学期教学进程安排（周学时／教学周教）					
						第一学年		第二学年		第三学年	
						1	2	3	4	5	6
						18	18	18	18	18	20
专业技能课程	实习实训		生产性实训	120	8					4周	
			小计（占总课时比例26.2%）	900	60	900	60				
	技能方向课程一 冷冲压模具制造	1	冷冲压工艺与模具	48	3			3			
		2	塑料成型工艺与模具	32	2			2			
		3	模具机械加工技术	32	2				2		
		4	模具数控加工技术	48	3				3		
		5	模具特种加工技术	32	2				2		
		6	模具钳工	32	2				2		
		7	冷冲压模具制造综合实训	80	5					3周	
			小计（占总课时比例9.7%）	334	19						
	技能方向课程二 塑料成型模具制造	1	塑料成型工艺与模具	48	3			3			
		2	冷冲压工艺与模具	32	2			2			
		3	模具机械加工技术	32	2				2		
		4	模具数控加工技术	48	3				3		
		5	模具特种加工	32	2				2		
		6	模具钳工	32	2				2		
		7	塑料成型模具制造综合实训	80	5					3周	
			小计（占总课时比例9.7%）	334	19						
	技能方向课程三 模具装调与维修	1	模具装调与维修	48	3			3			
		2	塑料成型工艺与模具	32	2			2			
		3	冷冲压工艺与模具	32	2				2		
		4	模具数控加工技术	48	3				3		
		5	模具特种加工技术	32	2				2		
		6	校模	32	2				2		
		7	模具装调与维修综合实训	80	5					3周	
			小计（占总课时比例9.7%）	334	19						
	选修课程（选一）	1	UG	72	4				4		
		2	数控铣编程与操作	72	4						
		3	数控车编程与操作	72	4						
			小计（占总课时比例2.0%）	72	4						

续表

课程类别	序号	课程名称	总学时	学分	按学年、学期教学进程安排（周学时／教学周教）					
					第一学年		第二学年		第三学年	
					1	2	3	4	5	6
					18	18	18	18	18	20
社会综合实践活动或专业拓展课程	1	军训	60	4	2周					
	2	入学教育	18	1	3天					
	3	毕业教育	30	2						1周
	4	学校自定	60	4						
		小计（占总课时比例4.9%）	168	11						
		周课时及学分合计	257		33	29	28.5	28.5	2	
		总学时	3440							

职业教育实现校企融合，需要进一步解放思想。各级政府需要从抓经济建设、培养社会主义事业接班人的高度重视职校专业建设，真正把职业教育的地位凸显出来，引导更多的企业家参与、兴办职业教育，实现办学主体多元化，允许公私合营，从教学体系、生产体系两个层面解决企业对职业教学渗透难的问题。进一步解放思想，对校长放权，在加强审计的前提下，可以把职业教育办到企业去，也允许企业把产业培训办到职业教育中来，多从发达国家汲取经验，如德国的双元制等，如结合中国国情，走出路子迈开步子，以产业发展推动教育发展，以教育发展保障产业发展。

基于小学寄宿生需求的"五悦"课程群建设策略

——以嵊州市逸夫小学为例

嵊州市逸夫小学 李伟芳

一、背景——"问我今何为"

逸夫小学创办于 1998 年 9 月，1999 年转制为民办学校，实行寄宿与走读并行的办学模式，现有班级 36 个，其中寄宿班 18 个，近 700 名寄宿生，生活教师 19 名。学校目前是嵊州市办学设施最优的小学之一，也是嵊州市唯一一所市区寄宿制小学。寄宿生主要生源来自我市乡镇、农村，60% 以上的家长常年外出打工，以在全国各地经营小笼包为主，相对而言属于家庭经济条件尚可的留守儿童。

根据中国知网的文献查阅统计，全国对寄宿生的研究可谓汗牛充栋，但是对寄宿生课程的开发和建设却寥寥无几。

通过浙江省大众心理援助中心协助，比对走读生问卷调查分析，发现我校 18 个班 703 名走读生和 681 名寄宿生，离婚家庭总数为 154 个，其中寄宿生占 105 个，占比 68.2%。寄宿生心理高危占比随学段递增。经统计分析，目前寄宿制学校呈现三大问题：

（一）寄宿管理存在的问题："经验管理"

寄宿生的日常管理主要由生活处负责，正常上课时间以外的时段由各班生活老师负责管理，主要负责学生校园生活中的吃、穿、住，以及晚间的作业辅导工作。学校自办学以来，教学教师队伍和生活老师队伍的管理相对独立。生活教师队伍是面向社会招聘的一批有爱心、有责任心、有一定生活管理能力，并且喜欢教师职业的女性。生活教师基本停留在"经验管理"阶段，没有成文成系统，更谈不上校本教材或课程建设，教师随意性大，班级管理效果差异性大。生活教师编制为临聘人员，工资待遇不及科任教师，归属感低，自我效能感弱，对于建设寄宿生课程的意识薄弱，动力凝滞，能力不足。

（二）寄宿课程存在的问题："随机离散"

学校基于"自有一片天"的核心办学理念，构建了逸夫课程体系，然而不论是基础课程，还是校本课程，实施对象默认为走读生。近700名寄宿生与走读生相比，除了学习，还有吃、喝、拉、撒、睡等一切日常生活和遭遇的情绪、交往等问题都需要自我解决，所包含的内容包括生理、心理、学习、社交等各个领域，复杂且多样。学校每学期都会面向寄宿生设计和组织一些校园活动，比如观看露天电影、吃自助餐等，但活动安排具有较大的随机性，内容涉及领域宽泛，离散度高，缺少系统的整合，活动评价缺失现象频发。

（三）寄宿生活存在的问题："家校失衡"

除了和走读生共处的 6 小时学习时间，寄宿生的校园生活再除去 10 小时睡眠时间还有 8 小时，这 8 小时的校园生活包括晨起内务、晨间锻炼、晚间自修、闲暇时光等。这期间细细碎碎的生活点滴，学生除了与同龄人相处，就是每班一个生活老师的引导和教育，与走读生家庭教育的 2:1 或者 4:1（家长与学生比例），寄宿生的受生活老师教育引导仅仅是 1:40。除了生活老师 1:40 的"势单力薄"，他们的经验、能力、情绪、态度等都成为寄宿生生活质量的变量。我校因外出做小笼包、外地打工等原因产生的刚需寄宿家庭占比高达 44.3%，对寄宿生而言，5 天的学校寄宿生活加上 2 天的家庭生活，有的是 5+2，有的是 5+0，甚至 5+（−2）。

"真正的教育应该是触动心灵的教育，其实质是一种回归本性的教育，是教育的返璞归真。"由于各种原因，寄宿生寄宿在校，与家长聚少离多，更多的时间和老师、同学在一起，通过问卷、访谈等多种方式对寄宿生调查分析研究，寄宿生对寄宿生活得分最高的五大需求如图 4-2 所示：

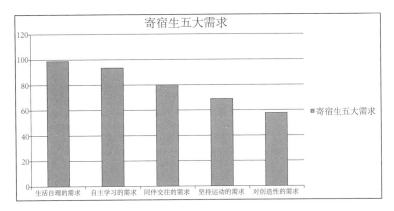

图 4-2　寄宿生五大需求

二、解读——"悠然见南山"

五"悦"课程群：五"悦"指"悦生活"中的五个方面，即悦"纳"、悦"学"、悦"动"、悦"情"、悦"创"。《说文解字》注解："悦"，愉快，高兴也。"悦生活"即愉悦的高品质寄宿生活。研究以逸夫小学寄宿生为研究对象，调查研究学生成长发展需求，并基于学生需求确立以寄宿生活课程群的开发和建设为研究内容。

寄宿生活时间轴图示如图 4-3：

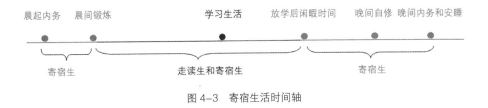

图 4-3　寄宿生活时间轴

本研究摒弃宏观的生活内涵分类研究，而是立足微观的、具象的、作息化的寄宿生一日不同时段的生活，以寄宿生为对象，满足寄宿生需求为目标，开发和建设"五'悦'并举"的寄宿生课程群框架。

寄宿生"五'悦'并举"课程群结构图如如4-4所示：

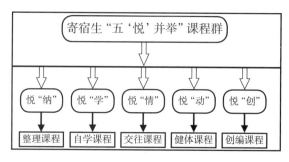

图4-4 寄宿生"五'悦'并举"课程群结构

三、策略——"于无声处见远方"

（一）搭建以"悦"为核心的寄宿生课程群框架

寄宿生的校园生命历程和体验，除了学习更有生活的部分。为此，基于寄宿生的需求调查研究，通过行政会议、任课教师、生活老师、心理辅导老师以及专家的讨论，学校提出搭建以"悦"字为核心，寄宿生生长需求为纵轴，寄宿生校园生活时间为横轴的"五'悦'并举"的寄宿生课程群框架。"五'悦'并举"的寄宿生课程群框架如图4-5所示：

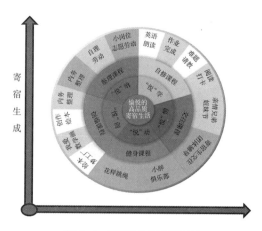

图4-5 寄宿生校园生活时间

（二）研制开发"五悦"寄宿生课程群

拉尔夫·泰勒是现代课程理论的重要奠基者，其关于课程基本原理最完美、最简洁、最清楚阐述的泰勒原理被公认为里程碑式的课程研究范式。他的《课程与教学的基本原理》奠定了现代课程理论的基石，并确立了课程编制的四个基本要素，即课程的目标、内容、实施、评价。

"悦"生活寄宿生课程群遵循泰勒原理，立足寄宿生需求调查，对照寄宿生一日生活时段，以打造"愉悦的高品质寄宿生活"为核心目标，全面厘清各课程的四大要素。

1. 悦"纳"整理课程

在新时代，我们要推动教育与劳动相结合，发挥劳动教育在人才全面发展中的重大作用出处。整理是一种生活智慧，可以改变自我，提升自我。对于寄宿生来说，提高劳动素质显得更有现实意义。"晨起内务"和"晚间内务"两时段是最好的劳动时间，清洁整理自己的妆容，收纳整理寝室和教室的物品，为他人志愿劳动服务等。

通过安排生活教师内务管理案例评比、内务管理经验分享会等，梳理和优化了《逸夫小学寄宿生一日生活程序》《逸夫小学寄宿生生活规范》等相关制度，讨论规范洗脸、刷牙、叠被子、物品归位整理等"八大内务"要求，设定自理劳动和小岗位志愿劳动等具体要求、检查、评优评先等操作细则，制作相应课程微视频以及教学建议手册。

为保证课程实施的实效性，固化寄宿生良好的内务整理、自理劳动、小岗位志愿劳动等习惯，每个寝室设立寝室长，寝室长每天组织寝室内自评自查。寄宿部每周一次组织寄宿生学生干部和值周行政进行检查，并根据《逸夫小学寄宿部文明寝室评比细则》评出"内务小能手"，每学期末评选出"文明寄宿生"。还根据《逸夫小学生活指导师工作量化考核办法》将每周寝室检查结果纳入生活教师工作考评。

2. 悦"学"自修课程

班级优化大师是一款针对教师教学管理优化的软件，功能覆盖课堂管理、班级管理、家校管理三大场景。悦"学"自修课程借助使用班级优化大师进行自治化设计和管理。自修课程管理机制由师生共同制定，四人小组为单位，学习小组长在课间进行点评操作。

晚间 6：00—7：30 是寄宿生晚间自修时间，课题组先后出台《逸夫小学自修课纪律要求》《逸夫小学生活老师晚自修管理职责》等，明确和规范生活老师工作职责。课程在设计和实施过程中，不断考虑学生的学习需求和心理需求，聚焦在"快乐自修"和"自治管理"上。

3. 悦"情"交往课程

寄宿生活是集体生活，课题组通过设计"亲情兄弟姐妹节"、团队辅导等方式学会独处，更学会交往、合群。

"亲情兄弟姐妹节"上一年级和四年级同学结对，为每位寄宿生营造一种家的氛围，增强人与人之间的沟通与交往能力，树立关爱他人的意识，提高"爱与被爱"的能力。日常生活中不论是学习上、生活上还是心理上，一、二、三年级低段寄宿生都能有一个帮助和引导自己的"哥哥姐姐"，等长大到四、五、六年级高段时又必须担任哥哥姐姐的身份去帮助和引导弟弟妹妹，培养他们的仁爱之心和爱的能力，从而创建和谐、有爱的寄宿生生活环境。"亲情兄弟姐妹节"相关资料部分截图如图 4-6 所示：

图 4-6 亲情兄弟姐妹联系卡

课题组以自我效能感理论和认知行为理论为指导，以北师大出版的《心理健康》读本为参考，组织心理辅导老师、班主任、生活老师骨干开展"寄宿生交往"的团队辅导内容研讨，每个年段确立了4个主题，全6年共计24个，并研究撰写相关主题的导学建议、活动建议和评价建议，整理成册。以"寄宿生交往"为核心的悦"群"心理团队辅导课每两个月一次，主要由生活老师利用周三晚上的自习课开展。

4. 悦"动"健体课程

应寄宿生对运动及健体习惯养成的需求，悦"动"健体课程指向寄宿生晨间锻炼时段。另外，针对"小胖墩"现象，开设小胖俱乐部。

比如学校从上海跃动文化有限公司引进花样跳绳作为寄宿生晨练课程，学校在寄宿班中每班选择4人，由上海跃动公司的花样跳绳世界冠军王忆男老师进行种子选手的培训，再通过种子选手对全班进行培训，生活老师加以指导。在以点带面的作用下，一年时间，花样跳绳在学校生根发芽，每天清晨，迎着朝阳，寄宿生或单人，或多人，用"绳子"跳出百般花样。本课程不分年级，各个年龄段的寄宿生都能通过培训和练习得花样跳绳技能，并制作成微视频。日常会利用晨间锻炼时间，以点带面在全校寄宿生中逐步全面实施，每天清晨整个操场"珠节绳"飞舞的场景成了逸夫小学一道亮丽的风景线。

5. 悦"创"创编课程

闲暇时光，为让24小时圈居学校的寄宿生暂时摆脱繁重的学业负担，调动儿童"探索者"的天性，有品质地过好闲暇生活，玩出创意，课题组积极开发和实践拓展性课程——"数学绘本STEAM"课程。每个年级有不同的教学要求，童眼读数学绘本、童手折数学小书、童语编数学故事、童心画数学绘本、童口讲数学绘本、童趣玩编程数学等，数学绘本STEAM玩转每一寸闲暇时光。一二年级课程板块如表4-3所示：

表4-3　一二年级课程板块

课程板块	学习形式	具体内容	适用年段
绘本梦工厂	数学绘本的初启蒙	"绘本梦工厂"包括慧眼看绘本和耳朵听绘本，大多通过师生共读、教师导读、学生自由读完成，让学生做"自主型的阅读者"。	一年级
我爱数学画	"写"和"绘"的初尝试	在数学绘本中，"写"和"绘"是同步进行的。"我爱数学画"中的我是小画家、儿童数字画、数学诗绘画、生活中的数学和文字串串烧等能够较好地构建学生的文字和图画内容。	二年级

本课程安排在周二晚间，每学年16课时，每课时40分钟，让学生经历"读、折、写、画、说、编"系统地阅读和创作数学绘本过程。

（三）开展生活教师队伍的校本研修

由于生活教师的学历、编制、年龄结构等原因，校本培训的开展困难重重，但刻不容缓。首先，学校重视塑造教师与学校发展的共同愿景，正面地、积极地引领教师（内因）建立教育信念；其次，正视客观现实，寻求教师间差异性发展，善于抓住主要矛盾，依托有效机制，通过引导教师教学反思、开展行动研究等，改进生活管理实际问题，提升工作效率和效益；再次，构建理想的"学研型生活教师团队"，促进学校寄宿生管理持续发展。

学校主要依托两项机制建设，实现生活教师队伍的校本培训，即学习机制和评价机制。

1. 学习机制

学习机制主要涵盖了学习计划、愿景培训、实施帮护、专家引领。

比如学习计划是指生活教师每天上午必须听语文、数学课各一节，与本班寄宿生随堂一起上课，了解学习进度和学生的学习情况。生活处要求生活教师每学期至少读一本教育类的书籍，撰写读后感，组织读书交流分享会。再比如，愿景培训是利用每周一次生活教师会议时机，精简事务工作布置，留出部分时间围绕"学生、教师、课程发展"等主题做专题的互动研讨，有工作坊式的现场模拟问答，也有专人报告，还有分组研讨，主要是理念培训、增进共识。

学习机制的建立和实施，促进了生活教师和任课教师之间的了解、理解与配合、支持，也较好地获得了高校、专家的支持，提高了教师自我更新的需求，提升了寄宿生课程建设和实施的效能。

2. 评价机制

由于生活教师的工作涉及学生的学习、生活、心理、锻炼等方方面面，工作要尽心尽力，更要靠有效合作，因此评价体现：合作性、示范性、精神性。

学校重点建立并实施《逸夫小学生活指导师对教学老师考核制度》《逸夫小学教学老师对生活指导师考核制度》，采用交叉考核的办法，将寄宿生班的生活教师和任课教师、班主任抱成一个团，拧成一股绳，合力为寄宿生营造愉悦的高品质校园生活。

一学期一考核的《逸夫小学生活指导师工作量化考核制度》，主要从生活教师的德、能、勤三大方面，以及比赛成绩、家长满意度、同事满意度等加分项目进行综合考核。其中"考能"项目，主要以寄宿生课程群的组织实施为主。

（四）妥善处理"五悦"课程与学校日常课程的关系

寄宿生课程与日常课程最大的区别是实施对象的不同，具有以下特点：

1. 弥补性

课题以打造"愉悦的高品质寄宿生活"为核心目标，立足寄宿生需求调查，对照寄宿生一日生活时段开发和建设的寄宿生课程群弥补了我校课程漏洞，也为其他寄宿制学校在寄宿生课程建设方面提供了范例。

2. 独特性

独特的寄宿生生活方式，使寄宿生产生独特的情感和心理需求。孩子远离父母和家庭生活来到学校学习并寄宿，环境变化和角色转换的过程中，需要强大的心理调控和行为调适能力。课程群中悦"情"交往课程的开发和实施，旨在提高寄宿生心理调控和行为调适能力。

3. 情境性

生活中真实的教育，生活即教育。现场感，是适应未来的必备品格和关键能力，只存在于真实、丰富、复杂的情境中才能得以生长。"五悦"寄宿生课程群在学生真实的生活中开发并实施，浸润在寄宿生每日的校园生活中，情境性不言而喻。

由此可见，"五悦"寄宿生课程相对独立，又是学校日常课程体系的组成部分，相互融合，相互促进。

刚柔相济：嵊州市石璜镇中学学校文化品质初探

嵊州市石璜镇中学　黄绍良

一、绪论

（一）研究缘起

浙江省嵊州市石璜镇中学，建于 1986 年，东西北围着农田和花木树苗，南毗石璜江，原先只有一座南教学楼，后逐渐扩展至现在规模，占地 50 亩，校内外环境清净优雅，绿植多，干扰少，非常适合学子读书求学。建校 30 多年来，历任校长重视教育，教学成绩辉煌，近年来，学校教育考核中一直处于嵊州市中间位置，学校想要继续发展，制约因素较多。

1. 镇域内外交通条件成为制约石璜镇发展的重要因素。

2. 城市化进程加剧，优质学生流失现象严重，学校形象与社会声誉下降。

3. 生源极少、经费不足，关注度降低，学校项目运转艰难。

4. 学生在阳光、担当、勇气、果断等品质上有所缺失。

无论是学校软硬件补充、师生品质培养、教育教学质量提升、学校品牌建设，还是培育未来人才品格，都对学校本身的发展提出了更多、更高的要求，在此种情况下，以文化为抓手，总领发展成为必要，而寻找和探究"刚柔相济"这一学校文化品质，是梳理文化的基础。

（二）文献综述

查阅国内外关于"刚柔相济"的思考和实践，在知网 600 余篇相关论文中，本人发现相关的研究内容主要集中在管理工作方式、个人品质介绍、锻炼、艺术等几个方面。

这说明具备"刚柔相济"的品格和风格，会给个人或事业带来足够的力量和成功的馈赠。这样众多的个例，给本人思考和塑造"刚柔相济"学校文化品质带来了信心和动力。在查阅的论文中，没有发现单独针对集体文化和师生"刚柔相济"品格的培养和熏陶的研究，从这点来看，本探究对本校具有一定的价值和意义。

（三）研究意义

现状下，如何让我校重现生机和活力，提高教育教学质量，提高社会关注度，增强教师、家长和学生的信心，需要运用一些策略并持续施行。本人认为，在完善日常学校管理，加强学科教学水平的基础上，首先要整合和提炼学校文化，共建共享一种可以给予全体师生的当下和未来积极向上能量的文化品质，逐渐构建独特的学校文化。而办校40余年来，对本校学校文化内涵虽有一定思考，也有办学理念、办学目标和一训三风，但对这些理念的内涵没有做更深入的探究和明晰的解释，对师生有一定的熏陶，但含义比较模糊、延展困难。本次探究，旨在对学校文化品格做相对深入的探讨，并期待概括出具有我校特色的文化品质，在此基础上思考学校一训三风，进行符合学校特质的文化设置和相关课程研发。

（四）概念界定

一是根据《易经·蒙》《汉语成语源流大辞典》《辞海》对"刚柔相济"的考据，"刚柔相济"多指"待人处事时刚强和柔和相互调剂"。

二是"学校文化品质"的概念界定：学校文化品质是一所学校整体文化、文明状态、生活质量、生活环境等多方面综合体现出来的一种品格和质量。文化品质是一所学校的内在灵魂，它通过学校形象展现出来，并与学校形象共同构成这所学校的整体。学校形象是一所学校在人们的心理所形成的整体感官和印象，每所学校都应该有其自身独特的形象和文化存在，文化品质与形象就是这所学校文化的延伸。

二、刚柔相济：学校文化品质的核心

（一）嵊州市石璜镇中学的基本情况

学校发展自1980年始，因撤乡设镇，定名为石璜镇中学，40多年的办学历史中，历经邢志兴、周月忠、朱家平、王晓宇、金日升、周汉杰、黄绍良等7任校长，石璜镇中从无到有，由旧址到新址，由小变大，变化较大，管理也日趋规范，教育教学质量一直位于乡镇学校的前列，得到了社会各界的肯定和认可。而随着城市化进程加速，经济布局的调整，学校交通条件落后、地理位置偏隅的影响日益突出，尤其是近年来生源急剧减少，经费不足，学校建筑、设施设备呈现老化亟需更新换代现象，与现代教育应需匹配的差距较大。

（二）"刚柔相济"的学校文化品质的提出

1. "刚柔相济"的学校文化品质的基本内涵

根据学校文化建设、管理特点、课程实施、育人宗旨的需求，经多次讨论，我们最终决定把"刚柔相济"确定为学校文化品质的基本内涵，融入到"刚柔结合"的管理体系中，具体体现为"刚性"的制度和"人文"管理相结合的管理风格。"刚性"的国家课程和学校内部自主课程融合的课程体系；"刚性"的学生品质、体质培养与"柔性"的学生品质相结合的素养提升，大致体现为培养学生刚强坚毅的品质，勇于拼搏的精神，健康乐观的身心，人道慈悲的情怀，爱美创美的能力，务实谦退的品行等；硬实力的学科成绩与丰富多彩的学习生活相结合的教学氛围等。

本文探究学校"刚柔相济"的文化品质的形成特点，尝试提出与之相应的学校办学理念和一训三风，并对学校培养学生的"刚柔相济"课程作适当的预设和猜想。

2. "刚柔相济"学校文化品质的提出过程

（1）"石璜"名字的考据。

据石璜《王氏宗谱》记述，先祖王维承于元代末年，为避战乱携带家属来此，见山川秀丽，景色宜人，而世其家焉；并以"磐石相安"之义，名其地曰石王。后人以璧玉之义，易"王"为"璜"。

（2）"石"和"玉"的考据。

"璜"，为石之美者，是玉的一种，且被古人赋予丰富的文化内涵，譬如有"五德"之谓：温润而泽，有似于智；锐而不害，有似于仁；抑而不挠，有似于义；有瑕于内，必见于外，有似于信；垂之如坠，有似于礼。有较好的教育内涵。

（3）象征文化类比。

学生的成长中需要关注其优秀品质的形成，我们选取物的本质属性与人的成长属性相似之处，来借物育人，能起到较好作用，也是塑造学校文化品质的抓手，我们除了从"石璜"二字中取得本地内涵"稳重、稳定、希冀、期待"等文化要素之外，来分析"石"本身的属性、引申义和比喻义、地域文化，结合本地文化特点，找出"石璜"与"石璜学生培养"的共性特点。"石璜"二字与学生应养成的品德之类比表如表4-4：

表4-4 "石璜"二字与优良品德的类比

内容 名称	本质属性	引申义	比喻义	象征义	地域内涵
"石"	形状：各有所异 性质：硬块、粗糙	坚硬	厚重、木讷	刚硬、刚毅、刚强、	稳定 稳固
"璜"	形状：半璧形的玉 作用：高级配饰 属性：石的一种	礼器、六瑞 五德、雕琢	柔美、灵动	温润、雅致、高洁	对子孙后代的厚望和希冀
学生	未成年人属性	石璜镇中学生培养目标（初中）			父母期望
	独一无二　懵懂无知	品德高尚，刚毅稳重，刚强奋进，温和真诚，大度得体，身心健康			成才 成人
国家	作为基层义务教育阶段的学校的任务，是培养学有特长、全面发展、德智双全、身心两健的学生。				
社会人	刚柔相济：为人处事刚柔自然得体，身心俱健				

综上分析可以得出以下内容：

第一，学生品性相貌各异，与石玉类似，石之用处甚多，各有千秋，每个学生都是独一无二的存在。每一个学生都可以在其身上找到可用、可育之处，并不断提高其能力，孕育其潜力。

第二，初中生正是世界观、人生观、价值观萌芽之时，称之为"懵懂期"，与石玉粗坯相似，需教师引领指点甚至打磨，赋灵顽石，孕育五德，这是共性。

第三，初中生品质、习惯之佳者，犹如"石之美者"，等待教师发现、雕琢，而学生的健康成长，正需要学校、教师对学生行为、习惯、识见等进行不断地修正、培养。

第四，我们教育的目的，与父母对孩子的期待以及未来成人之后的为人处事方式，目标一致。

3. 地域文化探析

根据对石璜历史沿革、经典人文探析、经济基础分析，石璜本地区域文化品质中有勤奋、创新、团结、刚强的诸多品质。

4. 石璜镇中学文化顶层设计的内涵思考

（1）教育本质与国家意志的趋同性说明。

教育，是为国家服务的。要始终围绕"培养什么人，怎么培养人，为谁培养人"三个核心问题来整体思考办学理念和办学方式，首先要解决好"如何立德树人，五育怎么并举"，为国家培养具备核心素养的优质学生和合格公民的问题；其次是要因地制宜解决好学校、师生的个性发展和共性培养问题；再次是要着眼于初中学生的身心发展规律和特征，为学生终身健康发展垫好基础，力求满足当地百姓对优质教育日益增长的需求。

（2）本地教育现状和文化建设的意义。

教育教学管理上，目的就是为了让课程丰富多彩，让课堂科学高效，让草木承载文化，让教师幸福成长。而石璜镇教育系统，现有初中一所，小学两所，未来六至十年，初中三个年级人数不会超过250人。在生源逐年下降至不足 270 人、公用经费左支右绌、学校更新和发展举步维艰的情况下，来进行学校文化建设的思考，有四个目标：以文化促管理凝人心，以文化提醒人孕生机，以文化塑灵魂提品质，以文化提质量回声誉。

学校的目的是教书育人，是为了培养孩子。要让文化来带动学校的管理更加科学、民主，并要体现在学校管理的点点滴滴，尤其要体现在围绕着学生的成长健康、围绕学生的品行雅致、围绕学生的基础扎实展开的行动上。让我校学生既品行高洁又学有潜力，以一年年的好成绩回暖学校声誉，让社会家长在高性价比中选择我校，为振兴农村教育服务。

（3）石璜镇教育现状根源性思考与学生未来发展猜想。

石璜镇位于嵊州市西部，地理位置上相对偏僻，属于嵊州的农村地区，人口构成也分为平原、山区两部分，对教育的投入和重视程度不明显。家庭教育方面，家长文化程度较低，留守儿童多，家庭教育缺位、缺失现象比较严重，缺乏应有的学习习惯和思维能力的培养。学校教育方面，农村教师教育观念还需进一步转变，教育教学能力还需提升，小初衔接工作有待开展。学生层面，理想信念缺失、学习习惯和能力差、尖子生群体少。

石璜平原面积大，在二类镇里排名第一，未来嵊州市工业、农业经济或外移，前景可待，人们对优质生活环境的期待将提高。

留在本镇的学生家庭和学生相对弱势，家庭教育力量薄弱，学生行为习惯不佳，学科基础不够扎实，致使人才培养难度增加，更需要良好的学校文化起重要作用，以培养合格公民。

初中阶段，学生自我意识开始萌芽，人生观、价值观、世界观开始建立，需用良好的、正确的，符合国家意识形态的学校文化去熏陶、去影响、去塑形。

5."石璜"的文化内涵撷取和补充

从此表中可以看出，"石"本身可以引申出一些"人"的基本特性。

（1）人从出生至逐渐成长，是从懵懂无知到慧窦初开，从"笨"到

"慧"的过程，"笨"即"木讷"，"慧"即"灵动"，需教育在中间起到作用。

（2）每一个学生都独一无二。重视每一个学生的健康成长，犹如重视每一块顽石的赋灵，这中间，教育在起作用。

（3）"璜"是一种半璧形状的玉，代表不完美，既是人的不完美，也是教育的缺憾。

综上所述，我们采用"石璜"作为学校文化建设的意象，考虑到"石璜"本身的地域名称以及"石璜"与"学生"两种事物在属性上的相似性，也考虑到由"石"成"璜"的教育特点。在学生的成长过程中，通过教育和文化的熏陶，把"石"中显现的"坚硬"，提升到"刚硬、坚毅、刚强"这样的品质并赋之以柔——"璜"是玉，玉质柔顺唯美，"刚"和"柔美"这两个品质特征相互补充，两条腿走路，稳。

6. 石璜镇中学学子需要的品质

当下学生的问题主要集中在理想信念缺失、动力不足、学习品质较差、交往能力不强、感恩意识欠缺、人文素养不足、动手能力低下等。问题的根源众多，需要系统的培养。未来我校教育的重心在以"刚柔"文化品质的引领下，拓展出各项教育管理内涵，培养学生向上向好的动力，开发光明踏实的心性，形成良好学习能力品质，提高兴趣爱好，促进运动健康能力，提升美的鉴赏和创造能力上。在立德树人和五育并举的要求下，学校文化建设的方向和课程的设置上将会整体地思考和改进，并逐渐形成具有特点的精神文化、物质文化、制度文化、学习文化，真正在促成"培养全面发展的石中学子"上，有抓手和平台。

三、"刚柔相济"学校文化品质的实施

（一）学校办学理念和目标的设定

"刚柔相济"的文化品质下，学校提出"和·美文化"，并设定学校的办学理念和育人目标。

（1）办学目标——全校师生志存高远、勤奋务实、自强不息，努力建设一所制度完善、设施齐全、教学相长、刚柔相济的现代化"和·美"校园。

（2）育人目标——五育并具、立德树人。通过三年的教育，培养身心俱健、刚柔相济、好学向上的石中"和美"学子。

（3）办学理念

办学宗旨：五育并举　立德树人。

学校精神：刚柔相济。

校　　训：和·美。

校　　风：尚德求是　和而不同。

教　　风：乐教善导　自美美人。

学　　风：刚毅乐学　柔韧求进。

（二）学校刚性制度建设和柔性的人文情怀关怀相结合

首先是刚性管理，体现管理意志。其次是情感投入、人文关怀，体现"以人为本"的精神。"刚和柔"从以下三方面落实：

一是为学校确立长远硬核的工作目标，学校以树立品牌为总目标，在各方面根据现有基础设定目标，逐个"破壁"；二是制定严格可行的规章制度；三是尽可能培养师生自美美人的自觉性和创造性。

（三）学生品质的界定和校本课程的设置

针对学生需要的"刚性"和"柔性"的品质，我们选择了与此相对应的与学生成长相关的一些教育信条。

"刚"：学生当下和未来需要坚定不移的理想信念、刚毅乐学的动力源泉、刚正不阿的正直清廉品性、刚强勇武的强健体魄，以及刚劲大度的广阔胸襟。

"柔"：学生当下和未来需要柔和温润的处事态度、柔韧光明的乐观心态，柔谨行善的人文情怀、柔美创美的审美情趣和创新能力。

　　唯有具备"刚柔相济"、外圆内方的品质特点，学生才能在当下的学习和未来的工作、生活、学习中游刃有余，保持健全向上的乐观态度，正确面对生活中的各种挑战，并在未来的群体生活中能作为正能量的中心赋予周围人更好的进步，以晕轮效应逐渐递增当地社会风气的积极正向性。

　　由此，我们得出文化品质来源与学生所需品质的图示，见图4-7：

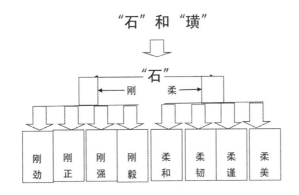

图 4-7　文化品质来源与学生所需的品质

根据实情，设定未来的校本课程开设和拓展方向，见图 4-8：

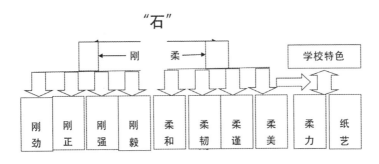

图 4-8　未来校本课程的拓展方向

　　本文对学校"刚柔相济"文化品质的探究，旨在初步确定学校文化品质，梳理文化理念，对刚柔相济的管理做一个基础性的思考，学校文化的全方位实施，仍需要进一步的思考和探究。

基于核心素养的农村高中英语校本课程建设
——以嵊州市三界中学为例

嵊州市三界中学　沈杰

一、绪论

（一）研究缘由

2016 年 9 月，《中国学生发展核心素养》正式发布，自此"核心素养"被置于深化和推进课程改革的基本战略地位，成为"落实立德树人根本任务"的重要载体。新的课程改革和实践必将围绕核心素养展开。

笔者所在的学校是一所位于三市交界的农村普通高中，区位优势虽然明显，但学校发展仍面临着许多问题，诸如资金、师资、生源等，这些问题显然也影响了学校各类课程的开发。笔者作为农村高中的英语教师，长期在一线从事教学工作，清楚并了解农村乡镇学校面临的办学困难，也了解国家英语必修课程在实际教学过程中的作用效果是不尽如人意的，更能深刻地体会到校本课程对学校、对学生的重要性和积极作用。当然，在新的课程改革及深入发展的背景下，有新的核心教学变革理念的推动，学校课程的建设和发展，尤其是在广大农村学校，必将迎来一个新的机遇。

（二）文献综述

根据本研究的设定，我们将主要围绕"核心素养""英语核心素养""农村学校校本课程开发"这几个关键词，对现有的一些文献资料进行定性、定量分析，以求能找到支撑本研究的理论依据，以及研究的可行性分析。

随着核心素养的深入推进，英语学科的核心素养与课程改革的实践研究将会更加紧密地联系。国内的学者，尤其是一线教师对"英语核心素养"的关注也会不断地深入，这也是本研究在实践中的视角切入点。

（三）研究思路和方法

农村普高的升学压力相对较小，学生对学科知识以外的知识、技能、体验的需求更为强烈而直接，多样化的发展模式更为适合学校的生存和提升。而具有学校特色的校本课程是契合点之一，且更具开放性、选择性、操作性、实用性。

课程开发的顶层设计就是核心素养，而核心素养的实现，课程是关键。在此背景下，校本课程的设计者必须处理大量的实际问题，比如怎样与核心素养有效对接，怎样把握高中各个阶段课程设计的侧重点，高中课程如何进行必修课和选修课的统筹设计，如何进行高中阶段校本课程的设计开发和有效实施、如何激发校本课程的活力，使之为学生更高更深更远层次的发展服务等。在核心素养的引领下，我们将着力研究基于核心素养的校本课程体系，进一步明确校本课程的基本功能，建立特色校本课程，优化课程结构，提高课程质量，构建校本评价标准，积极推进基于核心素养的校本课程实施。

二、三界中学的校本课程开发现状

（一）调查结果分析研究

1. 基本情况

校本课程研究开发，实质上是一个以学校教育教学为基础进行课程开发的民主决策过程，即由学校领导、老师、学科专家、学习者、家长以及社会人员等一起参加对本校课程的策划和编写、实施与评估。所以，父母的文化水平、家庭教育的整体氛围对于校本课程研究开发在一定程度上都是有影响的。

2. 英语学习状况调查

学生是课程开发最终的载体，课程最终要落实到学生身上。学生的学习基本情况，以及对校本课程的需求是促进校本课程研究开发的直接原因（见图4-9）。

选项 ⇕	数值 ⇕	百分比 ⇕
非常希望，对学习有积极影响	623	45.98%
希望，对学习没有什么影响	499	36.83%
不希望，影响学习	48	3.54%
无所谓	185	13.65%

图4-9　校本课程需求情况调查部分问题

3. 英语校本课程需求状况调查

我们在问卷中设计有关英语学习需求的问题。如"你希望在英语学习中获得哪些方面的知识和技能""你喜欢什么样的英语学习方式""你希望在英语校本课程中获得哪些资源""在英语校本课程中，你喜欢什么样的学习活动"等（如图4-10）。

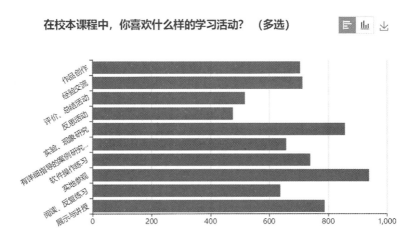

图 4-10　校本课程需求情况部分问题

（二）英语校本课程开发优势分析

随着知识经济的迅速发展，国家信息化管理水平的日益增强，学校教育必然会向民主化、个性化等方面发展。不同的地方、不同的学校，它们的教育环境和需求都存在着差异，个性特点和要求也不尽相同。对当前许多农村学校来说，在城乡二元经济体制下，城乡教育的差距越来越突出。针对这种实际情况，农村教育发展要有突破，必须走富有自身特点的发展道路，而校本课程的研究开发是一个发展农村特色教育的有效方法和措施。通过问卷和访谈，我们也发现并总结了一些英语校本课程开发和建设中的优势，如英语教师校本课程建设的意识比较强烈，师生之间相互了解的程度比较高，地区文化特色资源比较丰富，课程资源相对比较丰富等。

三、三界中学英语课程建设存在的主要问题及成因分析

（一）英语课程建设顶层设计的问题

1. 规划的整体性不够

课程体系是学校育人系统的核心内容，也担负着教育的主要功能。因此，学校课程的整体规划显得格外重要（如图4-11所示）。

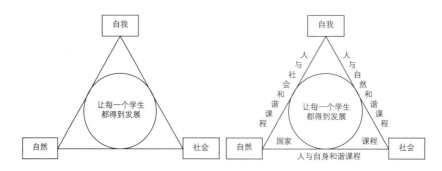

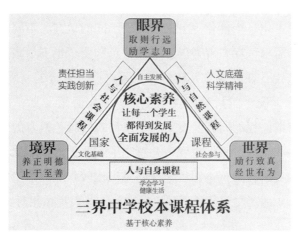

图4-11　三界中学理念与培养目标结构图演变

课程规划决定着学校课程的存在形式与基本架构，课程如果没有系统规划，会导致三级课程在学校扁平化不足，作用不够明显。

2. 关注点的差异

各个专业学科领域对校本课程研究开发的关注点也各不相同，特别是边缘学科和学校中低水平学科，往往过多地注重"学校特色""学生的兴趣爱好"等，对本校的办学定位、办学宗旨、培养目标等缺乏考虑，比如我校的英语学科（见图 4-12）。

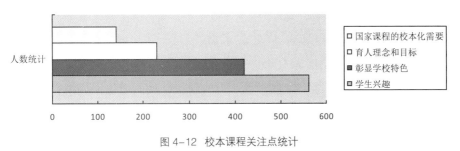

图 4-12 校本课程关注点统计

（二）开发主体问题

目前校本课程研究开发的主体依然是一线教师。事实上，服务学生是校本课程开发的终极目的，在研发过程中，即便有校外专家、研发组织机构等的少量介入，但学生主体的缺失必将会造成课程内容与学生实际需要的脱节，学生与课程之间必然会形成一定距离，而这也就背离了校本课程开发的本意（见图 4-13）。

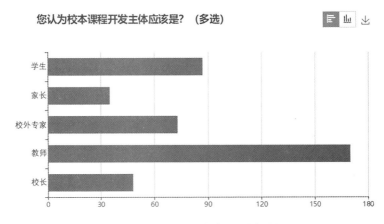

图 4-13 校本课程需求情况调查部分问题

而且，由于"家校共育"教育理念的存在，我们也意识到应让家长也加入到校本课程研究开发中来。但在以学校教育为主导的体制下，家长在学校教育、教学过程中起到的作用十分有限。很显然，在校本课程开发的过程中，家长的参与是缺失的。

（三）课程设计问题

1.课程目标、内容与学生需求脱节

课程改革的主要目标对于课程内容来说，就应该改善课程内容繁、难、偏、旧或者教师过于注重书本知识的现状，从而增强课程内容和学校生活乃至现代社会和科学技术发展的密切联系，更加注重学生的学习兴趣与经历，并且精选学生终身学习所需要的知识与技术。不再简单地以教学为中枢进行教学，也不再刻意追求体系的严谨、完善和逻辑性，更注重与学习者的生活经历紧密结合，将知识、概念的产生构建在学习者现实的基础之上。我们在英语学科调查中发现，学生在英语学习过程中想要获得的知识和技能是比较多和杂乱的。这需要学校及学科组在课程建设过程中将目标、内容与学生的需求有机地融合起来，而不是走"两个极端化"。

2.校本课程编制不成体系

英语学科组围绕学校办学宗旨和中长期发展规划，按照"调结构、减总量、优方式、改评估、创特色"的总体教育教学发展思路，为突出学校特色和英语课程特点，教研组着力优化英语教育资源，改革育人模式，积极推进课程建设，提出"Happy English"的课程建设理念，构建丰富多彩的校本课程体系。但因为缺少顶层设计的引领，加之各类其他问题，英语学科的校本课程体系建设还是呈散乱状态，结构零散，内容只是对类别的堆砌（见表4-4）。

表 4-4　英语学科校本课程

课程名称	校课程类别	开发人员	学时	学分	上课年级
《高中英语写作 step by step》	知识拓展类	蒋炜群	18	1	高三上
《欧洲文化之旅》	兴趣特长类	张洁	36	2	高一上、下
《Disney 卡通片赏析》	知识拓展类	刘杰	18	1	高二下
《运用拼读规则巧记单词》	知识拓展类	王小琴	18	1	高一上
《英语歌曲的魅力》	兴趣特长类	祝亚芬	18	1	高二上
《Advice and Tips on Gradening》	职业技能类	祝亚芬	18	1	高三上
疯狂英语与健康生活	知识拓展类	刘凤舞	18	1	高二上
亚洲多元文化赏析与交流	知识拓展类	章杭芹	18	1	高三下
经典英语美文	知识拓展类	刘杰	18	1	高三下
走进英语国家	知识拓展类	蒋炜群	18	1	高一下
英语基础文本解读	知识拓展类	沈杰	18	1	高二下
影视欣赏和写作	知识拓展类	沈杰	18	1	高三上
民俗风情与人文	兴趣特长类	王双凤	18	1	高一下

3.缺少科学的课程评价体系

如今，世界正步入高速发展的新时期，学习者应该逐渐领会课程学习的实质，初步形成关注科学、技术与社会发展等各种问题的良好习惯，逐步掌握人类终身需要的必备知识，并学习必要的科学思维方法，用以解决自身学习、生存、工作中面临的问题。但是，课程要让学习者满足上述条件，就一定要有一个科学合理的测评系统。

四、三界中学英语学科校本课程建设的实例研究

《玩转 TED 演讲》实例如表 4-5 所示：

表 4-5 《玩转 TED 演讲》编制过程

课程名称	玩转 TED 演讲
核心素养	1. 语言能力 　　在真实的情境中，以听、说、读、看、写等方式，提高理解和表达意义的能力，在学习和使用语言的过程中形成语言意识和语感。同时提升文化意识、思维品质和学习能力，帮助学生拓展国际视野和思维方式。 2. 文化意识 　　文化意识体现英语学科校心素养的价值取向：通过课程学习，让学生增强国家认同和家国情怀，坚定文化自信，树立人类命运共同体意识。 3. 思维品质 　　思维品质体现英语学料该心素养的心智特征，通过课程培养学生思维品质，提升学生分析和解决问题的能力，能通过跨文化视角观察和认识世界，对事物作出正确的价值判断。 4. 学习能力 　　通过课程学习，使学生能积极运用和主动调适英语学习策略，拓宽英语学习渠道，努力提升英语学习效率。学习能力的培养有助于学生做好英语学习的自我管理，养成良好的学习习惯。
课程目标	TED 即技术 (technology)、娱乐（entertainment）、设计（design）在英语中的缩写。由子 TED 视频载体为英语，并且在形式、内容和表现方式上与中学英语教学宗旨的一致性较高，因此可以运用 TED 资源培养学生的语言知识与语言技能。另外，TED 视频短小精悍，每个演讲不超过半个小时，演讲者多为在各自领域的前沿创新者，演讲的内容都极具前沿性和引领性，因此能拓宽学生视野，吸引和维持学生学习的注意力，利于提高学习效率。具体目标如下： 1. 通过视听 TED 演讲，拓展学生的知识层面，从而了解时事和生活常识； 2. 通过听说读写练习，培养学主的综合能力，从而提高听说和读写水平； 3. 遇过解读演讲文稿，拓展学生的词汇层面，从而积累好词和写作素材； 4. 通过课堂小组活动，培养学生的交流能力，从而提升合作和学习效率。
开发主体	校长、教师、学生等

续表

课程名称	玩转 TED 演讲
课程体系	本课程共选取了九部经典 TED 演讲作为视听教材，在十八节课（45 分钟一节课）内完成教学任务。九个单元，题材新颖，主题深刻，涵盖了社会、成功、空难、人性等主题，能够引发学生的思考。作为学生喜欢的影片类型，TED 演讲中鲜活的主题，能激起学生的模仿欲望。TED 演讲兼具时代感和经典感，容易引起学生共鸣，进一步激发学生的学习兴趣。 Unit 1 Every kid needs a champion（2 课时） Unit 2 The jobs we'll lose to machines（2 课时） Unit 3 Grit: The power of passion and perseverance（2 课时） Unit 4 Things I've learned in my life so far（2 课时） Unit 5 The danger of silence（2 课时）

一、课程负责人及主要成员情况

姓名	工作单位	课程开发分工	职务、职称	联系电话
刘杰	嵊州市三界中学	负责人	高级教师	13858473746
沈杰	嵊州市三界中学	主编	副校长	13676869299
王铃鑫	嵊州市三界中学	主编	中学二级	18268755264

课程负责人简介：

刘杰，高级教师。制作的多媒体软件多项获全国、省一二等奖。撰写的论文有 3 篇获绍兴市一等奖，7 篇获绍兴市二等奖，累计公开发表论文 4 万余字。编写的校本课程《Disney 卡通片赏折》获绍兴市精品选修课程，设计的个人空间《高中英语学苑》获浙江省首批精品示范空间。曾获得嵊州市家长满意教师、优秀教师、教坛新秀和教学能手等荣誉。

二、课程实施情况

课程纲要与内容简介

演讲者在演讲时，往往宣奔主题，开门见山，时间精短，意义非凡，不会产生疲劳感，不仅开阔了学生的视野，而且培养了学生的评判思维能力，有助于学生形成正确的人生观，此外，TED 演讲者通常借助多种媒体手段，很大程度上降低了学生因自身语言水平可能带来的理解上的难度。

经过几年的开发，我校英语学科已形成了"眼界""境界""世界"为主题的三大课程群，包含核心素养的六大要素，设置了具体目标，在国家课程的基础上，着重开发了符合我校学生实际的英语选修课程，对学生的发展起到了极大的推动作用（见表 4-6、表 4-7）。

表4-6　英语校本课程开发量占比

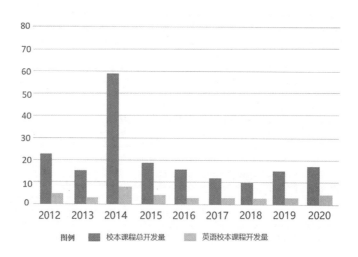

图例　■校本课程总开发量　■英语校本课程开发量

表4-7　三界中学校本课程核心素养及英语校本课程建议

	课程群	六大要素	具体目标	国家课程	英语选修课程
三界中学校本课程 基于核心素养	眼界 人与自身和谐	学会学习 健康生活	学会调节和控制自己的情绪，增加审美情趣，在德、智、体、美、劳方面自我发展	必修课： （1）基础层：课程指导意见中的"基本要求内容" （2）拓展层：课程指导意见中的"发展要求内容"	修身养心课程： （1）基础层：疯狂英语和健康生活 （2）拓展层：整本书阅读教学 多元智能课程： （1）基础层：计算机英语入门、运用拼读规则巧记单词、英语影视欣赏与写作 （2）拓展层：英语基础文本阅读
	境界 人与自然和谐	人文底蕴 科学精神	实力可持续发展理念，掌握基本技能。利用自然、改造自然，追求个性发展	必修课： （1）基础层：课程指导意见中的"基本要求内容" （2）拓展层：课程指导意见中的"发展要求内容"	人文自然课程： （1）基础层：Tips on Gradening （2）拓展层：边旅游边学英语 技能拓展课程： （1）基础层：经典英语美文 （2）拓展层：走进英语国家

续表

	课程群	六大要素	具体目标	国家课程	英语选修课程
三界中学校本课程 基于核心素养	世界人与社会和谐	责任担当实践创新	知晓法律法规、讲究礼仪规范，丰富人文素养，尊重生命，挖掘生命潜能，提升生命质量	必修课：（1）基础层：课程指导意见中的"基本要求内容"（2）拓展层：课程指导意见中的"发展要求内容"	礼仪规范课程：（1）基础层：欧洲文化之旅（2）拓展层：汤姆·索亚带你学英语 社会交往课程：（1）基础层：高中英语写作 step by step（2）拓展层：玩转 TED 演讲、跟着《老友记》学英语、Disney 卡通片赏析

五、校本课程开发的改进思考

（一）校本课程开发需要顶层设计

顶层设计是学校课程建设的突破口。有了顶层设计，课程建设就有了目标、指向和路径，课程建设就会有高度、广度和深度。

目前，学校的课程建设存在"零散"现象，零散的课程不能给学生带来集中而深刻的体验。尽管各个学校开发、开设了许多课程，但对课程不合理分类，课程之间的关联性与结构性比较弱，课程难成体系。课程建设不是简单地做加法，而是对国家课程和学校课程进行整合设计、开发和实施。

我们在调研中发现，农村学校将过多的关注点放在"学校特色""学生的兴趣爱好"等方面，对学校的办学定位、办学宗旨、培养目标等缺乏考虑。而核心素养下的课程构建则更要做好顶层设计，从学校以及学生的可持续发展出发，在课程开发战略、课程实施策略等方面进行系统性考虑，引领学校课程建设。在课程体系构建中，顶层设计是自上而下的理论构建，从校长到教师，再到学生，都应该有明确的方向，而每一门学科的校本课程都应实实在在地指向顶层设计。

（二）校本课程开发需要坚持多元化的参与主体

校本课程研发，是指"学校为达成教育目的或解决教育问题，以学校为主体，由学校成员如校长、行政人员、教师、学生家长与社区人士等，所进行的课程开发过程与结果"。校本课程研发的主体，就是指在校本教材修订、再编、新编之中由"谁"来成为校本课程研发的主要动力，并发动其他人推进校本课程建设。而相较于校本课程这种主要客体而言，任何校本课程的开发人员都有可能是主体，也都有可能成为主导。

从调查数据分析来看，许多人指出我们课程的开发权主要集中在教师身上，具体涉及对国家及地方课程的二度开发，以及对校本课程的研究，而学生只有课程选择权和接受权，即最应参与课程开发的学生的权利完全被剥夺。课程开发时只有把学生作为主体包含在其中，才能彰显课程的选择性和适应性，才能最大限度地激发课程的活力。

我们主张：学校必须使每位学生形成对课程的主体意识，明确校本课程研发是学生自己的神圣责任，充分调动学生的课程研发欲望，充分发挥每位学生的积极性和主动性。全面倾听广大学生的校本课程发展建议，并展开学生校本课程发展评价机制建设，学校应积极地将全体学生融入校本课程发展建设过程当中，使之真正地成为学校校本课程发展共同体中的关键主体。

（三）校本课程开发需要科学的课程规划

1. 学科视角

我国学生发展核心素养是对我们党的教育思想方针的具体细化。为构建其与课程教学的内在联系，并全方位充分发掘各学科课程教学对全面贯彻党的教育方针，全面深入践行立德树人根本任务，全面发展素质教育的特殊育人价值，各学科基于本学科本质凝练了学科核心素养。

新一轮课程改革以来，经过各种培训与新课程的行动研讨，广大教师们对新课程的课程性质、课程结构、课程功能、课程内容的认识在不断深入，课程意识在不断提升。随着核心素养的深入推进，英语学科的核心素养与课程改革的实践研究将会联系得更加紧密。国内的学者，尤其是一线教师对"英语核心素养"的关注在不断地深入。这是本研究在实践中的视角切入点。

我们相信，校本课程的灵活性、综合性的优势能够突破原有学科局限，通过设置更具综合性的课程来满足学生发展核心素养的需要。但因核心素养中有不同的素养需要培育，我们可以以学科专业的视角进行课程整合，包括文化意识的培育，课程标准认为：文化意识的培育有助于学习者提升国家认同感和家国情怀，坚定文化自信心，从而树立人类命运共同体意识，成长为具有高文明素养和社会使命感的人。

2. 体系建设

就实践研究状况看来，许多学校的课程规划没有完整性，选修课程开发规划也没有系统化，且选课走班的教学在一定程度上存在着随意性。而所谓的课程集群，则大多为"话题群"，各话题、学科、课程之间缺乏逻辑上、思维上的实际关联，是断裂的教育教学链条，存在着破碎、凌乱的"碎片化"现状。这提醒我们，校本课程的开发和建设必须重视科学的体系呈现。

对学校来说，要研究开设课程的目标要求，各类课程之间的关系，各门课程建设与实现学校办学宗旨、理念以及形成自身办学特色之间的关联等，而这些都必须加以整体设计。校本课程开发是为了重视和适应学生的不同特征和个性化需求，对学生个性充分和自主发展创造条件。要求学校按照国家有关规定和课程标准，结合本校的办学宗旨和特色建立有利于自身的校本课程体系。

对教师们来说，要增强对校本课程实际价值的理解，并能进一步认真贯彻和落实国家提出的校本课程政策，从而创造性地实施课程，开展教学。尽管教师开发和实施的只是某一个具体模块学科课程的教学，但教师又很清楚课程实施的目标要求，这样可以促使教师不但具有课堂教学意识，同时还能提升学习意识，进而促进自身的专业发展。

对学习者来说，尽管学的是某一门课程，但他们又很清楚课程学习的根本目的和要求，这样学生不仅学习课程内容本身，同时提升学习价值意识，进而促进个性和综合能力的发展。

（四）校本课程开发需要合适的评价体系

校本课程优劣的评估主要依靠学校进行自律自觉的自我评价，以持续反映课程研发过程中所存在的各类问题，通过自我反省、自我鼓励、自我完善，以确保校本课程研发的健康顺利进行。所以形成一个相对严格的自觉自律的内部评估系统，是一个学校顺利地开展校本课程研究必不可少的重要条件。

校本课程的评价则涵盖对课程、学校、课程评估系统的测评。其中，我们在调查与研究过程中发现，更为关键的是：对校本课程评价不但要重视学生的学业成绩，同时还要看到与挖掘学生在各方面的潜能，从而理解学生发展中的实际需要，有助于学生了解自己，树立信心。同时还要强调教师对自己教学行为的分析与反思，以自评为主，校长、教师、学生、家长共同参与，研究校本课程的可操作性和实用性，不断提高校本课程的开发水平，而不是"躲进小楼成一统"，与教学实际脱节。

嵊州市崇仁中学校本作业设计的策略研究

嵊州市崇仁中学 袁施松

一、崇仁中学校本作业设计的现状

目前教师在教学工作中作业设计和布置的现状如何？存在哪些问题？教师设计布置的作业是否与学生合拍？通过老师和学生座谈以及调研，我们发现学校内不同学科作业的基本类型和基本情况如下：

（一）校本作业设计的现状

1. 教师最关注的是基础型作业

不论哪个学科，教师首先布置的作业，比例最大的都是那些面向基础知识和基本技能的作业。这样的安排客观上有合理的一面，从认知的角度而言，从简单到复杂，从基础到深奥。从考试的角度而言，模考高考的题型以基础题为主，基础题型占总分值的50%到60%。温故而知新，这是大多数教师的做法，将作业视为课堂教学的延伸，多数的作业是为了巩固课堂上所学的基础知识和基本技能。

2. 教师给学生布置的作业总体比较枯燥

教师已经认识到作业布置的形式少和内容枯燥的问题，也试图激发学生做作业的兴趣，偶尔尝试布置不同类型的作业。语文作业中让学生阅读名著和报刊，积累素材；英语作业中让学生编创对话情景剧等；历史作业中让学生在网上搜集历史故事，名人信息，撰写小论文等，都与常规作业有所不同。但可惜的是，这类新式作业比较少，而且随着年级递增，作业难度的加深，这类创新的作业在高一高二有出场的机会，但到了高三便难

265

觅踪迹。

3. 实践类和长周期的作业比较少

让学生进入真实的生活情境，适度培养学生的动手能力类型的题是比较少的，这与高中学科有一定的关系，但在一些学科中也是可以实行的。学生的作业缺乏长周期的作业设计，以课时作业为主，对长周期的作业考虑得比较少。长时期的作业是需要统筹规划，提前考虑的。

4. 作业总量超额

大量的研究和实践证明，作业量与学习成绩之间并不是绝对的正比，在作业适量的情况下，学生完成比较好，可以提高学习成绩；一旦超过了合适的度，作业量越多，成绩不仅进步困难，反而导致成绩下滑。

从单一学科的角度，教师的作业量都可以控制在 1 小时内，甚至有些教师们感觉作业量比较少学科会吃亏。如果各学科综合起来看，一天的作业总量用时远超 200 分钟的总自习课时间。以圈时间为目的的作业一定会相互干扰，降低作业完成的效率，加重学习负担，不利于学生总体发展。所以，作业总量需要协调控制。

5. 思维性作业需要重视

基础型作业和识记型作业有其必要性，但只有基础型作业和识记型作业，缺少思维性作业就会制约学生学习思维的提升和拓展，对于学习能力的培养而言是有大的弊端的，各科作业需要增加一定的思维性内容。

6. 差异性作业不明显

校本作业内容几乎对学生群体和每个个体都一视同仁，客观上忽视了学生学习能力存在差异的现实，应在作业设计中更多地增加选择性和开放性的内容，既能让优秀生"吃好"，又能让学习困难生"吃饱"。

（二）学生喜欢的作业特征

研究中我们发现，学生喜欢的作业类型有很多种。学生对知识拓展类的一些作业，如语文作业中的看课外书，数学教材中的人物背景补充，英语教材中的课本剧表演，历史教材中的补充性自主学习的内容等受喜爱度很高。值得教师们深思的是，学生对常规、机械、简单的作业表现出认可和喜欢。

简单，可以不用动脑筋，快速完成任务；基础，在于对考试有用，容易得高分，学生喜欢这些作业是有其合理性的。"简单基础"并不完全等同于传统意义上的"背、诵、记、默"。事实上涉及"背、诵、记、默"的作业，是需要动脑记忆，甚至花很长的时间反复记忆的，重复加深痕迹。学生对文科作业比如语文、英语、政治、历史学科作业中，有33%以上的学生不喜欢这样"背、诵、记、默"类型的作业。理科作业中，如数学、物理、化学、生物、地理作业中涉及概念的记忆，公式的背诵默写的，学生的认可度也不高，反而学生更喜欢做简单的计算题。那么我们设计作业时可以把"简单基础"类型的作业和"背、诵、记、默"类型的作业进行有效的结合，适度提升"简单基础"的难度，淡化"背、诵、记、默"类型的作业痕迹。

二、校本作业的设计原则研究

校本作业的主要开发者和实施者是学科教师，教师开发设计并布置给学生的作业，在这个实践过程中，需要从实践中得出一些经验并结合理论提出一些指导性原则和意见，以便于更好地指导校本作业的设计。

在校本作业实践中，我们初步总结了校本作业的设计原则要求，主要有八个方面：

（一）突出主体性

作业虽然是教师设计和布置的，但完成作业的是学生，我们一定要树立学生的核心地位，不能只站在教师的角度设计作业，更要从学生的角度审视作业的设计。

（二）重视基础性

校本作业所选的内容要有基础性，基础性作业面向大多数学生，要从学生能否顺利完成的角度选择作业内容，在选择作业时应注重训练和巩固当天所学的基本概念和基本技能，基础知识和基础技能题在作业的内容中占有相当大的比例。这样有利于学生对所学知识的巩固和掌握，作业难度一定要控制，新课的作业要让大多数同学能做对，不能为了启发性和提升性而挫伤多数学生学习的积极性，不利于持续学习的开展。

（三）强调针对性

校本作业要与本校学生学习的实际学情相结合。内容上教师设计的作业要与学习内容相一致，不宜超前，也不宜落后于上课进度。作业难度应结合学科的知识要求和学生学习的实际情况，我校是农村普高，学生的学习能力相对不足，既不能完全立刻从学科知识要求出发，这样太难，会打击一大片学生的自信；又不能完全和现实学生学习的实际情况"躺平"，这样太简单，也不利于学生发展。

（四）尊重差异性

教师在设计校本作业时，必须考虑学生学习的差异性，要兼顾考虑优秀生和学困生的学习需要，在差异性基础上兼顾学生学习的积极性和学习水平达标要求。作业量要适中，难易程度要合适，作业难易以中等学生的水平为准，对成绩优秀、学习能力强的学生适当增加一些难度的作业，对成绩较低、学习能力弱的学生可适当布置基础性的作业。校本作业内容必须坚持尊重学生学习能力的差异性，满足不同层次学生的作业需求。

（五）体现核心性

校本作业的内容应围绕课程的核心内容展开，解决核心概念，突破课堂教学的难点、重点问题。习题应选择有代表性的典型题目，避免偏题、怪题、冷题，冷僻的技巧要淡化，学科的一般方法和通用方法要重视。布置作业时对作业中的难点、疑点要进行前瞻性的指导，同时作业讲评时，一些有代表性的问题要面向全班学生进行分析、讲解、总结、归纳。

（六）提高实用性

我校学生中将来从事学科研究的是很少的一部分，多数同学掌握必要学科知识的同时，必须提高解题技巧、解题速度、解题能力。在设计校本作业时必须以解决学生学习困难，突破瓶颈，提高得分，进而提高教学质量为目标。

（七）注重有效性

作业内容和思想方法与当天课堂的教学内容和思想方法相一致。必须要突出作业的有效性，避免作业和教学内容的脱节。作业批改和订正也要及时完成，保持作业的教—学—评的一致性，才能发挥作业检测的效果，才能更好地反馈教学质量。

（八）优化协调性

浙江高考注重选择性，七选三学科是选科走班。从高二开始，班级之间既有相同的科目（语数英），又有不同的科目（物理、化学、生物、政治、历史、地理选三科）。一个历史老师面临着所带班级可能和政治老师、地理老师搭班，也有可能和生物老师、技术老师搭班。同一学科教师所带的班级，其选课组成学科也会不同，面临着和其他不同的各科教师相互协调和配合的情况。布置作业时就要整体考虑学生完成作业所需的总时间，要按本门学科和当天总的自习时间的大概比例来确定作业的量。课表是相对稳定的，周一到周五课表上的自习课和晚自习，就是总的自习时间。要防止学生一周中忙闲不均，从而提高作业质量。教师对布置的作业除了提出明确的要求，还可以规定具体完成的时间点，并通过课代表和学习委员及时告知学生，在黑板上明确作业任务和上交时间。

三、校本作业开发和使用过程中存在不足的原因

在我校校本作业开发和使用过程中，由于教师业务能力、业务态度和业务认知等差异，存在多种的不足。

（一）教学观念短时间难以转变

多年以来我校教师形成的教学观念和教学策略一直围绕着期末考、统考、学考、选考、高考，"怎么考，怎么教；考什么，教什么；考什么，练什么"，相对简单化，把学生当成知识的"接收器"，把作业和考试视为巩固知识的唯一手段，采用"时间＋汗水"的大水漫灌途径，通过大量的知识、技能训练让学生反复做题，从而提高分数。遇到期末教师们随意要求增加课时总量，滥印复习资料，加重学生负担等现象时有发生。老师们需要更长时间去适应新课程观念，也需要更多机会去学习去思考，把校本作业的设计和实施真正做起来，实现学生减负、质量增效。

（二）部分教师缺乏主体意识

校本作业应该由备课组和教研组全体成员共同参与设计和开发，在实践中一些教师对传统教学方法驾轻就熟，不愿意费时费力探索新路，消极迎合校本作业建设。分工到教师头上的一些工作，出现校本作业流于形式、流于表面、无法深入的情况；拖拖拉拉，节奏缓慢，使校本作业的效率低下或得不到及时的落实，质量也得不到保证。

（三）部分教师对校本作业不够重视

教师是教育教学活动的中心，也是校本作业开发的核心力量，教师决定校本作业的质量、数量、方式、内容，学生的完成方式，作业的批改评价等一系列问题。实践中一些教师对校本作业不够重视，仅是把校本作业当成一项额外的任务，敷衍了事，缺乏研究，找资料、定内容，出题目草草了事。

（四）部分学科教师能力不足

各学科组教师专业素养客观上存在差异，教师自身的个性品质也存在不同。校本作业开发时存在一些差异，无法按照新课改新教材要求的基础化、系统化、生活化。校本作业有些内容设计题目有限，重点问题难以突出，内在逻辑较为混乱，无法将新课改的新要求落实到实际教学活动中去。

（五）重量轻质现象明显

有些教师开发的校本作业往往只注重课外作业的量，而不关注作业的质量。必要的"练"是需要的，但过度的"练"是负担。过多的作业加重了学生的课后负担，也与校本作业开发的初衷相违背。高中生的课余时间本来就偏少，大量的作业使学生不得不经常熬夜赶做作业。这种只讲求数量，不管完成质量的作业，不仅占据了学生的大量课后时间，减少了学生学习其他知识的机会，还容易使学生产生对作业的厌恶心理。

（六）层次区分不明显

教师开发的校本作业往往都是同一类型和同一难度的题目，巩固课堂所学的知识习题和基础、中等难度的题目过多，而题目的层次区分不明显，缺少立体感。我们必须得承认学生的学习能力存在差异，成绩好的学生能够独立完成课外作业，但是成绩差的学生，并不能独立完成课外作业，在课堂上讲解的内容课内没有弄懂没有消化，课外作业更为困难，无法完成。他们不仅不能从课外作业中受益，缩小差距，反而因此进一步拉大了与优生的差距。因此，对于不同的学生要有不同层次的作业，以达到最好的效果，有利于整体的提升。

（七）难度设置标准难以把握

由于经验不足，时间有限，我校教师在设计和选择习题时常常觉得不好把握难度标准。难度系数过小，作业本身意义就不大，容易使学生对本学科的重视度不够；难度系数过大，一方面过多占用学生的学习时间；另一方面也容易打击学生学习的积极性和主动性。

（八）核心素养渗透不到位

在校本作业设计之起始阶段，习惯设计比较传统的题目，忽视学科核心素养的渗透，这就使得校本作业仅仅发挥作业检测的功能，没法进一步体现其育人的价值，不利于学科核心素养的培育和落地。想要设计出优秀的校本作业，教师专业成长与素养必不可少，因此，必须加强学习，不断提升专业水平和素养，坚持立德树人的教育理念，以自身的核心素养助力学生核心素养的发展。

（九）疫情和新教材使用的冲击

2020年1月，突如其来的新冠疫情使得学校没有正常开学上课，改为线上网课授课，教师家里备课当主播，学生线上听课学习，作业线上布置。线上教育给传统教育带来巨大的改变和挑战，线上作业管理局部失控；教师单兵备课下设计作业和管理经验的不足等情况冲击了校本资料的建设。复课后对于原来授成"夹生饭"的课处理也十分棘手，既不可能重新上，又不可能忽略，置之不理。对于做成"夹生饭"的作业也是一样，学生没有完全消化，又不好停下新课去完全解决。

四、校本作业设计改进的具体策略

在教学实践中，校本作业的管理包括学校、教师、学生三个层面的管理，理论上只有三个层面的管理都覆盖，实现管理最优化、联动化、有机结合，教学质量才能达到最优化。

（一）加强学校层面的管理

我校作业管理的传统，是把作业管理的权限直接下放给老师，布置什么作业，布置什么样的作业，多少内容时长频率等基本由老师们自己控制，作业管理只达到任课教师或教研组长这一层面。可以说教师们是作业管理的全部，学校层面的管理相对比较薄弱，而许多问题没有学校力量的介入是很难改变和推动的。

因此，把作业纳入学校层面的管理，用学校力量推动校本作业发展，制定和完善有关校本作业的各项制度，才能更好地减轻学生的作业负担，推进学校教学改革。在学校层面，作业管理的直接目的是引导和督促各学科新课教学的作业校本化开发，并在各年级良性传承丰富补充。作业管理的根本目的在于提高作业的效能，控制作业总量，防止作业布置"公地效应"现象的出现，减轻学生的作业负担，最终提高教学质量，促进学生健康成长。学校层面的作业管理包括以下几个方面：

1. 作业管理规划

作业管理的整体规划包括：确定实施学科，明确目标达成时间，组织安排相关人员，划分职责分工，制定相关规章制度等。学校结合备课组的申报和学校总体规划，确定校本作业实施的试点学科；作业管理的目标以一学期为短期期限，一学年为中期期限，三年（一届学生）为长期期限；在管理方式的选择上，结合自下而上先行者探索方式和自上而下的推广方式；在资料积累和传承上，采取教研组为单位，备课组主推落实，做好校本作业和校本资料的积累、传承、更新、完善；在人员组织安排上，学校由校领导督促，教师们广泛参与，教研组长和备课组长负责牵头，各学科教师参与分工实施；在规章制度上，从初步的基本规范，到把一些管理经验和管理行为制度化；在后勤保障上，以多劳多得，优质优酬的原则，把校本作业的开发建设和教职工绩效工资适度结合起来。总之，校本作业整体规划要从学科现状出发，要立足学校实际，解决制约校本作业发展的瓶颈问题，着眼于学生发展，易于操作实践。

2. 优化教师培训和管理

作业校本化的过程也是教师意识转变的过程，教师意识的转变需要经过一个渐进的过程，学校进行作业管理的工作，第一要点就是转变教师的思想意识。日本著名教育家佐藤学教授在其《静悄悄的革命》一书中提到，"教育实践是一种文化，而文化变革越是缓慢，越能得到确实的成果"。学校组织新课程理念的学习和培训，将新课程理念引向作业管理领域，利用教师观念的差异，改变落后的作业意识；在学校教师会议和年级教师会议上，鼓励优秀的教师介绍校本作业的经验，鼓励教师们交流作业管理实践经验，逐步改变部分教师落后的作业管理行为；鼓励教师进行作业设计和作业设计的合作；鼓励教师进行作业管理行为的创新等。对教师进行培训的形式多种多样，实施走出去、请进来和校内传帮带的方式推进作业校本化建设。如请课程专家现场开讲座和网上培训讲座，向优秀的学校考察学习，请教研员或有经验的教师来指导作业设计，或者各科教师在一起开"作业沙龙"，开展作业设计为主题的教科研活动等，加快学科成长。

3. 重视制度建设

在作业管理推行一学年后，校本资料和校本作业得到多数教师的认同，在推进中也收到教师的宝贵的意见和建议，在新课程理念指导下，校本作业管理制度和措施不断自我创新和完善。学校管理小组将一些经过实践检验的作业规范以制度的方式固定下来。学校把校本作业作为考查评比优秀教研组和优秀备课组的主要依据，在先进个人评比中，在年度考核里增加了校本作业的条款。建章立制是校本作业开发和开展的制度保障，做到有规可依，有据可循。制度并非一成不变的，在保持稳定性的基础上根据实际情况进行调整，制度的完善是巩固作业管理成果的关键。

4. 检查管理和反馈

在作业整体管理中，学校的主要任务包括日常管理和阶段性评价两方面。教学管理中，我们结合教师自查，教务处检查、不定期抽查等灵活的方式，对各备课组的校本作业、校本资料的设计和使用进行检查。学校通过满意率调查，通过课代表和学习委员座谈会，加强和学生之间的沟通，收集学生对作业量、作业设计和作业评价的看法，并把收集到的信息及时反馈给教师。

阶段性评价指在日常管理的基础上，每学期在开学后和期中考试后，分两次结合期中考试和期末考试成绩对作业进行全面的评价。阶段性评价结合检测，对教师在学生作业中的不足，及时纠正错误的做法，对教师在学生作业中的优点及时总结和分享经验给其他教师。

（二）作业设计必须注重学生心理状况

与作业数量相比，作业质量对学生作业动机与行为以及学业成就产生的影响更大。高质量的作业是"精心选择恰当的学习任务，能够持续地诊断每一位学生的学习进步与学习困难情况，并通过补救性教学为学生提供有效的帮助"。所以教师要继续推进"精讲精练"，就是既要内容精要，又要作业量精减。

"精讲精练"是教师校本作业的重要做法，是教师根据学生的知识掌握情况对作业内容进行的筛选。"精讲精练"对于学生减负，对于作业质量提高起到了重要作用，但对于学生而言，还是隔靴搔痒，不能直接使学生的作业行为发生变化。要让学生的作业行为发生变化，需要经过一个关键的内化步骤，这个步骤的重点与学生的行为和心理有关，学生要将教师布置的作业转化为自己做的作业，把教师布置的学习任务转化为自己的学习任务。这两个环节是相互依存的，不可缺少的。教师布置的高质量作业如果不能激发学生的兴趣和投入，作业的有效性就会大打折扣。高质量作业只有同学生的作业心理有机结合，把作业的高效建筑在学生心理机制的基础上，才能激发学生的兴趣和投入，提高作业质量，提升教学质量。

有效的作业设计离不开两方面的知识基础：学科知识和学生知识。这两者关注的问题是不同的，学科知识是指支撑整个学科的基本逻辑体系，具体表现为我们在每节课中打算向学生展示和探究的各知识点，也就是我们每节课应该达到的知识目标。学科知识的目的，学生知识是有效的载体，缺一不可。在作业设计中，学科知识关注的是实现练习体系的标准化和提高训练效果。而学生知识所关注的是激发学生的内在学习投入和养成良好的作业习惯等。我们要对学科知识和学生知识两方面齐抓，就不会偏离学生作业意义的航向，求合力最大化。

有效的作业设计必须是融合"学科知识"和"学生知识"的作业设计。首先，让作业的内容符合学生的作业心理认知，明确这是学生的做作业的认知，减少机械化和重复的作业，而多设计一些学生动手动脑、有发挥想象和创造空间的作业，减少学生对作业的抵触心理，进而对作业感兴趣。其次，作业的难易度设计要适中，符合学生的实际学情，过难和过易的作业都不会引起学生的兴趣，"跳一跳，摘到桃"的作业是最优的作业体验，这种经过努力获得成功的快乐对于学生是最好的奖励。作业适度分层，标注好难题，可以让成绩好的学生尝试啃难题，成绩一般及以下的学生可以放弃此类难题，不至于有挫败感。再次，作业的量要合适，适量的作业可以使学生感到学有余力，能愉快胜任，并有自主安排学习的时间。

2020年秋季开始，新一轮教材在浙江省全面使用，新教材备课资料相对匮乏，校本作业开发陷入困境，刚进入轨道的校本作业开发又不得不将推倒重来。

面对这些问题，我校多次召开教研组长座谈会，各年级备课组长座谈会，发现校本作业中的问题，总结校本作业的得失。学校通过引领促进教师专业成长，加强新课程理念学习，统一思想，优化分工，不断完善和丰富校本作业。我校采取框定作业用时和作业题量，来控制作业总体时间；在开发作业时做好审核工作，除了开发者，还必须有审核者，通过审核环节控制难度、题量、用时，开发者和审核者共同在校本作业上署名再印刷；制定和完善校本作业、校本资料制度，通过制度化建设优化校本作业的各个环节。

我校校本作业的实践还存在诸多问题，如内容不完善，学科不全面，许多方面还在探索和丰富之中。学校坚持校本作业和校本资料的开发和建设，让老师跳进题海精挑细选布置作业，严格控制作业难度和题量，才能让学生跳出题海，体现"以生为本"的教育理念，提升学生的生机和活力，教学质量进一步提升。在今后校本作业的设计中，我们将不断探索学习，把握更为合理的难度值，争取在参考省市统考难度值的同时，满足不同学生的需求，适当分层设置合理梯度。教师要想实现作业开发的创新，让校本学科作业真正"活"起来，需要教师深入研究新课程理念，从思想认识到实际教学行动，都能够贯彻新课改要求，对校本作业进行持续探索和改革。

剡城中学校本课程体系的规划与实践研究

嵊州市剡城中学教育集团　许永江

校本课程是以学校为基础开发出来的课程，实施校本课程是实现学校的办学宗旨，体现办学特色的有效途径。校本课程可以更好地满足学生的兴趣和需要，促进学生的个性发展，有效提高教师的业务潜力和课程开发水平。本校"以学生发展为本"的素质教育精神，围绕"勤、诚、敏、毅、容"构建的"善容"文化体系，充分利用学校现有的教学特色以及丰富的资源优势，以培养学生兴趣性、拓展性、创新性、灵活性为原则，以促动学生学会做人、学会学习、学会生活为目标，努力建设符合学生健康发展和现代社会需求的课程。在此背景下，学校应该如何开展校本课程教育活动？本校的校本课程从架构上来说，既要承载学校育人的核心价值观，又要落实学校的发展目标，同时还需要体现学校的特色品牌。作为学校管理者，在学校课程改革方面需要进行探索和尝试。

一、校本课程开发的缘起

（一）基于学校育人目标的需要

1. 营造育人环境，提炼"善容"校园文化

我们以"爱国、明纪、立志、笃行"的办学理念，秉承"让每一位学生更加快乐更加健康，让每一位教师更加幸福更有尊严"的发展愿景，以"团队合作，追求卓越"为学校精神，以"创特色文化，树优质品牌，建和谐校园"为办学目标，以培养"学会做人，学会学习，学会生活"的剡城

学子为育人目标。以"勤、诚、敏、毅、容"为校训;以"厚德、博学、励志、笃行"为校风;坚持"博雅、方正、严谨、求真"的教风和"勤学、守纪、拼搏、进取"的学风。以"全面加特长"作为学生培养目标,打造具有"善容"特色文化的轻负高效教学之路,并将其纳入 2019 至 2021 三年规划之中,加大资金投入,建设"善容"广场、荣兴廊以及其他以"善容"为主题元素的校园硬件设施。

2. 培育"善容"校园文化,做成特色课程

"善容"是我们剡城中学的校园特色文化,"善容"文化主要由"善"和"容"两个主题,"善容"之"善"通"剡城"之"剡",切合学校实际,其作为学校德育工作的核心内涵,是立德树人之根本;社会主义核心价值观的要求(友善),也是我们个人的价值追求;从学校的历史上看,剡城中学老校舍系民国时期嵊县民间慈善机构"毓源善会"的原址。

"容"寓意融合,集团化办学,需要两校区优势互补、相互包容,寓意两校区融合发展;剡城中学历来就有团队合作的氛围,以此寄希望于教育集团"团队合作,追求卓越";社会对学生素质的要求,现代社会需要学生具有大气、开放、包容的素质和"海纳百川,有容乃大"的气度。将学校的育人目标纳入学校"善容"文化建设之中,以培养"心存至善""有容乃大""包容大气"的剡城学子为目标,建立"善容"课程体系。

3. 落实校本课程,促进学校发展

我们学校作为异地新建校园,设施设备比较齐全,可以让教师自行设计,量身定做更符合剡城学子、学校特点的课程和活动,这一过程不仅充分展示了教师专长,也发展了学生个性特长,满足了学生多样化的学习需求。学校因校制宜开展校本课程建设,有效解决了学校发展难题,促进了学校可持续发展。

(二)基于学生发展的需要

基于分数,超越分数,更需要关注学生的能力培养和精神成长。作为

一所初中学校，没有升学率是难以生存的，但从长期教学实践来看，若仅把目光聚焦在分数、升学率上，选择一种大跨步（快进度、多作业等题海战术）的办学宗旨，也就失去了学校办学的本意。

课程改革不仅要求学生对基础知识与基本技能的掌握，更需要学生拥有运用所学过的知识分析问题、解决问题的能力。在学生能力检测过程中，要尽量避免出现机械性的死记硬背的考查内容，应该提倡开放性考查发散性思维的内容，鼓励学生多角度、多方面、多层次地思考问题。这样既有利于培养学生拓展性思维能力和挖掘学生的个体潜能，又有利于对学生的分析推理能力和发散性思维能力，以及创新精神、实践能力进行检验。

另外，我们更应该关注的是学生在校生活的精神状态、精神面貌以及其个性发展、自信心的树立等这些远比分数更有价值的精神要素，而且这些良好的、积极向上的精神要素又能起到很好的推动作用，促进学生成绩及各方面的全面提高。

（三）基于教师发展的需要

基于发展，超越发展，校本课程开发是教师专业发展最有效的方式之一。

对一名教师而言，开发国家课程及校本课程固然重要，但更为重要的，是要有自己的学科思想、课程意识。一名教师独立或合作开发出一门课程需要对特色课程的目标、内容、教学方式、评价等做全面、系统的设计与思考，开发过程有助于教师形成居高临下的课程思想和理念，有利于教师专业知识的储备、教师业务能力的提高、教师育人信念的增强以及教学研究能力的提升，真正做到让教师在参与校本课程研发的同时，促进教师自身专业能力的发展和提升。

二、校本课程规划的探索

（一）校本课程开发设立领导小组

建立以校长为组长，分管副校长为业务副组长，教科室与教务处为责任处室，相关的中层为各块具体负责人。领导小组为校本课程研发和实践探索的管理决策机构，负责制订校本课程研发实施的顶层设计和具体实施计划编制，同时制订和完善校本课程研发过程的各项规章制度和奖励制度，教科室负责培训师资队伍建设；教务处负责实施计划的编制，校本课程的设置和课务安排，组织校本教研，审查和编著校本教材和教案；后勤线做好经费保障，为校本课程的开发实施提供后勤保障。

（二）校本课程的调研制

以兴趣定项目，课程开设之初，我们对七八年级近 1200 位同学进行了问卷调查与座谈，通过对学生的兴趣、特长、态度等全面的了解，结合师生的共同讨论，通过校本合作教研方式开设了一系列符合学校的校情、师情、学情的课程体系。

（三）构建校本课程开发实施责任网络

校本课程开发实施责任网络如图 4-14 所示：

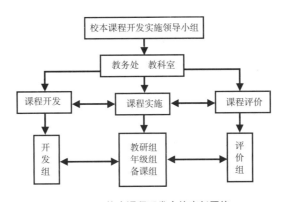

图 4-14　校本课程开发实施责任网络

（四）建立校本课程研发和实施的管理制度

逐步建立完善《剡城中学校本课程申报与审定制度》《剡城中学校本课程教研制度》《剡城中学校本课程授课制度》《剡城中学校本课程教师评价制度》《剡城中学校本课程学生评价制度》《剡城中学校本课程开发实施奖励制度》等，通过管理制度的编制和落实，确保我校校本课程在研发过程中有序规范、适合校情、有特色、有亮点进行开展。

（五）校本课程规划建设框架

校本课程规划建设框架如图 4-15 所示：

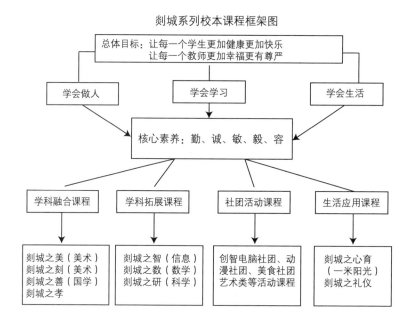

图 4-15　剡城中学校本课程框架图

根据学校的办学思想、育人目标、教育教学资源、教师师资特长和学生兴趣与需求，将校本课程初步设置为 4 个系列：

1. 学科类拓展课程，突出探究性

学科类拓展课程是国家课程，即基础性课程的拓展和延伸，是为了让

学生在学习基础知识的过程中积累更宽泛的知识与技能、经验与方法。在基础知识、基本技能的宽广度、综合性、应用性等各方面加以拓展，对学生的思维能力、实践操作能力和学习方法提升等方面加以强化和提高，为学生的兴趣发展和个性发展的形成提供课程保障。

2. 多学科的融合课程，突出综合性

融合课程亦称多学科的同步课程，由若干相关学科组合成的新学科，同步进行开展。融合课程是一种新形式，是把相关学科内容融合为一门学科，如音乐学科、思想品德学科、语文学科相关内容融合为我校的《中华传统美德之"孝文化"》校本课程。融合课程打破过去和合作教研的部门封闭性，使不同学科的教师从学生的需要出发，合作、设计、开发和实施合乎学科逻辑以及学生身心发展特征的课程。融合课程是把各课程整合在一起，在实施过程中以课程相互交叉、相互渗透为基本理念，以优化学科知识的学习过程，有效达成目标的新型教学模式，让学科整合落实在课堂，使学生从单一学科知识的学习向综合能力和整体素质培养的转变，各方面的能力都能得到综合发展，在有些学科内容相互贯通的同时，使学生的思维能力、审美和艺术感受、合作和创新精神等综合素质得到提升发展。

3. 社团活动课程，突出自主性

社团活动课程是对国家课程的拓展和深化，是实现学生全面发展的必要补充。"社团课程"的开发与实施，其主要宗旨是以学生活动为主体，通过教师合作教研、师生共同合作，形成系列化的学生课程，从而实现学生的多样化发展和全面发展的目的。社团活动课程的目标：一是以开阔学生知识和生活视野，提升学生学习兴趣为目的，如"名著博览"社团课程、"绿色风暴志愿者"社团课程等；二是以学生的展示与竞赛为目的，招收并吸引一部分有特长专长的学生进行专业训练，如"创智电脑"社团课程、"金孔雀舞蹈"社团课程、"D调文学"社团课程等；三是依托校情、师情、学情创设，如"小场地大体育"中的"跳绳"社团课程、"乒乓球"社团课程等。

4.生活应用性课程，突出技能性

着重于生活技能性的课程开展。生活既是教育的内容，又是教育的途径，尤其是与日常生活紧密相关的学习实践领域，更不能缺少生活的参与。如借助家长资源，开展家庭农场的劳动教育；生产车间的工艺操作探索研究，从而达到对学生的社会态度和社会情感的培养，让这些渗透到学生的学习和生活的各个环节之中，展现了共同生活、交往、探索等场景，是社会学习的重要途径。从某种意义上说，在平时的学习生活中，每一个环节都具有育人价值，都应从学生的发展出发，加以充分的组织、挖掘和利用。

（六）校本课程开发程序

1.开展教师培训活动

开发前召开校本课程培训会，让教师掌握校本课程开发实施的意义和方法。

2.调查

开发小组（各教研组、备课组或个人）根据要求，对学生的发展现状和学校、社区的各项教育资源进行调查评估，进行开发前的可行性研究。

3.确定

相对于比较成熟的国家课程而言，校本课程的开发光凭教师单枪匹马作战是不可能完成的，它更需要团队的支持和合作，为使校本课程开发顺利开展并走向完善，我们利用学校合作教研的经验和优势，进行课程合作，形成多种形式的合作研讨，为教师开发校本课程提供了良好的学科内和学科间的团队合作保障。课程开发以备课组和个人为单位进行，备课组为单位的每一组至少上报一门课程。学校鼓励教师个人独立开发课程，更提倡不同学科教师和不同学科备课组合作开发课程。

4.申报

开发小组（或个人）根据本意见，结合自身能力，提交开发申请报告，批准后在规定时间内提交课程计划、课程资料。校本课程计划内容包括：课程类型、名称、课程参考资料、目标、涉及学科、课时数、考核方式、课程纲要或教材等。课程资料主要包括：《校本课程开发申报表》《校本课程实施纲要》《教材（或教案、活动方案的设计）》（自编），或根据自己的能力和教学需要而定，不作硬性要求等。

5. 审定

学校校本课程开发实施领导小组对教师提交的校本课程计划、课程材料，要认真、科学地审定，在相应时间内做出是否准予实施，对未获得通过的课程要做出评价及指导意见。

6. 实施

经学校校本课程开发实施领导小组审定通过的校本课程，在适当时间由教务处列入校本课程实施计划，组织实施。

三、校本课程建设的成果

（一）学校的美誉度得到综合提升

校本课程特色化建设的开展促进了我校和谐团队氛围的形成，学校的影响力和知名度与日俱增，学校相对宽松的教育氛围和校本课程、社团课程的开设，为学生提供了相对轻松愉快的教育环境，形成了具有剡城中学学校特色的"国学大讲堂"活动，学校的电子显示屏也因不断滚动播出学生自创格言而深受群众赞许，增强了学校的文化氛围。一年一度的中考成绩优势，又进一步提升了学校的核心竞争力。所有这些使学校的美誉度得到了不断提高。学校重视学生习惯的培养和思维品质的训练得到了学生和家长的认可。这些年学校也取得了一系列荣誉，目前剡城中学是浙江省第二批省校本教研示范学校，嵊州市首批管理规范化示范学校，嵊州市教科研四星级学校，学校教科研位列"A 等——发展快学校"的 8 所学校之一，绍兴市教育科学研究基地。《今日嵊州》、嵊州电视台、《嵊州教育》《绍兴晚报》《浙江教研》《上海教科研》《现代教育报》等县、市、省和全国级媒体报刊对我校合作教研校本社团课程经验都进行了宣传报道。

（二）教师的专业发展得以推动

在课程开发活动中，教师的主动合作意识、智慧分享意愿、有效合作能力得到了锤炼，科研反思能力得以提升。近年来，我校教师的课题立项数、获奖人数和获奖等级较开发校本课程前有了大幅度提升。在课题立项上，2019 年有 10 个嵊州市课题立项、3 项获嵊州市一等奖、2 项获嵊州市二等奖；绍兴市级 5 个课题立项，其中结题中获得 1 个一等奖，1 个二等奖，1 个三等奖；2020 年有嵊州市级 6 个立项，其中结题中 2 个一等奖，4 个二等奖，绍兴市级 3 项，其中 2 个一等奖、1 个三等奖；论文获奖发表数由 2019 的 40 篇增长到 2020 和 2021 年的 64 篇和 75 篇。这些数据真实有效地佐证了校本课程开发对教师各种能力增强带来的可喜变化。

（三）学生的综合素质得到提高

近三年来，通过校本课程及学生社团活动，学生素质得到全面提升。其中，学生参加省级竞赛获奖 10 多人次，获得绍兴市级奖项的已经超过 50 多人次。获得嵊州市级的更是不计其数。

四、反思与感悟

（一）校本课程群的开发要更上一个台阶

尽管我校在融合课程、学科拓展课程、社团活动课程三大领域已经开展了较丰富的研究与实践，取得到较好的效果，对教师专业素养的积淀和专业水平的提升发挥了切实有效的作用。但从学校发展的角度来讲，学校校本课程的特色化还不是很明显，如何系统编制校本课程群，引导教师开发富有学校特色的校本课程群，以校本课程建设群带动学校特色化品牌化发展，提升校本课程的质量，是我们接下来要开展和落实的方向。

（二）教师的培训工程有待进一步加强

校本课程的开发对教师自身的专业发展提出了更高的要求，不仅要增强学校教师对课程开发的理解、对教学模式的认识、对学生主体地位的认识，更要增加对教师校本课程开发实践操作方面的具体指导，包括如何去制定课程目标、如何去设计课程、如何选择恰当的教学模式、如何体现学生的主体地位等，要切实提升教师校本课程开发的针对性理论与实践培训，为此，我校在后续的实践探索中将通过研究和培训，进一步提高教师校本课程开发实施的能力，促进教师自身的专业发展。

（三）专家引领需要进一步持续

专家引领是学校校本教研可持续性发展的关键。专业研究人员的参与是校本研究向纵深可持续性发展的关键。专业引领就其实质而言，是理论对实践的指导，是理论与实践之间的对话，是理论与实践关系的重建。从教师角度讲，加强理论学习，并自觉接受理论的指导，努力提高教学理论素养，增强理论思维能力，是从教书匠通往教育家的必经之路。

嵊州市高级中学必修课程校本化实施行动策略研究

嵊州市高级中学　尹洪亮

必修课程校本化实施是践行前瞻核心教育思想方针的最大亮点。实施必修课程校本化能够满足社会的多样化需求，为学生全面多样化的发展奠定基础，也为学校课程文化建设、教师的专业发展提供平台。因此，如何有效地将必修课程校本化实施变得十分重要。

一、基于校情，确定本校特色的必修课程体系

我们学校虽然办学时间不长，历史较浅，但从建校伊始，就把学生放在一切工作的首位，提出"为了一切的学生，为了学生的一切"，充分尊重学生的个性差异，努力让每一名学生都能找到适合自己的发展路径，让每一名学生都能享受到成功的喜悦。在多样化发展中，凸显办学特色，以特色培养学生的特长。

立足于我校学科组建设的特色。第一，由学校教科室牵头，制订学校校本必修课程的实施方案，在方案中对校本必修课程的课程设置、教学开展提出了一系列的原则性、操作性方案。第二，在学校制定的总体原则指导下，各教研组由名师牵头制定学科具体的实施工作计划，体现原则性与灵活性的统一。第三，学校根据教师座谈、咨询、教学研究等建立学校愿景目标，并与课程发展委员会与校务会议达成共识；第四，必修课程校本化要以发展学生学习需求为出发点，充分考虑学生的学习层次、学习特点、学习心理和学习目标，分年级分层次加以实施；第五，组织成立必修课程校本化研究核心小组，邀请各学科骨干教师参与必修课程校本化的规

划与设计，定期召开会议，研讨必修课程校本化规划、组织实施；第六，我们还建立了必修课程校本化评价机制，拟定评鉴目的、指标、实施安排，依据评鉴结果及成效为后续必修课程校本化开发提供参考。最后则在校务会议中获得全校师生的认同才准予实施。

学校必修课程校本化实施应该是学校层面的整体课程规划，是学生在整个学校学习过程中学习经验的总体呈现，具体表现以下几方面：

（一）推进课程目标校本化，追求课程目标的适切性

要求我们学校的校本化必须针对我校的文化积淀、特色文化、师资特点、生源特点等来确定我们各学科教学目标的校本化。当然，教学目标的校本化还得严格遵循国家规定的课程标准作为前提。

（二）推进课程结构校本化，追求课程安排的基础性

我校课程设置从结构入手，一是保留原有学习科目，调整外语语种，增设日语。二是进一步明确各类课程的功能定位，高考要考的特长类课程设置（如艺术、体育、传媒、三位一体等）。三是合理确定各类课程课时比例，对必修课程课时数进行重构，不同学生不同要求，不同考试不同课程，保证基础性、保证选择性、保证针对性。四是根据学生情况进一步精选学科内容，以主题为引领，使课程内容情景化，促进学科核心素养的落实。结合学校生源特点，课程内容适当深入或浅出，根据考纲处理好教学内容，因此，制定出了嵊州市高级中学必修课程结构设置情况表（见表4-8）。

表4-8　嵊州市高级中学必修课程结构设置情况表

项目	名称	内容	
		时间	相关数值
开齐开足课程（必修课程）和周课时数及学生周在校集中学习时间	必修课开设的科目名称与该科目周课时数	高一年级	语文（4节/周）·外语（4节/周）·数学（4节/周）·思想政治（2节/周）·历史（3节/周）·地理（3节/周）·物理（2节/周）·化学（3节/周）·生物（3节/周）·信息技术（0.5节/周）·通用技术（0.5节/周）·艺术（或音乐、美术）（1节/周）·体育与健康（2节/周）·专题教育（1节/周）共有1门学考科目已实行走班教学，技术；在校学习39节/周，每课时时间40分钟。
		高二年级	语文（4节/周）·外语（4节/周））·数学（5节/周）·思想政治（3节/周）·历史（4节/周）·地理（3节/周）·物理（4节/周）·化学（4节/周）·生物（4节/周）·信息技术（4节/周）·通用技术（2节/周）·艺术（或音乐、美术）（1节/周）·体育与健康（2节/周）·专题教育（1节/周）；以上为7选3学习；共有1门学考科自已实行走班教学，物理，化学；在校学习39节/周，每课时时间40分钟。
		高三年级	语文（5节/周）·外语（5节/周）·数学（5节/周）·思想政治（4节/周）·历史（4节/周）·地理（4节/周）·物理（4节/周）·化学（4节/周）·生物（4节/周）·信息技术（3节/周）·通用技术（3节/周）·艺术（或音乐、美术）（1节/周）·体育与健康（2节/周）·专题教育（1节/周）；共有9门学考科目已实行走班教学，分别是：物理、化学、政治、历史、地理、生物、信息、通用；在校学习38节/周，每课时时间40分钟。

（二〇二〇学年）

（三）推进教学方式校本化，追求课堂教学的生动性

课程教学结构变革教学实践中，我们要求以学校学生实际和教师自身特点为依据，立足学生学习过程进行探索构建，引领学生，让学生动起来，一方面使学生成为课堂教学真正的主人，另一方面逐渐形成教师自己个性化的教学风格和特色。

（四）推进学习形式校本化，追求学生学习的有效性

顾明远先生说过"没有兴趣就没有学习，学生成长在活动中"，所以需要营造学习活动平台。从课堂学习形式、分层学习、个别辅导、研究性学

习入手，开展校本化学习。同时，我们准备试点高中教学的智慧课堂，精准教学工作，推行信息课程、网络课程等。通过以上各种方式提高学生的学习有效性。

二、基于学情，学生发展需求多样化课程供给

考入我校的学生，他们的眼界相对比较宽阔，可塑性大，上进心较强，不只是注重于课本知识的学习，兴趣爱好广泛，有较强的接受新事物的愿望。但同时，学生学习的习惯较差，学习的愿望不高，特别是在文化课成绩上，往往有明显的薄弱科目，这些科目的存在往往还会打击他们的自信心，再加上意志力薄弱，导致三年的学习不温不火。从教学质量上看，我校一届学生招生计划 480 人，450 人参加普通高考，30 人国际教学出国留学 (不参加高考)，参加普通高考的约 5% 上一段线，80% 上二段线，100% 能进入高校。部分艺体生进入名校，学校上一段线人数较少。学校出于这些方面的考虑，从办学伊始就确定了多元化办学的目标，从而为学生多样化发展需求开设必修课程校本化的课程提供了可能。

具体体现在以下几点：

（一）让学生在学校特色发展中成长

根据学生实际，以不同学生的差异为基础，对创新意识和实践能力进行培养，不同学生之间的差异导致的教育问题可在基于核心素养的必修课程校本化下得到有效解决，让所有学生都能够得到提升，从而学生的积极性可以被有效激发，以核心素养为基础实施必修课程校本化可创建更符合学生需求的课程体系，增强了同学段学科课程的整体性，不同学科和课程的衔接与配合也得到了明显提升，内容变得更加丰富，学习方式也得到了很大改善，从而能够更积极地投入学习当中。比如，我校体育组则结合我们学校这几年体育发展的学科专业特长，可以说把国家必修课程校本化做

到了极致。校园足球和女子射箭本来就是我校的两项传统体育项目，我们在此基础上，提出了"足球进课堂"的大胆构想，并且积极付诸实施，经过几年的努力拼搏，我们学校的女子足球在省内享有盛誉，在各级各类女子足球比赛中，均取得了骄人的成绩。不仅如此，我们学校还为国家队、省队输送了数量可观的运动员，她们代表国家出战，也取得了诸多优异的成绩。

（二）让学生在自主选择中成长

班级授课制下倡导的自主学习，主要是学习方法的自主；课外预习的自主，也是学习方法的自主。在平时的教育教学活动中，把时间还给学生，让他们自主学习，用自己喜欢的学习方式去探究，无论探究成功还是失败，探究的过程都是学习方法巩固和建构的过程，是自我成长的过程。

（三）让学生在校本化课程内容中成长

针对教学存在的问题，教师针对自己所教学生的实际情况，编写"学案"，通过"学案"唤起学习欲望，提示学习方法，促进学习个性化。这一教学实践，完善课程内容，丰富新课程思想，为学生自学提供合适的材料。

在培养核心素养的基础上，学生在校本化了的必修课程实施中不仅掌握了基本的知识技能，经历了学习过程，体验了学习方法，受到了情感态度价值观的熏陶，而且增强了实践能力，创新能力，发展了特长，也提升了综合能力和素质。

三、基于教情，确定本校特色的必修课程教学模式

从总体上看，学校师资优良，现有教职工 135 人，有 12 个教研组，27 个备课组，学校对教研组和备课组的建设管理规范、有效，每月有明确

主题、明确内容的教研活动，每周有明确主题、明确内容的备课组活动。以备课组为单位，实行"统一内容、统一进度、统一作业"的三统一制度。教师敬业爱岗，勤学勤研，乐教善教，学生的满意度很高。另外，针对教师的个人专业素质发展，学校专设教科室，结合浙江省教师专业发展提升工作，对全校教师按 5 年一轮次开展专业素质的培训，培训把校本化的培训和指令性培训相结合，目的在于不断提升教师的专业素养，防止知识老化和观念滞后。同时，学校为了教师之间加强交流，专门设立"嵊高论坛"，利用这个平台，让教师的一技之长得以发挥，对于青年教师，我们还制定专门的培养制度，举办专门的活动，提升他们的专业素养，促使他们尽快成长。

（一）重构教学目标，引领教师在目标的建构中成长

精准研发自制教具。自制教具是我校课程校本化实施的一大亮点，如竺海英老师的《氯气的制备及漂白性实验教具》，龚赛军老师的《立体几何二面角模型》等。教师要用好这些教学工具。开发学习工具，搭建学习支架，让学生与材料深度接触，让学生在课堂上深度思考，可有效促进必修课程校本化实施的落地。

（二）遴选教学内容，引领教师在内容的选择中成长

从实际情况来看，教材中常有不适合本校本地区学生学习的内容，这也是必修课程校本化实施的必然性，需要教师根据具体情况遴选、修改和补充，让教师在课程内容的选择中成长。可以这样说，社会文化知识的选择过程，是教师不断学习的过程，是促进教师自我成长的过程。因此，教师在教学过程中必然要对教材内容进行校本化处理。另外，增补必修课程教材，由于国家课程的编制和修订周期间隔较长，教材内容的滞后和缺少弹性成了学科的通病。比如，地理学科中部分《中国区域地理》的教学内容缺失需要增补等，以开阔学生的视野，培养学生的探究能力。

（三）立足试点学科校本化实施，引领教师在教学的实践中成长

结合我校办学水平实际情况、学生学业水平实际情况、教研组建设水平差异情况以及教师个人业务能力的实际水平，我们最早确定数学教研组为必修课程校本化的试点。早在 2015 年，学校由教科室牵头，召集教研组的教师进行必修课程校本化的尝试，尤其是教研组中业务能力突出的、在某方面有特长的、理论研究水平较高的教师。我们组织他们进行必修课程校本化的攻关试验，确定研究的方向，确立具体的内容，编写相关的教材，拟定实施的年级，并在积极借鉴其他学校成功经验的基础上，终于迈出了必修课程校本化工作关键性的第一步。

（四）坚持"课研修"一体化，引领教师在校本教研中成长

实行"课研修"一体化，解决学校必修课程校本化开发实践中遇到的实际问题，促进教师专业成长，以校本的、开放性的、互助的形态展现，并体现必修课程校本化开发、课堂教学实践、教研等主要教学行为来引领教师在校本教研中成长。

四、基于评价，聚焦诊断，促进必修课程校本化实施

对必修课程校本化实施效果科学和系统地评价是实现必修课程建设方向调整和方案矫正不可或缺的环节。必修课程评价的核心任务是诊断课程校本化开发的效果，挖掘校本化实施过程中潜在的内生问题，而新问题的发现和解决又成为推动必修课程校本化改革的契机，进而实现必修课程校本化建设的可持续发展。

（一）有效评估策略

为了了解必修课程校本化的实施进展，我校采取以下几种方式来获取评价信息：

1. 注重自我评价

学校一般都会有学期教师自我工作评价，要求教师就一学期的教育教学工作作详细总结与评价，运用统计数据、文件、会议记录、中期工作目标的跟踪等形式，及时反馈评价结果。

2. 学生作业登记反馈

由各科教师针对任教班级的作业情况进行登记，选取代表性的同学，登记作业的科学性、难易程度、作业量、匹配度、规范性等情况，并通过考试等方式获取教学和学习情况。

3. 教师分享学习环境

学校在学期初，召开教研组、备课组会议，对本学期必修课程教学工作计划作出说明。组织观摩教师的课堂教学表现，推荐优秀的教师上观摩课，以便于其他教师分享其经验，提高课堂教学的有效性。

4. 教师学生问卷调查

为了了解学校层面必修课程的实施进展情况，以及教师的教学进展和学生的学习情况，学校通过问卷方式来收集有效信息。

（二）有效应对策略

有效的评估策略不仅帮助教师改进教学，而且有助于学校层面及时发现课程实施过程中出现的问题并及时提出应对策略。

1. 构建校本化的课程实施评价体系

在长期的探索中，我们初步构建起了嵊州市高级中学的必修课程评价方案。学校专门负责课程评价的小组，通过课程评价了解学生、教师和学校的增量发展情况。

2. 建立学分认定和管理制度

根据我校的实情，制订了学分认定的具体办法和毕业生毕业资格认定办法。同时，提请嵊州市教体局和嵊州市教研室监督我们学校学分的认定和管理。在充分考虑学生实际学习的课时、学习表现，达到课程标准的要求下才准予其毕业。

3. 完善综合素质评价制度

我校改变了以往文化课成绩一统天下的局面，制订了学生综合素质评价实施方案，建立学生三年内的综合素质档案。

4. 规范考试评价制度

校内考试命题的范围、难度等均以必修课程的综合要求为准。在此基础上发现进展过程中存在的问题，以便及时提出应对策略，调整实施方案，以推进必修课程校本化的实施进程。

五、必修课程校本化实施过程中的问题及改进措施

我校在"课程改革"的大背景下，进行了高中必修课程校本化实施的第一轮探索，虽不能说是颇富成效，但也收获多多。

（一）存在问题

当然，在此过程中，也出现了诸多的问题。问题分为两个方面，一方面是校本化实施过程中带有普遍性的问题；另一方面是高中必修课程校本化实施过程中存在的特殊性问题。

1. 教师培训不足

高中必修课程的校本化实施对教师自身的素质提出了很高的要求，教师，尤其是有着较长教龄的老教师需要改变原有的一些思想观念。我校在近几年来的调查研究中发现，一些教师出现了不适应的状态，或按照原先的套路上课。学校层面很多时候只是政策指令的下达，而对教师缺乏必要的培训，当然，学校层面也的确缺乏这样的富有经验的培训人员。

2. 学校课程管理机制有待完善

由于高中阶段，教师本身的教学任务就比较重，在倡导校本化的同时，学校对于教师并没有一一监督，教师很多时候是老办法教学，长此以

往，校本化必修课程的实施受到了影响。

（二）改进措施

针对以上三点问题，我们觉得还需要做好如下几方面工作：

1. 更新课程理念

高中必修课程的校本化实施需要不断更新课程理念，满足每一位学生的发展需要，慢慢淡化升学的作用，真正做到从学生的综合素质的提高这个角度出发。同时，能够调动教师的积极性，激发教师创新，共同研制出多样化的课型结构。

2. 加强教师培训

从调查反馈中了解到，很多老师就是因为不了解"课程的校本化实施"是怎么回事，再加上机制的不完善，才会排斥课程校本化实施。教师作为课程校本化实施的重要角色，对其加强培训，将会对课程的校本化实施起到重要的作用。

3. 规范学校课程校本化实施管理制度

完善课程管理制度，健全保障机制，提高执行力。学校制订了《嵊州市高级中学高中课程学生选课指导方案》《嵊州市高级中学学分认定与管理办法》《嵊州市高级中学研究性学习课程实施方案》等制度，为学校必修课程校本化的深入实施提供了制度保障。

双塔小学学校文化建设实践研究

嵊州市双塔小学　杨敏

文化滋养心灵，文化涵育德行，文化引领风尚。学校文化是学校个性魅力与办学特色的体现，是学校培养适应时代要求的高素质人才的内在需要，更是学校高质量发展的动力。

嵊州市双塔小学是一所 2018 年创办的新学校，对学校文化建设的需求十分迫切。自办学以来，在上级教育部门和北师大导师团队的引领下，发动全校教师、学生、家长及社会的力量，大力开展"双塔文化"建设实践与研究，逐步形成具有双塔特色的"明德·集智"理念体系和"五集·五融"实践体系。

一、问题的提出

（一）基于政策，"双塔文化"是建设之愿景

习近平总书记主持召开教育文化卫生体育领域专家代表座谈会时强调："中国特色社会主义是全面发展、全面进步的伟大事业，没有社会主义文化繁荣发展，就没有社会主义现代化。"国运和文运，国脉和文脉，必定相牵相连。学校文化建设是文化强国的基础一环，学校的文化建设搞好了，就能滋养德、智、体、美、劳全面发展的新时代中国特色社会主义接班人，文化强国也就有了稳固根基。

（二）基于理念，"双塔文化"是建设之特质

学校文化，广义地说，是指在一个学校内，经过长期发展历史积淀而形成，以校内师生为主体，创造并达成共识的价值观体系，它决定着学校的价值追求和发展目标，并显现在学校的一切教育行为、校园环境之中。狭义地说，就是校园文化，认为学校文化就是校园环境中存在的一切文化现象，包括校风、学风、教风、各种文体科技艺术活动等。

（三）基于校情，"双塔文化"是建设之总纲

北望艇湖，南眺天章，坐落双塔，弦歌新生。艇湖塔位于艇湖山巅，艇湖山下，即为剡溪，晋王子猷雪夜访戴，"乘兴而来，兴尽而返"的回艇处即出此地；南端的"天章塔"，取天彰之意，能振一县之文风，关系一邑科举兴衰。两塔遥相对应，故此有"双塔路"，故此有"双塔小学"。艇湖山下、天彰之意、访戴桥、双塔路、双塔小学，"双塔文化"就有了支撑，有了底蕴。

二、"双塔文化"建设探索历程

2018 年 8 月，学校创办伊始，原育英小学整体搬迁并入，双塔开启了从"建"到"新"，从"并"到"融"的创始阶段。几年来，"双塔文化"提炼经历了一个坚定又扎实的探索过程。

第一阶段是筹办时期，时间跨度为 2017 年 4 月到 2018 年 7 月，主要是围绕一个愿景"像小树一样成长，为人生的智慧发展奠基"触发思考。把孩子培养成什么样的人，是学校需要首先思考的教育命题。像小树一样成长，循着内心最渴望的方式去成才，长大成为参天大树，有着自己独特的社会价值。所以，双塔希望把"小树"作为校园的文化图腾，"双塔"教育者渴望用自己的全部学识、良知、勇气培养受教育者——这些"小树"，唤起"小树"对于阳光的热爱与感恩，对未来的憧憬和乐观、正直的期待。

让"灌输"消失，让"刚性"遁形，让"幸福"和"充盈"渐渐滋润学生的心田，让双塔校园真正成为温暖而百感交集的记忆森林。

第二阶段是办学初始时期，时间跨度为2018年8月到2019年7月。从"小树"到"集"，是一个深入思考的过程。《诗经》云："黄鸟于飞，集于灌木。"《说文》作解："群鸟栖止于树上。""集"字有可以让童年栖息的温暖，有"木"可以扎根吸纳，有"鸟"为未来的翱翔积聚能量。"集"出的是"树林"，从而来呼应让"像小树一样成长"的愿景。

第三阶段是办学规范时期，时间跨度为2019年8月起至今。首先是遇上了两个良好契机，一个是北师大导师团队，另一个是要争创绍兴市现代化学校。特别是北师大导师团队实地进校调研，同时组织专家数次论证。到2020年10月，基本确定学校朝着"双塔文化"的方向前进，并逐步形成"明德·集智"为核心的理念体系和"五集·五融"实践体系两大系统。

三、以"明德·集智"为核心的理念体系探究

（一）"明德·集智"理念系统概述

学校文化核心理念——双塔文化"明德·集智"。

办学理念：相伴相生，共促共进。

办学目标：将双塔打造成为健康成长的乐园，启迪智慧的学园。

育人理念：每一张笑脸都智慧。

育人目标：培养身心健美、聪明灵动的时代新人。

校训：明德 集智。

校风：尚善 尚美。

教风：专心 专业。

学风：敏思 敏行。

（二）"明德·集智"理念系统解读

1. 核心理念——双塔文化

"双塔文化"的核心内涵为"明德·集智"，同时也成为双塔的校训。"明德"指，坚定理想信念，加强品德修养。"集智"指，增长知识见识，增强综合素质。

2. 办学理念——相伴相生，共促共进

（1）解读构词方式：灵感来自"双"字，偶数崇尚对称，成"双"成"对"，希冀双塔校园美好幸福。

（2）解读词语内涵：学校"明德"和"集智"并重；科技与人文并举；教师与教师、教师与学生、学生与学生之间，相伴而行，教学相长。

3. 办学目标——将双塔打造成为健康成长的乐园，启迪智慧的学园

（1）解读"健康成长的乐园"：要给孩子提供足够良好的成长环境，每一个孩子都会长成参天大树。潜心引领孩子健康自信，爱心浇灌孩子心灵的花朵，科学地教育引导孩子，为孩子营造一个积极向上、团结融洽的幸福成长的育人氛围，为孩子提供一个健康、良好的身心发展环境。

（2）解读"启迪智慧的学园"：充分发掘古今中外人类的智慧，传承与发扬，同时又要面向未来，迎接信息化浪潮的到来。互联网、人工智能、大数据等技术与教育融合发展，面对这样的未来学习方式，成为拥有自适应的迭代学习方法和策略的校园。

4. 育人理念——每一张笑脸都智慧

（1）"每一张"：努力让广大学生健康快乐成长，让每个孩子都有人生出彩的机会。尊重个性，鼓励创造，使每一个学生具有自信心和可持续发展的能力，促进双塔教育高质量发展。

（2）"笑脸"：教师以高尚的人格魅力和教育艺术感染学生，用发自心底的爱去滋润学生的心田，使学生在充满师爱的激励中经常保持满足、快乐、积极、稳定的情绪，点燃学习欲望，增强自信，充分彰显学生的主体地位，呈现多姿多彩的生命成长。

（3）"智慧"："每日求知为智，心灵丰满成慧"，充分发掘古今中外人类的智慧，传承与发扬，同时又要面向未来，通过信息化手段构建并创新有效的智慧教学模式，实现个性化、智能化学习环境，促进学习者的深度学习与智慧建构。

5. 育人目标——培养身心健美、聪明灵动的时代新人

（1）"身心健美"：强调身体素质，帮助学生养成自觉科学锻炼的良好习惯；全面推进艺术教育，提升学生审美素养；促进教育与生产劳动和社会实践紧密结合。

（2）"聪明灵动"：旨在培养双塔学生对自然与人文的感知、记忆、理解、分析、判断、升华等能力，培养在日常生活中更好地解决问题的能力，培养富有哲理性的思维方式。

6. 一训三风

（1）"明德"：坚定理想信念，加强品德修养。"大学之道，在明明德，在亲民，在止于至善。"国无德不兴，人无德不立。育人之本，在于立德铸魂。坚持把立德树人根本任务融入思想道德教育、文化知识教育、社会实践教育各环节。帮双塔学子扣好人生第一粒扣子，播下真善美的种子。

（2）"集智"：增长知识见识，增强综合素质。"非学无以广才，非志无以成学"，双塔师生既要重视知识的宽度，也要重视学习的深度。要在增长知识见识上下功夫，教育引导学生珍惜学习时光，心无旁骛求知问学，增长见识，丰富学识，不仅指向"上下五千年"，更要围绕"纵横八万里"，"集"出既有知识与见识又有综合能力的创新型双塔学子。

（3）"校风、教风、学风"：同样以"ABAC"构词格式，充分体现双塔特质，不仅内涵丰富，而且易记易懂，朗朗上口。

7. "校徽"

以"集"字标识，寓意丰富：首先，从形状上看，上方为"双塔"的形象，集（）的古字形意为树上有鸟，下方为"木"，寓意双塔的校园就是

那棵树，双塔的学子就是那群鸟，"黄鸟于飞，集于灌木，其鸣喈喈"，其生机也勃勃。

其次，从内涵上解读：校徽上的"双塔"，分别为"明德塔"和"集智塔"。"明德塔"指向的是培根铸魂，"集智塔"指向的是启智增慧，两大支柱互相依存，互相映衬，共同擘画双塔文化。

树有根本，塔有基础，师生得以"集"聚，"双"字幸福依存。三年的问道论证，双塔文化得以融通。

四、"五集五融"的智慧样态的实践体系

"五集"指：包括"集志、集思、集毅、集萃、集创"，分别对应德、智、体、美、劳，涵盖五育并举思想。"五融"指：学校文化融入五育过程中。

（一）楼名

学校围绕"集"字生发，为校园内的各楼宇分别取名为：集思楼、集萃楼、集毅楼、集创楼、集贤楼。以集为型，汇集四方，体现学校特征与特色文化形象。

（二）课程

文化有枝，"五集"课程群实践。

教育高质量发展需要课程的支撑，"五育融合"课程呈现齐头并进态势（见表 4-9、图 4-16）。

表4-9："集智课程"五大课程群

双塔小学"集智"课程群				
基础性课程 拓展性课程	集志课程（德）	集思课程（智）	集毅课程（体）	集萃课程（美）	集创课程（劳）
	品行与社会	语言与人文	体育与健康	艺术与审美	劳动与科技
五育融合	以德固根	以质夯基	以体健身	以美冶情	以智为核

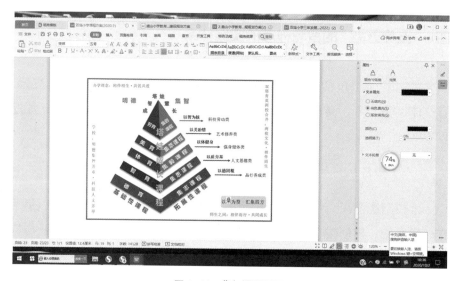

图4-16：集智课程图示

1. 集志课程——以德固根

学生是校园中最鲜活的生命，在其成长过程中，着眼于通过系列德育主题活动提高学生必备的道德素养、综合实践能力，关注学生心灵与精神的成长，植根并服务于社会、生活、学习。双塔的"生命·成长"系列课程，应用"统整"的教学思想，整合各项上级要求开展的德育活动，拓展相关学科教材，开发利用校本、乡土、家庭及社会资源，在小学六年的生命成长的过程中，在已有学校德育活动研究基础上，围绕"我与自我""我与自然""我与学校""我与家庭""我与社会"几个领域,搭建起德育校本系列主题活动课程框架,实施行动研究。通过不断践行,达到德育校本活动的序列化、课程化、特色化。

2. 集思课程——以质夯基

坚守国家课程的主导性,扎实开展国家课程,提高教学质量,让每个孩子享有公平而有质量的教育。教学管理要保障教学规范有序,强化课程计划的"刚性"意识,严格执行课程计划,开齐开足开好各类课程,不断提高课程实施水平和教学管理水平。推进"校本分层作业"改革,扎实开展学科拓展性的"双语"课程,做好集智社团的各项教学工作。

3. 集毅课程——以体健身

学校从"健康知识、运动技能、心理及社会适应性"三个板块入手,分为低、中、高三个水平段组织实施,确保奠定全体学生的基础能力。学校继承原有的象棋、乒乓球社团课的同时,实施"体育、艺术 2+1",将排球等纳入新的拓展课程中。

4. 集萃课程——以美冶情

学校艺术教育提倡"童心理念",倡导立足课堂、链接社团、接轨活动。艺术创作旨在触摸并保留儿童内心的童真情趣,逐步推进完善"寻味·创艺"美术校本拓展课程、逐渐试行积累"越乡艺韵"系列课程资料。

5. 集创课程——以智为核

以"钱学森实验室"为基地,以"科技"为主题,学生能够创造性地解决问题或创造出能够解决问题的创新独特的作品。丰富新劳动教育课程形式与内容,课程应从学生的未来发展需要出发,探索"志业人生"的职业启蒙教育,突出实践能力、创新思维与工匠精神的有机结合。

(三)课堂:文化有根,"数说"精准"智慧课堂"

自建校以来,双塔小学一直致力于打造"现代化智慧学校"。紧跟时代步伐,将信息技术融入学科教学。搭建智慧教学平台,以交互多媒体、优学平板、教育大数据、精准教学等技术手段,迅速、精准、个性化地把脉学情，从课前准备到课堂教学实施，再到课后拓展，诊断学生学业水平及能力，诊断教师教学行为，从而促进有效教学，实现"精准教学"与"核心素养"的有机结合。

（四）教师：文化有干，生发"智慧教师"内推力

推进学校发展的硬实力，无疑是一支德才兼备的教师队伍，加强教师队伍建设，提高教师的师德和业务水平是提高教师教育教学能力的一条重要途径，更是影响教育质量的关键因素。

学校通过"集智客厅"校本研训、培育"教研共同体"、考核"五个百分百"等形式培训考核，有效促进老中青各层面教师的业务提升。

（五）学生：文化有彩，出彩"智慧学生"

"让每一张笑脸都智慧"。缺少智慧，"心灵"与"思想"无从谈起，而丰富的智慧来源于对人生的感受。以"智慧"为内核，形成整体育人文化场，通过立体融通的育人体系建设促进学生全面和谐发展。

（六）评价：文化有据，多元化评价

教育评价事关教育发展方向，有什么样的评价指挥棒，就有什么样的办学导向。学校制订的《学生综合素质评定实施办法》中写明综合素质评定以在一学期的日常表现为依据，以学生的《成长档案记录》《班级日志》为基础，采取全校统一组织、督促检查与各班具体组织实施评定相结合的方式进行。学校评定以班级为单位，通过学生自评、学生互评、班主任定评相结合的办法，确定学生综合素质评定各维度结果。

（七）管理：文化有矩，建章立制强规范

用制度管理学校，体现了依法治校的思想。学校规章制度修订过程中，让学校全体教职员工、学生、家长和社会（社区）等所有利益相关方参与进来，遵循"主体与主导相结合、共性与个性相结合、继承与发展相

结合"的原则,初步形成既符合法律法规、内部治理结构合理、能体现和保护学校改革创新的成功经验与制度成果,又能不断完善学校自主管理、自我约束的体制机制。

(八)党建:文化有魂,塔尖先锋亮岗位

学校是党组织领导下的校长负责制工作试点学校之一,学校党支部坚持和加强党对教育工作的全面领导,以"塔尖先锋"品牌建设为主阵地,将党建工作常态化、制度化,加强理论学习,提高思想政治意识。在成功争创绍兴市"五星三名示范学校"的基础上,扎实推进清廉学校创建,营造风清气正的教育生态。

五、总结与改进思考

(一)总结

学校文化建设是办好高质量学校的内在要求。良好的学校文化,为落实立德树人根本任务,培养高素质人才提供坚实的文化支撑,也是学校个性魅力与办学特色的体现。双塔小学用建校至今的3年时间,围绕学校文化建设,结合学校实际,依托广大教师、学生、家长、专家以及北师大导师团队,不断研究实践提升,凝练"双塔文化",形成"明德·集智"理念体系,开展"五集·五融"实践体系研究,取得初步成效。其研究具有普遍意义,可供借鉴参考。

(二)改进思考

1.学校课程体系建设尚处于起步阶段

学校课程的顶层设计尚未完善,校本"集智"课程体系的建设才刚刚起步。办学以来,学校从"生命成长"德育课程,"双语教学""心理健康""艺术教育"等校本课程开展了研究与实践,与整体构建较完整的学校

课程体系而言还只是千里之行第一步。

2. 学校环境文化建设有待完善

建校以来，已经完成了学校导视系统的设计制作；目前学校展示馆正在施工，墙面文化布置已列入今年上半年的建设日程；其余绿化、美化校园环境、建设学校景观等环境文化的建设，如何彰显"双塔文化"特色，体现双塔的文化理念，还有待深入探索与实施。

3. 学校特色的确立还需探索与引领

在现代化学校建设过程中，如何找到并确立本校的特色，成为双塔立足于优质学校的品牌，是双塔小学面临的重要课题。"打造健康成长的乐园、启迪智慧的学园、现代化的智慧校园"是学校的办学目标，将"智慧教育"作为学校的特色品牌，成为智慧教育的窗口学校，其实施路径有待进一步的探索。

后 记
POSTSCRIPT

做扎根的教育

北京师范大学"励耕好校长"嵊州市卓越校长培养工程即将结束，30位学员也将回到自己的岗位，重新投入学校的提高、发展和建设工作中去。如何把3年的培养化为工作的内力，是我们要审慎思考的问题。个人认为，可以从3个方面去行动：

1. 始终保持学习的劲头。3年的培养，打开了一扇扇教育理论的窗，让我们看到了教育领域的多样和宏大。如何研究教育，教授导师们给了我们大量的指导，提醒我们养成反思和实践的良好习惯；如何实践教育，北师大平台为我们提供了很多优秀的例子，让我们可以借他山之石；如何在工作中挤出时间，张亚南部长时时举起的"呼啸丝"是最好的督促——没有一种学习比"他觉"、"自觉"、"觉他"来得更为妥帖，更为久远，更为深厚。校长职位的特殊性，尤其需要校长保持学习的劲头，汲取源头活水，看得到教育理论的进步，能作出正确的预判和决策，跟得上教育的发展，不能因为各种借口放弃好不容易养成的学习、思考和研究的习惯。

2. 忠诚贯彻教育的政策。校长是国家立德树人教育宗旨的执行者、思索者和创新者，在塑造、教师队伍建设、教育体系构建中的作用不可替代，更应该熟悉国家教育政策，对标教育要求，通过课程落实教育宗旨和要求，为国家培养德、智、体、美、劳全面发展的公民和人才。我国新时代中国特色社会主义教育的宗旨是"五育并举，立德树人"，弄清楚"培养什么人，怎么培养人，为谁培养人"，决定着学校的办学方向和办学基调。我们30位学员均来自中小学校，是基础教育阶段的学校。基础教育应致力于培养具有良好素质的合格公民，使每个人都能够健康成长，掌握所处阶段必备的知识技能，而不是单纯地追求对人才的培养——过分追求培养人才的价值取向的现状，造成了公民基本知识和技能的缺失，使学生缺乏社会责任感和责任心，平添了许多教育问题和社会问题。未来的教育如何改变这一现状，除了教学成绩外，还能给学生什么，正是我们肩上的责任和使命。

3. 坚持去做扎根的教育。2019年3月18日，习近平总书记在学校思想政治理论课教师座谈会上强调，要坚持"扎根中国大地办教育"，要以党的领导为根本保证，以遵循教育规律为基本原则，以立足国情民情为基本出发点，把坚持社会主义办学方向作为根本要求，以坚定的文化自信为力量和源泉，深深扎根于中国历史、中国文化与中国教育实践中，办好中国特色世界水平的现代教育。扎根理论告诉我们，要做扎根的教育，就要站在中国的大地上，根据学校区域实情，以本校师资和生源现状为依据，从实际观察入手，从原始资料中归纳出适合本校的资源、模式和方法，找出一条适合本校发展的改革之路，坚持去做，必定有所成就。

"没有爱就没有教育，没有兴趣就没有学习，教书育人在细微处，学生成长在活动中"，这是顾明远先生对教育本质的经典论述。"爱，兴趣，细微处，活动"，我们学员所有的成长都是为了践行这些"看不到"却"生根"的最好的教育。

未来已来，将至已至，我们将以梦为马，不负韶华！